勇気ある女性たち

性暴力サバイバーの回復する力

デニ・ムクウェゲ 著
中村みずき 訳　米川正子 監修

THE POWER OF WOMEN
A Doctor's Journey of Hope and Healing

大月書店

母、妻、娘たち、姉妹たちへ。
そして、すべての性暴力被害者に捧ぐ。

—勇気ある女性たち—目次—

はじめに　9

1　母の勇気　19

2　女性の健康危機　45

3　危機と回復する力　72

4　痛みと力　107

5　元兵士の言葉から　140

6　声を上げる　172

7 正義を求める闘い 207
8 認識と記憶 246
9 男性とマスキュリニティ 277
10 リーダーシップ 308
おわりに 341
謝辞 360
訳者あとがき 363

アディスアベバ
ナイロビ
ブカヴ
キンシャサ
コンゴ民主共和国　南キヴ州
ウガンダ
ニラゴンゴ山
北キヴ州
ゴマ
キヴ湖
ルワンダ
カヴム
イジュウィ
ブカヴ
シャブンダ
南キヴ州
レメラ
ブルンジ
マニエマ州
ムウェンガ
ブジュンブラ
フィジー
コンゴ民主共和国
タンザニア
タンガニーカ湖
タンガニーカ州

はじめに

女性の権利を求める運動をする男性は奇妙に思われる。私にはわかる。友人との会話や社交的な集まり、ときには仕事の会合で感じてきたことだ。理解できないとでも言いたげな目つきや、いぶかしげな表情を向けられる。敵意をむき出しにされたり、それとなく示されることもある。私の選択を怪しんだり、脅威に感じる人さえいる。

医師としてのキャリアの初期のころ、コンゴやヨーロッパでの夕食会で、参加者が互いに職業を紹介しあうことがよくあった。自分の番が来ると私は、レイプによる傷害の治療を専門とする病院を運営する婦人科医であり、女性の権利のために活動していると説明する。するとテーブルは静まり返るか、または誰かが社交辞令的な質問をしてから話題を変えるというのが常だった。

気まずい沈黙のなかで、他のゲストたちから哀れみの視線を感じたものだ。なんてひどい仕事なのだろう、自身のアイデンティティに悩んでいるにちがいない、そんなふうに見られているようだった。私は、自分が幸せな結婚生活を送り、子どももいることを強調するという戦略をとった。自分をより「普通」で親しみやすい人間に見せようとしたのだ。

食事会から戻った私は、自宅またはホテルのベッドに横たわって、自分を正当化する必要を感じたことに憤るのだった。自身の出生、アイデンティティや経験などから「馴染めない」と感じたことのある人ならわかるだろう。

私の周辺の人は、もっと率直になる。私が住む州で政治家になった、かつての同級生と話していたときのこと。そのときの彼の言葉は何年もたった今でも忘れられない。「性暴力に関する仕事を始めてから、きみは女性のような考え方をするようになった」。賛辞ととるべき言葉だが、友人にそのような意図はなかった。

スティーブン・ルイスの著作と活動を初めて知ったとき、私は安堵と親近感でいっぱいになった。彼はカナダの外交官で、アフリカのＡＩＤＳ／ＨＩＶ被害者のため、また女性の権利を求めて精力的に活動している。スティーブンは、自分と同じような考えを持つ男性が他にもいると気づかせてくれた。今では大切な友人だ。

性暴力サバイバーのケアと治療を20年も続けていれば、自身の選択について説明する必要などないだろうと思われるかもしれないが、そんなことはない。そして、理解できないと感じるのは男性だけではない。

数年前、私はニューヨークで国連の高官との会合に出席した。その高官は、私の祖国であるコンゴ民主共和国で女性の権利や紛争解決にとりくむ活動家の仲間と私の訪問を受け入れてくれた。私たちはビルの高層階にある彼女のオフィスに案内された。大きなミーティングテーブルがあり、イーストリバーからクイーンズ、ブルックリンまで見渡せるすばらしい眺めのオフィスだ。

突然の攻撃的な質問に私は驚いた。「なぜコンゴの女性ではなく、あなたがここで女性の権利を語っているのですか？」会合の主催者である高官が自席から私に食ってかかった。「自分の意見を表明できるコンゴの女性はいないのですか？」

私がその場にいた理由は、コンゴの女性の声を広める活動の支援を国連に要請するために他ならなかった。私の病院と財団は、サバイバーが団結して力を獲得すること、一人ひとりが演説や活動のスキルを身につけることを支援してきた。本書にはそうした多くの勇気ある女性が登場する。

この国連職員が言ったように、女性に属する発言の機会を自分のものにしようとする男性を警戒するのは当然だと言う人もいるだろう。もっともであり、私も喜んでとりくみたい問題だ。

私としては、夕食会や国連事務所などで疑問を投げかけられるたびに、自分の信念に立ち返っている。私が女性を擁護するのは、女性が私と対等だからだ。女性の権利は人権であり、私は同じ人間を苦しめる暴力に憤っているからだ。私たちは共同して女性のために闘わなければならない。

私の役割は常に、社会から疎外され、発言する機会を奪われた人々の声を広く届けることだ。私が立つのはそうした人々の隣であり、けっして前ではない。

本書にもあるように、私がフェミニストとなり活動家となったのは、多くの点で偶然だったと言える。私の歩んできた道に、必然はひとつもなかった。私は医師になろうと決意したが、コンゴがベルギーの植民地だった時代に掘っ立て小屋で生まれた子どもにとっては高遠な望みだった。しかし私の人生は、自分ではどうしようもない出来事によって形作られていった。とりわけ重大な出来事は、世界がほとんど関心を寄せないなかで、コンゴを、特に女性を破壊した1996年からの戦争だった。

この状況が、私にレイプ傷害の専門医となる以外の道を許さなかった。私が出会い、治療した患者たちの経験が、女性を苦しめる不正義や残虐性に対するさらに大きな闘いへと私を駆り立てていった。草の根の活動が評価され、今回、本という形で紹介することとなった。

私の人生は、戦争で疲弊したわが国と絡みあっている。搾取と紛争の絶えない激動のコンゴ史は、もっと広く理解されなければならない。1996年から25年間続く混乱は、500万人以上の死亡者と行方不明者という第二次世界大戦以降で最悪の紛争となり、いまだに解決せずはびこっている。コンゴの人々が渇望する平和と正義のため、欧米をはじめ世界中の政治家たちがこの問題に関心を寄せ、行動してほしいとの願いから、私はコンゴの悲劇について執筆している。しかし自叙伝はまだ書いておらず、コンゴで起きた戦争を全面的に説明するような書籍もない。

本書は、すべての女性、特に私を育て、教育し、励ましてくれた女性の力をたたえるものだ。1章の冒頭には、私を出産する危険と不安に立ち向かい、その数日後には私を病から救おうと格闘した女性が登場する。出産時に母が見せた忍耐と勇気は、私を含めた子どもたち全員に対する母の生涯変わらない献身に匹敵するものだった。青年へと成長する私の心構えを形成したのは母であり、医師になる夢を追い求めるよう、ときにはその母性を駆使して私の背中を押してくれたのも母だ。母は私の最初のヒーローだ。

母の他にも、勇気と優しさ、強靭さと行動力で私を励ましてくれた多くの人々が本書には登場する。彼女たちは活動家、弁護士、学者であり、私の患者でもあり、コンゴでの長年の活動や、韓国、コソボ、イラク、コロンビア、アメリカなど、さまざまな地域への訪問を通じ、私が出会ってきた性暴力のサバイバーたちだ。

この本に登場する多くの女性の人生には、私自身の人生と同じく、暴力が影を落としている。そんな背景に、希望を見出せないと感じるかもしれない。しかし彼女たち一人ひとりが光であり、インスピレーションだ。愛し、分かちあい、他者を守るという人間の最良の本能が、最悪の状況でも勝利を収めることができるのだと教えてくれる。こうした女性たちのおかげで、私は長いあいだ諦めずにやってこられた。彼女たちがいたからこそ、悪意に襲われ打ちのめされそうになったときも、私は信念と正気を失わなかった。

ここで、本書で使用している言葉について説明したい。性暴力を経験した人々を表す際に使われる用語や分類は、重要だが、常に不十分なため、注意を要する。この本に登場する女性の多くを表す際に、私は「患者（patient）」「被害者（victim）」「サバイバー（survivor）」という言葉を使用している。

「患者」は最も中立的な言葉で、説明はほとんど必要ない。私が治療した人々はみな患者である。「被害者」という言葉は、弱さを連想させ哀れみを誘いがちなため、より厄介だ。当事者が消極的、あるいはか弱いという印象を与えうる。同じくラテン語を語源とする「勝者（victor）」の対義語でもある。

「サバイバー」は、性暴力を経験したすべての人を表す言葉として広く使われるようになっている。より積極的で、活発で、力強い言葉だ。しかし、殺人未遂や飛行機事故など人生を一変させるようなトラウマ的出来事とレイプを同一視しているとして、この言葉に疑問を投げかけるフェミニストの著述家もいる。本人がそう感じていなくても、女性が性暴力の経験と傷を乗り越えたという期待を高めてしまうこともある。

私はこれらの言葉を、非常に具体的な形で最も適切だと考えられる際に使うよう努めている。私の患者の多くは被害者として病院にやってくるし、自身を被害者だと考えている。最も深刻な形態の性的暴行を受けた彼女たちは、殺人未遂に遭っている場合も多い。そうした初期の段階では、殴られ、集団レイプされ、撃たれ、切断され、飢えさせられた女性たちを表現するのに適切な言葉は、他にないように思われる。

しかし私たちは、当事者自身の内に秘めた力を駆使して、彼女たちを最も的確な意味での「サバイバー」へと変えることをめざしている。苦難を乗り越えることができたと感じてほしいのだ。暴行を犯した者は女性の命を狙おうとしたかもしれないし、あるいは尊厳を破壊しようとしたかもしれないが、私たちは、女性が精神的、肉体的に回復できるよう、全力を尽くす。病院にやってきた女性が被害者と感じているなら、サバイバーとしての自信を持って退院してほしい。このプロセスこそ、私が１９９９年に設立したパンジ病院でのとりくみの核心だ。

私は長年、サバイバーたちと語りあってきた。経験したことや感じていること、恐れや希望などを親密に打ち明けてくれるほど、彼女たちは私に信頼を寄せてくれた。つらいことも多いが、活動家としての私の原動力は、苦難のなかからも何か前向きなものが生まれうるという信念、つまり、女性にとってより安全な世界をつくるために、サバイバーに代わって私が力になれることがあるという信念だ。

本書の後半の章では、紛争地域で活動する医師として、また世界各地を訪れ女性の声を広く聞いてきた活動家としての視点から導き出した、女性への暴力と闘う方法について書いている。「世界のレイプの中心地」といまだに呼ばれることのあるコンゴを、世界に蔓延《まんえん》する性暴力の極限を知る手段として見てほしい。性暴力は家庭や会社で、戦場や公共空間で、世界のあらゆる場所で起きている普遍的問題だ。

性暴力の根本原因とそれがもたらす結果はどこでも同じだということを、私は経験から学んだ。常に言えることだが、人種、国籍、言語、文化などの相違は、私たちに共通するものと比べればとるに足らない。

性暴力との闘いは声を上げる女性や男性から始まる。国連女性機関によれば、世界の3人に1人の女性が、人生のあるときに身体的または性的暴力を経験している。アメリカ疾病予防管理センター(CDC)によれば、アメリカの女性の5人に1人近くがレイプ、またはレイプ未遂の被害にあっている。この問題がいかに蔓延しているかを公に認めない限り、性暴力と闘うことはできない。

幸運にも、フェミニスト団体の数十年におよぶ活動や、最近の革新的な#MeToo運動のおかげで、沈黙のベールを脱ぎ棄てる女性たちがますます増えている。

しかし彼女たちの多くは、刑事司法制度に失望している。財源豊かで汚職とは無縁の司法制度を持つ国でさえ、レイプ犯罪者の起訴はきわめてまれであることから考えても、レイプは世界中でいまだに処罰の対象から外されている。紛争地域では、兵士は戦争の武器としてレイプをおこない、投獄を恐れる必要はさらに少ない。

進展も見られるが、紛争下の女性を保護するための国内法や国際法など、そのほとんどは書類上のものだ。どこであれ女性たちはいまだに、レイプ被害を警察に届け出るのを恐れ、またはそうすることは時間の無駄だと考えている。警察や政策立案者が女性に安心感を与え、またレイプ犯罪を未然に防ぐ方法についても本書で考察する。

これは主に女性についての本だが、女性のためだけの本ではない。あらゆるジェンダーの人々に本書を読んで自身の学びに活用してほしいというのが、私の切なる願いだ。ジェンダー平等を求める闘いに、もっと多くの積極的参加者が必要だ。男性はかつて私がそうだったように、自分の無理解を恐れたり、自分を正当化する必要性を感じたりする必要はない。自身の姉妹、娘、妻、母親、友人、そして仲間である人間を支援しようと歩み出ればよいのだ。

女性だけで性暴力の問題を解決することはできない。男性の参加は必須だ。男性は、あらゆる国の政治権力を圧倒的に握り続けている。大統領や首相の地位、法律を制定する議会だけではない。遠く離れた国の指導者よりも個人の行動や意識に強い影響力を持つ宗教団体や地域団体の指導者にも、彼らの影響は浸透している。

性暴力を減らすためには、社会の権力ピラミッドの上から下まであらゆる段階での行動と責任が必要だ。指導者の役割についての考察と合わせて、後半の章では私が「ポジティブ・マスキュリニティ（積極的男性性）」と呼んでいるものと子育ての重要性について論じる。女性を二級市民に追いやっているジェンダー関係の破壊的連鎖を断ち切るため、少年にどんな教育をしなければならないかについても説明する。

私の仕事は長期的なもので、ときには苛立たしいほど進展が遅い。医師としての私は患者を診察し、問題の原因を診断し、治療や手術を通じて解決を図る。活動家としての私は、人々の考え方、態度や行動を変えようと悪戦苦闘している。病気や解剖学的疾患との闘いではなく、差別、無知、無関心というはるかに頑強な敵との闘いだ。

満足感を得られることはほとんどないが、気持ちが高揚する瞬間はある。約15年間の活動のなかで、そのような瞬間が積み重なって、性暴力への集団的理解という重要な成果に至った。

今日最も崇高な大義のひとつである、女性の権利を求める運動のさらなる発展の一助となることが、本書に込めた私の願いだ。ともに行動すれば、私たちは21世紀を、すべての人間にとってより平等で公正で安全な世紀にすることができる。

デニ・ムクウェゲ

1 母の勇気

母はそれまでに2度、出産に耐え成功していた。私の姉ふたりに続き、私を産むときに3度目の陣痛に襲われ、その感覚は覚えはあったが、不安も小さくはなかった。母は家のなかをゆっくりと歩きまわりながら、陣痛の痛みや経過はこれまでと変わらないように感じていた。しかしどんな結末が待っているかはわからない。運命がその無情な残酷さから、胎児難産の苦しみを与えることになるのだろうか。胎児難産とは、のちに私が心に刻むことになる出産時のさまざまな合併症のことだ。

そうであれば望みは薄い。破水のときに来てくれた隣人をのぞけば、母はひとりだった。姉たちは友人の家に預けられており、父は州の南部で研修を受けていて留守だった。

その隣人は母に、支え励ます言葉をくり返しかけた。母が立ち上がれば歩調を合わせて歩き、横になれば額の汗をぬぐった。隣人は出産の最後の処置のためにカミソリを用意していたが、医学知識は持ちあわせていなかった。

1955年のことだった。私の家は、当時の貧しい黒人家族にとって典型的なものだった。薄っぺらな木材とレンガの壁で、粗い長方形の形をしており、コンゴで一年中降る熱帯降雨から身を守るための金属板が上から被せてあった。わずかな資金で住まいを確保しなければならない場合に今もよく見られる、人間がつくった最も基礎的な構造物だ。

部屋が1つしかないその家は、新生活を求めてブカヴに越してきたコンゴ人家族が暮らす地域に急造された。かつてキヴ湖岸の漁村だったブカヴは、ベルギー領コンゴと呼ばれた植民地内の入植地へと成長を遂げていた。

ベルギー領コンゴは、西ヨーロッパやミシシッピ川以東のアメリカと同じくらい広大で、ブカヴはその最東端にあった。コンゴは赤道のすぐ南側で、そう感じたことはまったくないが、世界のほぼ真ん中であり、かつアフリカの中心近くに位置していた。コンゴほど魅惑的で、ダークファンタジー作品の題材となってきた場所はない。それほどコンゴはいまだに誤解され、見過ごされている。

当時寝ていた原綿入りの薄いマットレスの上で、痛みに体を曲げたり、陣痛の合間に休んだりしながら、出産の運試しに直面していたそのとき、母は何を考えていたのだろう。23年前に自分を産んで亡くなった母親のことが頭をよぎっただろうか。何よりもその喪失が、母の苦労だらけの子ども時代と頑固な性格を決定づけていた。

母の結婚も、この死別の影響を受けていた。私の父の母親も出産が原因で亡くなっており、つまり両親はふたりとも経済的、精神的窮乏を経験していたのだ。ふたりが育ったのは、ブカヴから南西へ、農園と森のなかを一日がかりで歩いたところにあるカジバという村だ。ふたりとも、子どもを授かったことを喜びながらも、出産の難しさも理解していた。

ベルギー植民地当局がデータ収集をしていなかったため、当時のコンゴにおける妊産婦死亡についての確かな数字はない。1955年から1957年にかけておこなわれたコンゴ初の国勢調査から の推計では、当時ほとんどの女性が40歳の誕生日を迎えられなかったことがわかっている。平均寿命はわずか38歳で、主な死因は出産だった。

医療を受けられない出産は、ロシアンルーレットのようなものだった。何百万人もの女性にとって、それは今でも変わらない。母は私の出産を生き延び、さらに妹や弟7人の出産も生き延びた。しかし私は、もう少しで助からないところだった。

生まれてから数日後、私の泣き声は耳をつんざくほど大きくなり、その後弱々しくなった。肌は青ざめ、体が熱を帯びてきた。授乳を拒んだため、深刻な病であることはまちがいなかった。母は産後の回復途中だったが、すぐに行動する必要があること、しかもひとりでやらなければならないことを悟った。父とは手紙でしか連絡がとれなかった。

母は私をパーニャでくるんだ。パーニャとは、コンゴで衣服として使われているカラフルな柄の布だ。背中に私をしばりつけ、ぐったりと火照《ほて》った私の体を自分にぴったり押しつけた。3歳と7歳だった姉ふたりを再び近所の人に預け、家の外の坂道を下っていった。めざしたのは、当時ブカヴに2つしかなかった黒人に開かれた診療所のひとつだったが、簡単に受け入れてもらえないことは承知していた。

2つの診療所はどちらもカトリックが運営していた。カトリックと私たち家族のようなプロテスタントとの関係は、当時まだ緊迫していた。国家行政や、国の大部分で自由に組織、警備、搾取することを許されていた民間の特許会社とともに、ベルギー植民地体制の柱の1つとなっていたのがカトリック教会だった。

カトリックとプロテスタントの競争は、ヨーロッパ人到来の第一波が起こった1870年代後半から1880年代までさかのぼる。領土と資源をめぐる列強間の競争「アフリカ分割」の始まりだ。若い白人商人や兵士たちは、豊富な象牙や宝石といった話に魅せられ冒険に出発し、ロンドン、パリ、ベルリン、リスボン、ブリュッセルでは、政治家がライバル阻止のため策略を練り、戦争を起こした。

これとは別に、同じくらい重大な争奪戦が始まった。アフリカ人の精神をめぐるものだ。宗主国の商人、自警団、奴隷商人の足跡をたどりやってきたのは、神父や牧師だった。こうした福音派の伝道者たちは、コンゴの資源の豊かさに気をとられてしまった者もいたが、物質的な富の追求ではなく精神の獲得に関心があった。1878年にイギリスのプロテスタントであるリヴィングストン内陸伝道団が到着し、数年後スウェーデンやアメリカからバプテスト派やメソジスト派がやってきた。ホワイト・ファーザーズなど2つのフランス系ローマカトリック宣教団は、1880年から活動を開始した。*1

地域は広大で、コンゴの人々はほとんどが敵対的であり、地図にない内陸部であえて布教に乗り出す者にとって、危険は明らかだった。当初はみなが同じ「文明化」の使命に携わっていると考えていたので、修道会のあいだで競争する必要はなかった。しかし1880年代半ばに状況は一変した。

世界の列強が、当初コンゴ自由国と名づけられたこの領土を、ベルギー国王レオポルド2世の統治下にあると認めたのだ。コンゴ川沿いにわずかな交易所をつくっただけだったレオポルドは、新たな植民地での支配力を示そうと躍起になり、１８８６年にローマ法王レオ13世の助けをとりつけた。

今後はベルギーのカトリック教徒がコンゴでの伝道をおこなうと、ローマ法王は発表した。カトリックの信仰は植民地化を進める道具となり、プロテスタントは辺境に追いやられた。新たな信仰への改宗者が増えるなか、この分裂は初期の白人入植者やコンゴ社会に分断をつくり出した。

不安に駆られ、病気の子どもを背負い、必死に助けを求めていた母は、このような宗派間の動乱に足を踏み入れたのだ。彼女が向かった診療所は簡素な２階建ての建物で、予防接種、包帯、抗生物質などの基本的な医療サービスを提供していた。私の命を救うのに必要なものは抗生物質だった。

診療所を経営していたベルギーの修道女たちに、母は助けを求めた。むせび泣きつつ私を背中から降ろすと、私は息をするのも困難な状態だった。私の冷たく湿った肌にさわり、黄変した目を見てほしいと、母は訴えた。

しかし修道女たちは、この診療所はカトリック信者専用だと告げ、何もせず母を追い返した。キリスト教は当時コンゴでおよそ75年の歴史があったが、その分裂は生死を決するほど厚く乗り越えられない壁となっていた。母は懇願したが、無駄だった。

父の名声も影響していただろうか。父はそのとき留守だったが、コンゴ人初のプロテスタント牧師としてブカヴで評判が高まっていた。このことが修道女たちの敵対心を煽《あお》ったのかどうか、母は知る由もない。

*1　Van Reybrouck, David. Congo: *The Epic History of a People*. New York: HarperCollins, 2014, 47.

サンダルとパーニャ姿で坂道を重い足取りで上りながら、私が明朝までもたないだろうことを悟った母は、悲しみと苦痛の熱い涙を流し、宗教的偏狭の愚かさとそれを克服できない自分の無力さをののしった。

その夜、自宅で弱々しい私の体を腕に抱き、揺らしながら、母は私の命が離れていくのを、腕のなかで私を失っていくのを感じた、とのちに語っている。母はへその緒を切った隣人のことを考え、私の体を蝕んだ感染症は彼女が原因だと確信した。

「彼女がまちがったことをしているのは見えたんだ」。のちに母は私に言った。「でも私はおまえを産んだばかりで、寝たきりだった。何もできなかったんだよ」

当時の症状や処置など母のあらゆる説明から、私が敗血症を患っていたことはほぼまちがいない。赤ん坊にとっては、治療を怠れば命にかかわる血液の感染症だ。

この感染症の最も一般的な原因は、誤った方法での、もしくは汚れた刃物を使っての、へその緒の切断にある。赤ん坊が生まれると、双方向の血流を止めるためにへその緒の2か所をはさみ込んで固定し、そのあいだを赤ん坊の側に数センチ残すようにして切断するのが正しい処置の仕方だ。

隣人が切断した箇所は私の身体に近すぎたため、へその緒を適切に縛るための十分な長さが残っておらず、私はあらゆる種類の細菌にさらされることになった。出産から数日後、私のへそは滲出し化膿し始めた。

私の命はそこで終わり、家族にとって短くも痛ましい記憶となっていたかもしれない。しかしそうはならなかった。生まれてから数日のうちに、2人目の勇敢な女性が私の人生に登場し、その後の多くの同じような出会いの先駆けとなった。彼女のおかげで私は生き延びたのだ。

コンゴでの生活は、偶然の出会いに左右されることがよくある。困ったときに見知らぬ情け深い人に出会い、思いもよらないときに銃を持った男が現れるといった具合に。慢性的に予測不能な世界では、神の神聖な手が常に働いているように思われる。コンゴ人が迷信深く信心深いのは、おそらくこのためだろう。私たちはみな、自分や家族を守るために、目には見えない力に頼ってなんとか生き抜こうとしている。それは1955年当時も今も変わらない。

母が死神の訪問を恐れていたそのとき、近所に住む誰かが、私を救うことになる行動を起こした。その人物は――誰だったかはわかっていない――坂下の小さなレンガ造りの家に住んでいた宣教師かつ学校教師の家まで歩いて向かった。午前3時ごろ、母の苦境をつづった手書きのメモが届けられた。

その宣教師は、スウェーデンから来たマイケン・バーリマンという20代後半から30代前半の女性だった。彼女はブカヴにある私たちの地域に住むことを選んだ。白人にとって快適で親しみのある町の中心部ではなく、黒人居住区を住まいにした、めずらしいヨーロッパ人だった。厳格に隔離されていた当時の社会で、彼女は診療所での偏見を切り抜けることのできる、おそらく唯一の人だった。

ムクウェゲ牧師の生まれたばかりの息子が重病で治療を拒否されたことを、マイケンは知った。彼女はすぐに起き上がり、服を着て、懐中電灯を持って私の家にやって来た。母は私を抱いてうたた寝をしていた。マイケンの訪問に最初は驚いたが、彼女を招き入れ、看護師に診てもらおうとしたが無駄に終わったという、その日の絶望的な体験を語った。

マイケンは助けることを約束した。

夜明けとともに、彼女は町にあるもうひとつの診療所に向かい、修道女たちに私が危篤だと告げ、もし受け入れを拒否すれば、私の死を招いた責任の一端は彼女たちが負うことになると迫った。修道女たちは赤い色の緊急入院証を発行し、マイケンはそれを持って母のところに戻り、すぐに使うよう伝えた。この書類のおかげで母は、外の長い列に並ばなくても、私を連れて病棟に直行することができた。

私はすぐに最初のペニシリンを投与され、修道女たちは母に6時間後にまた来るように言った。病院に戻る時間を待つあいだ、母は自宅で私を見守った。浅い呼吸をくり返す私の小さな胸が上下するのを見ながら、回復のしるしを探っていた。同様の病状と、子どもに回復の兆しを見つけようとする母親たちの悲痛な表情を、私は何千回と見てきた。

2回目の抗生物質の投与の際も、私の症状に改善は見られなかった。修道女たちは母を安心させようと「変化は現れます。息子さんは回復しますよ」と告げた。

私の呼吸が深くなり、表情から苦痛が消え始めたのは、その日の終わりの3回目の投与のときだった。翌朝には熱も下がっていた。

母はマイケン・バーリマンのことをけっして忘れなかった。「おまえが生きているのは彼女のおかげだよ」と母によく言われたものだ。2009年に私がスウェーデンの人権賞を受賞しストックホルムに招かれたとき、母は授賞式と晩餐会にマイケンを招待しようと提案した。

80歳をとうに超えたマイケンは、年を重ね体も弱々しくなってはいたが、コンゴでの日々を鮮明に覚えていた。まるで長いあいだ会えなかった祖母と再会したようだった。私たちは抱きあい、笑いあった。私の誕生後、私たち家族と固い友情で結ばれた彼女は、授賞式への招待に感激していた。私が子どものころ一緒に遊んだゲームのことを話してくれた。

母は晩餐会の席でスピーチし、他者を助けるために人生を捧げたマイケンこそが参加者のなかの真のスターであり、彼女なくして私たちはその場にいなかっただろうと語った。マイケンは少し照れ臭そうだったが、会場が拍手に包まれると涙ぐんでいた。

２０１９年に87歳で亡くなるまで信仰心の厚かった私の母は、あの波乱に満ちた誕生が私の人生の進路を定めたのだと確信していた。「あの診療所に入ったとき、神はおまえの心にメッセージを授けた」と母はよく言った。「自分が助けられたように、他の人を助けなさい」と。

私は人間の力を強く信じているので、運命という考えにはいつも違和感を覚える。神は人間を創造したが、自分で決断する自由を私たちに与えた、と私は信じている。運命という考え方は、私たちがどこか受動的な生き物であり、選ばれた道を歩んでいるとの意味あいがある。積極的になるか消極的になるか、良心に従うか無視するかという選択に私たちは常に直面し、選択の自由を善にも悪にも使うことができる、と私は考えている。しかし母には、私の道があらかじめ決められていたとの確信があった。

私の出生時の騒動や家族の歴史が私の人生に影響を与えたというのは、おそらく母の言う通りだろう。私が医師として最初にとりくんだのは、出産という命がけの運試しとの闘いだった。毎年、世界中で何十万人もの女性が、安全でない環境で出産し、命を落としている。知識不足と放置のせいで赤ん坊の死は後を絶たない。母親、新生児、乳幼児の死亡率は、欧米ではわずかなレベルにまで低下しているが、コンゴを含む世界の大部分は依然としてこの問題に悩まされている。

私のふたりの祖母がそうだったように、感染症や逆子出産、分娩後異常出血によって死に至ることもあるとわかっていながら、それでも私やきょうだいを自宅で産んだ母の勇気は、今でも私を驚愕させる。

マイケンの無私の心にも敬服している。真夜中のドアのノックを無視することも、治療を拒否された貧しい黒人の子どもの命は救えないと判断することもできただろう。しかし彼女は、無関心や敗北主義という誘惑の言葉を無視した。自分のアイデンティティに力と責任があることを理解していたのだ。


私の出身地ブカヴはもともと、キヴ湖に指を広げたように突き出す5つの小さな半島に建てられた町だ。強い日差しを浴びると、湖の水はカリブ海や地中海のようなターコイズブルーに変わる。一日の終わりの完全な静寂のなかでは、水面はゆるやかに変化する鏡のように、周囲の丘や山々を映し出す。夕暮れ時、太陽が沈むにつれて、オレンジ色に、そしてピンク色に輝く光景は、見飽きることがない。やがては紺碧、灰色、黒、そのあいだのあらゆる色合いに変化していく。

キヴ湖には、人を魅きつける神秘的な美しさがある。湖底には吸収されたメタンガスが大量に蓄積し、生命はほぼ存在しないと考えられている。

1500メートル近い標高のおかげで、ここの平均気温は年間を通じて摂氏20度だ。西に200

0キロ離れた国の反対側にある首都キンシャサのような、息づまるほどの暑さやむしむしする湿気とは無縁だ。

暑すぎることはめったになく、寒さも訪れない、ずっと春のような陽気だ。植物は毎月花を咲かせる。唯一の大きな変化は雨で、雨季になると突然雨が降り出し、ときには雷鳴を伴う。雨は激しく降り注ぎ、やがてその到来時と同じように劇的に去っていく。数時間のうちに雲が晴れ、赤道付近特有の日差しが戻ってくれば、雨に打たれてぐったりした草は再び乾いて先をとがらせ、ぬかるんだ泥道はからからに乾き、髪やまつげにも付着する細かい赤い塵で覆われる。

コンゴ東部の限られたパレットを構成する色に、乾いた血や濃い錆のような泥の赤茶色がある。人間や自然の営みによって土が露出した場所では、どこでも見られる色だ。山腹や谷を覆うように生い茂る植物の鮮やかな緑色とは対照的だ。

「限られたパレット」と言ったのは、成長と自然の色である緑と茶がコンゴを支配しているからだ。私たちは住まいを、アマゾンに次いで世界で2番目に大きな熱帯雨林と共有している。この熱帯雨林は足を踏み込めない場所も多く、東側の国境から西の端までをすっぽり覆っている。

森のなかには花が点々と咲いている。マンゴーの木に咲く黄色い花房、パッションフルーツのつるに咲く紫の副花冠、赤と黄色の三角形が連なったヘリコニアの花々。とはいえ視界を支配するのは、鮮やかな緑と錆びた茶という強烈なベースカラーだ。

樹木の天蓋の下には濁った小川や水路が扇状に広がり、国の脊柱ともいえる、曲線状の巨大なコンゴ川へと流れこんでいく。コンゴ川は南東から北上し、90度以上の巨大な弧を描いて西に曲がる。

大西洋へと注ぐ場所では、海底に巨大な渓谷ができるほど勢いよく、泡立った沈殿物を吐き出している。

ブカヴ周辺の景観は、キヴ湖のぎざぎざした湖岸線から突然そびえ立つ。町がある5つの半島も急勾配で、さざ波と峡谷が連続する。その背後の内陸には、より起伏の激しい岩山が現れる。さらに奥には3000メートル級のビエガ山やカフズィ山が連なり、山頂にかかる雲の切れ間からその姿が見え隠れする。

活火山もある。ブカヴから97キロ離れたニラゴンゴ山は、噴火をくり返しては溶岩や灰を湖に噴出する騒々しい火山だ。約2万年前の火山活動によって、キヴ湖の水の流れ出る方角が、北方からタンガニーカ湖へ向かう南方に逆転したと考えられている。

コンゴの地形とその地下に眠る天然資源は、地殻変動によって形成され、この地域独特の美しさと豊富な原材料を賦与している。人々の欲望を掻き立てるほど地表近くに、これほど多くの鉱物資源が存在するのは、何億年にもわたって地表が引き裂かれ、再生されてきたためだ。ある植民地測量技師は、コンゴを「地質学的スキャンダル」と呼んだ。

私が生まれたころのブカヴは、アパルトヘイト制度のような隔離が徹底されていた。中心部のヨーロッパ人居住区は、水辺の別荘があり、オールバックの髪形にスーツ姿の白人男性や、木綿のドレスを着こんだ女性たちが暮らす地域だった。サッカー場、図書館、アールデコ調の建物があった。

住居が本国よりも大きく熱帯の庭付きという点以外は、町の中心部はベルギーの街並みに似せてつくられており、静かで秩序があり清潔だった。緑豊かで広大な敷地を持つ荘厳な学校には、ヨーロッパからの入植者の子どもたちが通った。大きな白いアーチとドーム型の屋根をもつ大聖堂は、1940年代の終わりに建てられたものだ。

町の中心部のまわりにはいわゆるアジア人地区があり、インドやパキスタンから来た貿易商人が住んでいた。湖から遠く離れた丘陵地には2つの黒人居住地区があった。バギラと、私たちが暮らしていたカデュテュだ。

毎朝、夜明けとともに数千人の男性たちがこの地区から仕事に向かい、町の中心部でポーター、ガードマン、清掃員、庭師として、あるいはビール工場、製薬工場、繊維工場の労働者として働いていた。町の郊外には、かんきつ類、バナナ、コーヒー、紅茶を輸出用に栽培する広大なプランテーションが広がっていた。

植民地主義者たち（フランス語で「レ・コロン〔les colons〕」と呼ばれる）は、北ヨーロッパの鉛色の空の代わりに、熱帯の温暖な気候を手に入れた。病気の脅威はあったものの――マラリアや黄熱病は当時まだ主要な死因だった――多くのヨーロッパ人にとっては楽園だった。

1950年代から、冒険好きな外国人観光客が休暇にブカヴを訪れるようになり、熱帯のコート・ダジュールのような風景のなか、ブーゲンビリアの木の下で輸入ワインを楽しんだ。1954年まで、この町はベルギー人副総督の名をとって、コステルマンヴィルと呼ばれていた。

バカンス客たちは、花壇とヤシやデイコの木々に囲まれた平らな道路を、まばゆいクロムメッキの欧米車で走りまわった。現地在住のベルギー人は、スピードボートやヨットで彼らを水上に連れ出しもてなした。キヴ湖での水上スキーも人気の行楽だった。

安価で安全で、そして晴れわたったエキゾチックな休暇だった。ブカヴでの湖の景色や清々しい朝の遊泳に飽きると、湖の北端にある町、ゴマまで足漕ぎボートで行き、美しくも不気味にそびえるニラゴンゴ山を眺めることもできた。アフリカ全土でも有数の景観を誇るヴィルンガ国立公園では、ゴリラ、ライオン、象などが見られるサファリツアーがあった。

私は1955年に病気に見舞われながら誕生したものの、その後は、子煩悩でやりくり上手な母、働き者の父、増え続けるきょうだいとともに幼少期をすごした。父の教会が大きくなるにつれ、家族の社会的地位も向上し、生活環境も改善していった。

何度かの引っ越しの後、幼児期の後半に定住したのは、電気と水道を備えた板張りの壁の大きな家だった。黒人住民の生活環境を改善するため、ベルギー当局がおこなった大規模な公共工事の一環で建てられたものだ。

木製の食卓に木綿のクッションがそれぞれ置かれた椅子、ソファ、父の聖書や宗教書が並ぶ棚があったことを覚えている。両親の蓄音機とラジオがあり、ラジオでは国営放送やブカヴの放送局に真ん中の大きなダイヤルを合わせて聴いていた。寝室は3つあり、ひとつは両親、ひとつは私たち男の子、もうひとつは姉妹たちが使っていた。未熟で簡素で、現代の住宅の快適さとはかけ離れたものだった。しかし当時としては、そして何より私たち家族のような背景を持つ者にとっては最高の贅沢だった。

現在のブカヴに、そのころの面影はいっさいない。今も覚えているのは、アスファルトの道路脇の、手入れの行き届いた歩道を歩いたことだ。歩道はとても滑らかで、姉妹と一緒にローラースケートで下っていくのは命がけの遊びだった。どの家の庭にも果樹が植えられていた。

当時のこうした生活と厳格な人種序列が、独立によってひっくり返った。5歳だった私には断片的な記憶しかない。1960年、両親に連れられて、ブカヴでおこなわれた政治演説に参加したことをぼんやりと覚えている。人生初の体験だった。演説の意味はまったくわからなかったが、コンゴ人の群衆のなかに身を置いた体験は心に残っている。演説をしたのは当時の英雄で、今もアフリカの一部でアイコンとなっているパトリス・ルムンバだ。体の引き締まった男性で、あご髭を生やし、黒のハーフフレームの眼鏡をかけていた。

その後まもなくして、予想されていたよりも早く、ルムンバは独立コンゴ共和国の初の首相となり、民主的に選ばれた指導者となった。75年続いたベルギーの支配が終わったのだ。

ベルギー支配の最初の20年間、レオポルド2世の私領とされていたコンゴは、彼に莫大な富と、一時は偉大な人道主義者としての名声を与えた。しかしその暴政と強欲ぶりが明らかになると、彼は国際的なのけ者として扱われるようになった。

独立を果たした6月30日のダンスや音楽はよく覚えている。国は4日間、祝祭に包まれた。青地に黄色い星の新国旗があちこちに掲げられた。花火、自転車レース、音楽にビール。5歳だった私にその意義はよくわからなかったが、この祭典に喜んで加わった。

実際、ルムンバをはじめとする独立後の指導者たちが引き継いだのは、空っぽの財政と、大学卒業者が数十人しかいない人口1500万の国だった。ベルギー支配下にあったコンゴの独立に向けた準備は、お粗末なものにならざるをえなかった。そして旧植民地の自由は、西側勢力にとってその資源と領土が利用可能である限りにおいて、認められることとなった。

軍隊の反乱、甚大な経済問題、南部の分離独立運動への対処のため、ルムンバがソ連に支援を申し入れたとき、彼の運命は定まった。彼はわずか3か月で首相の座を追われた。そして就任から6か月にして、ベルギーとアメリカの黙認のもと拉致され、暗殺された。

独立時、ブカヴの黒人居住区が祝祭ムードだったのに対し、街の中心部は悲しみに暮れ、人々は行動に移した。民家は空っぽになり、引っ越しのトラックが行き交い、安全なヨーロッパへ帰ろうと急ぐ家族で飛行機はごった返した。

これがヨーロッパ人の大流出の始まりだった。彼らへの敵意の高まりと、白人コミュニティへの襲撃の報告や噂（真実もあれば誇張もあった）に反応してのことだった。幸せだったアフリカでの日々は、本国で郷愁とともに思い出されたことだろう。

ヨーロッパ人が去ったことで、建国したばかりの未熟な国家を運営するための重要技術、行政知識やノウハウが失われた。

私の祖父母や曾祖父母は、これと真逆の動きを目撃している。私たち家族の故郷であるカジバ村に最初のヨーロッパ人がやってきたときだ。バジバジバと呼ばれる地域住民が暮らすカジバ村は、森林が覆う高い山々に囲まれた谷間にあり、地元の金属工業のおかげで他の地域よりも裕福だった。

バジバジバの人々は歴史的に熟練した職人集団で、銅や鉄鉱石を使って農具や宝飾品をつくり、現在のコンゴ東部、ルワンダ、ブルンジ、ウガンダから成る大湖地域で売ってまわっていた。矢じりや槍など武器の製造も得意としていた。

武器製造の技術と猛烈な独立精神があいまって、バジバジバは、19世紀初めに東アフリカ沿岸からコンゴ東部に押し寄せるようになった象牙や奴隷を扱うアラブ商人の襲撃を食い止めてきた。しかし、ヨーロッパの侵略者の銃にはかなわなかった。

私の祖先は、深刻な経済的、政治的、社会的衝撃を目の当たりにした。法令により、鉱物資源はすべて新植民地行政に属するとされた。地元の鉱山はそれ以降レオポルド2世下のコンゴ自由国のものとなり、「先住民」はその所有が禁じられた。

地元の金属工業は一気に消滅し、多くの職人が、貴金属、特に地域で豊富に産出される金の取引に移っていった。今でもカジバ周辺の河川では、膝まで水に浸かって金鉱を探す人々を見かける。

政府であれ民間の特許会社であれ、新たな植民地体制に抵抗した部族長は、必ず報復を受けた。私たちの部族長は、160キロ離れたカレヘ村に追放され、そこで獄死した。公然と殺害された者もいた。その度に、ムワミと呼ばれる部族の長への尊敬と崇拝をもとに成り立っていた社会を大きく弱体化させた。

子どものころ、部族長が連れ去られたときのことを両親が話していたのを覚えている。その衝撃は、100年経った今でもカジバで使われている言葉にも表れている。「ムボジェ・カレヘ（Mboje-Kalehe)」という表現は、カレヘに追放されることを覚悟のうえで、あることが真実であると誓う、という意味だ。

地場産業の衰退によって村人は、輸入ものの鉈《なた》、金属工具、車輪などを購入することを余儀なくされた。ほんの数年前までは現地製造が可能だったものだ。

植民地制度は、カジバの性別役割分業にかかわるジェンダー関係にも変化をもたらした。ヨーロッパ人が持ち込んだ新たな貨幣制度が、農産物や家畜を主たる交換手段にしていたそれまでの物々交換経済に、次第にとって代わっていった。それまでは、強い家母長制の伝統のもと、女性が家族の農業生産物の貯蔵と管理を担っていた。

1887年にコンゴ・フランが導入されると、経済力は次第に男性に移っていき、お金の管理は男性のほうが適任だと考えられるようになった。男性がポーターとして、または鉱山や農園で労働者として働くようになると、賃金を得て配分し、管理するようになった。女性は、かつて持っていた家族の資源を管理する力を失った。

もうひとつの重要な導入は、プロテスタントであるノルウェーの福音派の一団によってもたらされた。彼らは、1921年にやってきて伝道所の開設を求めた。カジバに定住しようとの彼らの決断は、村の暮らし、特に私の両親、そして私自身に大きな影響を与えることになった。

ベルギー政府の支援を受けたこの一団は、地元のムワミの家を訪問し、村への支援を申し出た。受け入れざるをえないと思ったのか、あるいはもてなしの気持ちからか、ムワミは、谷の奥にある土地の一角を宣教師たちに与えることを承諾した。川沿いの開墾されていない湿地だった。彼らを待ち受ける困難を知っていた部族長は、もの好きな白人の訪問者たちがあまりの窮乏に音を上げて立ち去るか、故郷に帰るだろうと考えていたかもしれない。

ムワミが予想していなかった強い意志と、故郷ノルウェーの信徒たちからの資金によって、宣教師たちは徐々に確固たる存在感を築いていった。初めは敵視されていたが、主に医療と教育のおかげで次第に地元へ溶け込んでいった。

ムズング（文字通り「白人」の意）が、軟膏《なんこう》やまじないを使う地元の呪医《じゅい》よりずっと効果的に傷や熱を治療することができるという噂はすぐに広まった。宣教師たちは、消毒薬、解熱剤、水虫などの白癬《はくせん》や腸内寄生虫の薬、清潔な包帯を備えていた。

間に合わせのもので建てた診療所に人々がやってくるたび、彼らは布教した。私の両親のような孤児や貧困にあえぐ子どもなど、地元の子どもたちに特に関心を寄せていた。木造の小さな礼拝堂も建てた。さらに学校を開校し、聖書を学ぶために、読み書きを覚える機会を初めて子どもたちに提供した。子どもが学校に行ってしまうと農作業や家畜の世話の手が足りなくなるため、多くの親は疑わしく思っていたが、識字能力の効用を理解する者も出てきた。

洗礼の数は当初は少なかったが、信徒は増えていき、ほぼ全員が改宗するまでになった。レオポルド2世やベルギー国家と同様、宣教師たちは自身を、アフリカの後進的慣習をヨーロッパの考え方や伝統に入れ替える偉大な文明化の力の一部であると考えていた。

洗礼の前に、改宗をする者は、家宝として代々受け継がれてきた銅や金のブレスレットやネックレスを外すことを求められた。それらを身に着けることは、地元で何世紀も続く伝統の一部だった。改宗者は、祖先の霊や、それまで祀《まつ》ってきた「すべての最後にある者」を意味するナムジンダという神への信仰を放棄することを約束した。地場産の煙草をパイプで吸うことは、男性に人気の気晴らしだが、バナナワインを飲むのと同じように罪深い行為だとされた。

村の生活は、アハ・ンゴンベを中心に営まれていた。アハ・ンゴンベとは、男性が集って村の問題を話しあい、争いを解決し、地域の歴史を若い世代に口承で語り継ぐ公共の場だった。ルランガという地元のギター、カルヘロというフルート、金属製の手持ちピアノのようなリケンベの演奏を聴ける場所でもあった。こうした音楽や演奏者は、悪魔的だと非難された。

私の両親をはじめ地域社会は、新たな信仰を進んで受け入れたが、キリスト教の到来は過去との断絶をもたらした。この初期のキリスト教の形態は、地元の精神的、社会的伝統を豊かにしたり、それらと融合したりしようと努めるものではなく、それらを完全に入れ替え、追い出そうとするものだった。古くからあった価値あるものの多くを原始的で退廃的だと断罪するなど、さまざまな意味での文化的大惨事だったと言わなければならない。

ヨーロッパ人とアフリカ人が互いに学び合えるような調整、交流、認識がなかったことが残念だ。しかしそれは時代の精神にそぐわないものだった。それが叶っていたら、今でも教会ではオルガンではなく、ルランガやカルヘロの音色が聴けたかもしれない。

父は初期の改宗者のひとりだった。1922年、家畜も土地もない元金属職人の貧しい一家に生まれた父は、4歳で孤児になった。出産時に母親が亡くなり、父親はそのわずか数年後に病で亡くなった。

父は叔母に引きとられた。叔母は自分の子どもたちを育てながら、父の世話もするため最善を尽くした。覚えている唯一の家庭で、父はよそ者のように感じながら成長した。やがて青年になった彼の未来は暗澹《あんたん》たるものだった。土地がなければ、せいぜい農場労働者として生計を立てるのが精一杯だ。持参金が払えないため、結婚の見込みも薄かった。

活路を提供したのは教会だった。父はミッションスクールで学び、洗礼を受けたのち、宣教師たちのもとにとどまった。そして、カジバの谷深い湿地にあった小さな教会で誕生した、最初のコンゴ人伝道者のひとりとなった。1940年代初め、母は10歳でこの学校に生徒としてやってきた。

4人きょうだいの末っ子で一番体の弱かった母に教育を受けさせようと、兄たちが学校に送ったのだった。母親(私の祖母)が母を出産中に亡くなった後、きょうだいたちは自らを養っていかなければならなかった。父(私の祖父)は再婚したが、再婚相手から「自分か前妻の子どもたちか」との最後通告を突きつけられた。彼女は子どもたちといっさいかかわりを持ちたくなかったのだ。

そのため母は兄たちによって育てられた。彼らは、ときには魚やカエルなど、手を尽くして食料をかき集め、母に食べさせた。母は幼いころから体調を崩すことが多かったが、それは生涯続くことになった。

学業を終えるころの10代半ば、母は牧師になることを決めていた父との結婚に同意した。父は村での伝道を続け、数年後には国境を越えて現在のルワンダに渡るなど、広く旅をするようになった。結婚後の最初の数年間は、長期間家を空け、スウェーデン人が運営するルワンダとコンゴの国境沿いの伝道所で働いた。1949年、ようやくブカヴに落ち着き、同年に母も父のもとに来た。

父はブカヴ初のコンゴ人の牧師だった。当初はプロテスタントの仲間の家を拠点に活動し、地元の裁判官が所有する敷地を利用して礼拝をおこなっていた時期もあった。改宗者が増えていくと、彼らは黒人居住区の一角にあった木陰で、公然と礼拝をするようになった。1950年代初め、父とスウェーデン人宣教師は、植民地行政から教会建設の許可を得た。

物質的にも精神的にも厳しい時代だった。父の給料はささやかなもので、彼は子どもたち全員の学費を賄おうと、私の幼少期はずっと苦労していた。父はまた、1960年のコンゴ独立から数年続いた動乱にも巻き込まれた。

1961年、6歳だった私が母や姉妹と一緒に父の教会で座っていると、重装備の兵士たちが現れて礼拝を妨害し、父の同僚だったスウェーデン人を引きずり出していった。ヨーロッパ人入植者の出国を急がせようとした地元知事の命令だった。

軍靴でコンクリートの床を歩く音や、スウェーデン人牧師の怯《おび》えた表情、そして恐ろしさのあまり、立ち去っていく兵士の後ろ姿をふり返って見ることができなかったことを、今でも覚えている。私が初めて経験した暴力だった。数日後には父が逮捕され、警察署で頭に銃を突きつけられた。

3年後の1964年、反政府勢力がブカヴを制圧し、教会の中庭で数人が撃たれた。その3年後に今度は白人傭兵《ようへい》がブカヴを占拠し、私たちはこのときも歩いて地方へ避難しなければならなかった。

家を捨てて逃げることは、両親にとっても、特にわれわれ子どもにとってもつらい経験だった。何より身の安全を心配し、それから留守のあいだに何が起きるのか、もう戻ってこられないのではないか、と不安になったことを覚えている。1967年、私たちの家はコンゴ空軍機による誤爆を受け、私の部屋で寝ていた2人の友人、13歳のレアと20歳のジョブが殺された。

こうした出来事は、私にさらなる避難や亡命への心の準備をさせ、実際にもその後にそれらを数多く経験することになった。両親や地域社会、ましてや国家が危険から守ってくれるという幻想を、私は早くに失った。何か前向きなことが言えるとすれば、愛する人の健康と安全という、最も大切なものに思考を集中させるようになった、ということぐらいだろう。いつ失うかわからない財産を貯めることにいっさい興味がないのも、それが理由かもしれない。

平穏なときには父は精神的闘争の最前線に身を投じ、それによって生まれたばかりの私は命を失いかけた。彼を脅威だと考えるカトリック信者もいた。子どものころ、礼拝中の教会に石が投げられトタン屋根に落ち、雷のようなすさまじい音を立てたときの恐怖は忘れられない。教会のドアが開け放たれて石が投げ入れられることもあり、私たちは粗末な木製のベンチの下に潜り込んで身を守らなければならなかった。盗難もしょっちゅうだった。

私は、スウェーデン人宣教師がブカヴで運営する学校で初等教育を受け始めたが、その学校ではスウェーデンの国旗の色である青と黄色の制服を着用するよう義務づけられていた。そのため私たちがプロテスタントであることは一目でわかり、地元のカトリックの少年たちから標的にされた。帰り道は一斉攻撃を受けるようなもので、侮辱され、脅され、もっとひどい目に遭うこともあった。お使いのための外出も勇気のいることだった。こうした日常の対立は過去のものとなったが、いまだに偏見が頭をもたげることがある。私の娘がカトリック教徒との結婚を選んだとき、私は地域に根づく深い疑念と闘わなければならなかった。

私の父は、現代の教会やテレビ番組に登場するような劫罰《ごうばつ》を説く牧師ではなかった。口調は優しく、まじめで、敬虔《けいけん》な心の持ち主だった。聖書の知識と他者への思いやりにあふれた行動が、父が信頼される理由だった。人前で演説をしたり個別に助言したりすることに抵抗がなく、またていねいな聞き手でもあった。

少年のころ、特に日曜日には、私はできる限り父が信徒や管轄地域の住民を訪問するのについて行った。設立間もない教会をとりしきる傍ら、父はブカヴの軍事基地の礼拝堂で少数のプロテスタントの兵士のために礼拝をおこなうことを許された。午前4時半に礼拝を始めて、カトリックのミサが開始される6時までに終えるよう厳しく指示されていた。

私たちは夜明け前の午前3時ごろに起床し、町の反対側まで8キロの道のりを歩いた。基地を出ると、こんどは警察署へ行って礼拝をおこなった。私は父のそばを離れず、最前列の席で前を向いて彼の説教を聞き、移動の際には彼の茶色い革の鞄を運んだ。

私は半そでシャツに短パンを着ていたが、父はダークスーツとネクタイ、そして磨かれた革靴と、いつも申し分ない恰好だった。私は父の手を握って歩いた。ときには父の聖書を持たされ、それをしっかりと小脇に抱えた。

そんな忙しいある日曜日に、私の人生を変える出来事があった。

午前中の礼拝が終わると、父はブカヴをまわって体の弱い人や体調のすぐれない人々を訪ねた。私はいつも父の話を熱心に聞いた。神だけでなく、自分自身を、そして自分の回復力を信じるよう励ます術を、父は備えていた。

病人のそばに座り、祈りを導く。手を握ったり、頭の上に手を乗せたりして、優しく、しかし力を込めて語りかける。内なる勇気を見出し、神に助けを求めるよう促す。

父は献身をいとわなかった。夜遅くに疲れきって帰宅することも多かった。家にかかってきた電話を断ったことも、助けの求めを拒否したこともなかった。病人を励ましたり、臨終の祈りをおこなう必要があればいつでも、朝の3時や4時であっても着替えて出かけていった。

しかしあるとき私は、少年なら誰もが経験するように、父にも人間としての限界があることに気がついた。腸チフス、マラリア、黄熱病、ポリオ、コレラなど、当時も今も人々を苦しめるあらゆる病気に対して、祈りの力には限界があった。

8歳のときのことだ。ある日曜日の夜、私たちは自宅近くの貧しい地域にあった小さな家に呼ばれて向かった。案内されたのはレンガと木で造られた建物で、一室しかない部屋のなかは暗くてよく見えなかった。暗がりのなかで、母親が赤ん坊をあやしていた。その子が重病であることは、子どもの私の目にも明らかだった。

心配と悲しみで張りつめた空気のなか、すすり泣きが聞こえた。私はなすすべもない家族が気の毒で仕方なく、その痛ましい泣き声に心を動かされた。自分の人生が病気から始まったことを思い起こさせる光景だった。父にこの苦しみをとり除いてほしいと、切に願った。

父は家族の話を聞き、子どもを診た。診療所は閉まっているが明朝に行って看護師を呼ぶようにと、ふだんの調子で助言した。家族とともに祈り、励ましの言葉をかけた。そして私たちは家を出た。

来た道を戻りながら、私は考え込んでしまった。赤ん坊に対する同情と、自分が目撃したものに対する不可解さと失望感でいっぱいだった。

「パパ、どうしてあの子には、僕が病気のときにくれるような薬をあげなかったの？」数分後に私は尋ねた。先ほどの家を出てから、私たちのあいだに流れていた沈黙を破って。

父は歩くのをやめて私のほうを見た。私は街灯に照らされた彼の顔を見上げた。静まり返った通りに、ふたりの影が伸びていた。

「私は自分にできることをするだけだ。それは祈ることだよ」。彼は答えた。「薬を渡すのはそのための訓練を受けた人、ムガンガの仕事なんだ」

医者や看護師とはどんな仕事なのか、処方箋とはなんなのか、当時の私は何も知らなかった。「仕事」についても漠然とした認識しかなかった。しかし私やきょうだいが熱を出したとき、薬局で白いブラウス姿の修道女が両親に薬を渡すのを見たことはあった。私の誕生から数年後、彼女たちはあらゆる信仰を持つ人々を受け入れるようになった。そうした修道女は、コンゴ東部で最も一般的な言語のスワヒリ語で「ムガンガ」と呼ばれていた。「病人を世話する人々」という意味だ。

「それなら僕はムガンガになる」。私は少しむきになって父に言った。

「それはいい」と父は微笑んで答えた。「私たちはチームとして働けるな。おまえは薬を配り、私は患者のために祈るんだ」

まるで、その場所で約束を交わしたかのように感じた瞬間だった。家に着くと室内に駆け込んで、母にそのことを伝えた。彼女がどんな反応をしたかは覚えていない。私が運命を全うするための最初の一歩を踏み出したことを察知して、ひとり微笑んでいたかもしれない。ずっと後になってから、私が医者になるよう祈っていたのだ、と母は教えてくれた。このときから、私は人生の目標を持った。くじけそうになるといつも、母がこのことを思い出させてくれた。

2

女性の健康危機

父との約束を果たすまで、20年近くを要した。大人になり、かつて想像したように、父とともに病気を患った人や身体の弱った人を訪ねて管轄地域をまわることはなかった。しかし、父が7000人収容できるブカヴ最大のプロテスタント教会の建設に携わり、キャリアを終えようとしていたころ、私はようやく医師として働くようになった。幼いころに描いていたような仕事仲間にはなれなかったが、それでも約束したように、私たちはそれぞれのやり方で、地域住民の幸福増進のために活動していた。

私の医師としての経験は、学生時代の研修から始まった。初の職場は、ブカヴから南に約64キロ離れたレメラという僻村《へきそん》で、スウェーデンのペンテコステ派宣教団が運営していた病院だった。レメラはルジジ川の急峻な渓谷の背後にそびえる丘陵地帯にある。そこへ行くにはまず、隣国ルワンダとブルンジとの国境であるルジジ川に沿って緩やかに曲がりくねった道をバスで進んでいく。1時間半ほどでバスを降りたあと、滑りやすい坂道を4時間かけて歩くという過酷な行程を経てようやく到着する。

植民地時代に学生寮として使われていた平屋の建物が並ぶその病院は、なだらかな傾斜地に立ち、ヤシの木など豊かな緑に囲まれていた。産婦人科、小児科、総合診療科、外科などの建物をスタッフが行き来していた。２００の病床を備えたその病院は、人口12万人の貧しく荒れ果てた村で唯一の医療施設だった。

１９８３年、レメラでの勤務を始めて最初の数週間は、良い意味でも悪い意味でも天啓を受けるような体験だった。病院は慢性的に人員不足だった。常勤の医師はスウェーデン人の小児外科医スヴェイン・ハウスヴェェッツだけで、多忙極める彼を数人の看護師がサポートしていた。これだけ限られた人員では、穏やかなスタートなど望めなかった。

私はいきなり実務に放り込まれた。数日のうちに、ヘルニア、火傷、骨折などの手術でスヴェインと外科チームを手伝うようになった。男性、女性、大人から子どもまで、患者は絶えなかった。

医師をめざす私の道のりは長く複雑だった。覚悟はしていたが、想像以上の忍耐が必要だった。問題の一端は、ジョセフ・モブツ独裁政権下での、コンゴという国家の機能不全を乗り越えなければならなかったことだ。ジャーナリストだったモブツは、私が子どものころに権力を掌握した。

医師は慢性的に不足していたのに、私は医学部に入学できず、留学のための奨学金の申請もすべて断られ、大きく失望した。唯一合格した首都キンシャサにある主要大学の工学部を、私は２年目で退学した。

10代後半から20代前半の私は、漂流しているようだった。医師になるなど到底無理なのでは、と不安を抱くようになった。母の干渉がなければ、私はビジネスマンになっていただろう。キンシャサで工学部生だったころ、私は自分にお金を稼ぐ才があることに気がついた。手押し車を使った商売に始まり、紙、通学鞄など学用品を売買するようになった。

しかし母は絶えず私をせきたてた。電話のたびに幼いころの夢を私に言い聞かせ、私の将来が心配だと訴える手紙をくり返し書いてよこした。

身体の弱かった母から、あるとき、すぐにブカヴに戻ってきてほしいと電話があった。病気になり、私に会う間もなく逝ってしまうかもしれないと言うのだ。母のもとへ行かなければと、私は最悪の事態も覚悟して、キンシャサから飛んで帰った。

しかし家に戻ると、母はすでに回復していた。元気になった母は病気のことはほとんど口にせず、代わりに私のキャリアについて話したがった。ブカヴから陸路で半日ほど南に下ったブルンジの首都ブジュンブラに医学部が新設されたことを知った母は、なんとか受験させようと私を説得にかかった。自分の近くにいてほしい、とも言った。

私はさまざまな理由を上げて反対した。新設したばかりの学部の質は定かではない。工学部に入学するという失敗をすでにしている私は、新たなリスクを負いたくなかった。フランス留学も視野に入れ、焦らず別の道を探ったほうがよいと、私は主張した。

しかし母の決意は固く、私は抵抗を諦めて母の助言に従い、試しに1年だけ通ってみようと考えた。母のおかげで私は合格し、それからは二度とふり返らなかった。心配していた教育の質は、非常に優れたものだった。

それから6年経って、私はレメラにやってきた。専門研究を進める前の短い研修期間のつもりだった。父との約束通り、私は幼い子どもたちを助ける小児科医になろうと考えていた。肝炎の妊娠中の母子感染や、乳幼児のB型肝炎ワクチン接種に関する医学論文を、すでに書き終えていた。

しかしレメラでの日々は、消えることのない痕跡を私に残した。コンゴの僻地における妊産婦医療の深刻な危機を、初めてこの目で見たのだ。

周産期医療はほぼ皆無で、地域の母親の圧倒的多数は、1955年に私を産んだ母と同じく、医療専門家のいないなか、自宅で出産していた。被害の深刻さと、並々ならぬ女性たちの勇気が、このまま小児科医をめざしてよいものかと私に考えさせた。

妊産婦医療の欠如は、女性の命が軽視されているというもっと大きな問題の表れであることも感じとった。レメラ周辺の住民は例外なく、またコンゴ国民のほとんどが、極貧に苦しんでいた。しかしその苦難には格差があった。

程度の差はあれ、ほとんどの社会でそうであるように、コンゴの女性は生まれたときから二級市民として扱われる。農村部では、女性は子どもを産み育てる役割に加えて、小麦粉の原料となるキャッサバなどの主食作物や調理に使う炭の生産など、畑仕事の大半を担っている。

伝統的理由から、荷物の運搬も女性の仕事と見なされている。私は、棒のようにか細い女性が、作物や薪でいっぱいの巨大な帆布袋を背負ってよろよろと歩く姿を見て育った。たいていは体よりも大きな荷物を、紐を額に巻きつけて運ぶのだ。前かがみになって重さを支えるため、首の筋肉が著しく発達するが、多くの筋骨格系の障害や、ときには生殖器系の問題も発生する。

日々のきつい労働と自己犠牲に加え、社会から同情を寄せられることもない。離婚や死別を経験した女性に、再婚の望みはないに等しい。経済的自立も望めない。夫から身体的虐待を受けることも多く、レメラの病院でもその被害は目撃されていた。夫が別の妻を娶《めと》り、一夫多妻の関係を強いられることに怯えて生活する女性もいる。その悲惨な影響について、私はコンゴの女性たちの話を長年にわたって聞いてきた。

レメラで私は、出産時に見捨てられる女性が受ける被害を目の当たりにした。出産は、女性が最も傷つきやすく、最も力を発揮する瞬間だ。人体の解剖学的構造の設計不良により、自らの命を危険にさらして新たな命を産み出すよう、造物主が女性に強いる瞬間でもある。

木の枝と紐でできた即席の担架にほとんど意識のない妊婦を乗せ、家族が病院にやってくる。血が固まりつき赤く染まった布の上に寝かされた患者が、病院の外に放置されていることもある。何時間も、ときには何日もかけて運ばれてくるのだ。

こうした女性の多くは自宅で閉塞性分娩に陥り、胎児が骨盤にはまり込むか、部分的に外性器から露出した状態にある。多量に出血している女性もいる。世界的にも分娩後の最大の死因であり、低年齢の母親にとっては特に危険だ。

死因を記録する以外、できることが残されていない場合が多い。患者の多くは、ジャングルや小川を通って病院へと運ばれる途中で息絶えてしまう。生きていても、成功しなかった出産から数日たち、子宮が腐敗している患者もいる。ハエの大群が手術室まで追ってくることもあった。

被害の程度は衝撃的だった。死は常につきまとい、それを食い止めようと、私たちは奔走した。緊急帝王切開を3、4回おこなう日もあった。失血によるショック状態の女性の治療に、私はあっという間に熟達した。分娩後異常出血の際に子宮壁の収縮を誘発して動脈を遮断するオキシトシンという薬は、患者の命を毎日救っていた。

私はまた、産科瘻孔《ろうこう》（産科フィスチュラ）がもたらす深刻な症状を初めて知った。これは閉塞性分娩の際に起きやすく、胎児の頭部による圧迫で、膣と直腸を分ける組織、または膣と膀胱を分ける組織、ときにはその両方の血流が制限される。酸素が届かないため組織が壊死し、やがて孔《あな》があく。その結果、女性は尿や便をコントロールできなくなる。膀胱や直腸の中身が膣に漏れ出てしまうのだ。屈辱的であり、清潔さを保つことは不可能だ。異臭のせいで離婚させられ、地域社会から追放される女性も多い。

組織は自力では再生せず、複雑な婦人科手術でしか修復できない。周産期医療や帝王切開によって、産科フィスチュラは豊かな国ではほぼなくなっているが、アジアやサハラ以南のアフリカでは200万人の若い女性たちがこの病状に苦しんでいると、世界保健機関（WHO）は試算している。

レメラでの私は、興奮状態で走る目まぐるしく複雑な組織に放り込まれた新米といったところだった。私の行動で生死が決まる可能性があり、実際そうなることも多かった。他の職員に早急に追いつき、責任の伴う役割を担うことが求められた。そのため私の昇進のスピードは、自分の希望よりもいささか早すぎた。

働き始めて3か月ほど経ったある夜、私はスヴェイン夫妻の自宅に夕食に招かれた。スヴェインは、ある問題が起きたため週末に子どもたちに会いに行かなければならない、と言った。

「留守のあいだ、代わりの責任者が必要なんだ。私が戻るまで代理の医長をやってもらえないかい？」彼は尋ねた。

「病院全体のですか？」

「そうだ」彼はうなずいた。

「何日間でしょうか？」

「金曜の夜に発《た》って、月曜日に戻ってくる」。彼は答えた。

選択の余地はないと感じた。もちろん光栄に思ったが、同時に非常に不安だった。

金曜日の夜、私は病棟の最後の巡回を終えて宿舎に戻った。病院の隣にある小さな一軒家だ。病院の調理師がつくった夕食が、テーブルの上で私を待っていた。米、揚げバナナ、野菜だ。これにヤギの肉がつく日もあった。いつものことだが、帰宅したときには料理はすでに冷めていた。

食事を終えると、ドアの鍵を閉め、ベッドに腰を下ろして、孤独を強く感じた。病院に電話はなかった。あるのは「フォニー」と呼んでいた無線送信機だけで、それを使って一日の特定の時間にやりとりをおこなっていた。私はベッドに潜り込んだ。頭に心配事が渦巻いていたが、やがて肉体的な疲労に飲み込まれていった。

休息はすぐに断ち切られた。激しくドアを叩く音で私は目を覚まし、真っ暗ななか、急いで懐中電灯を掴《つか》み、しわくちゃのシャツを羽織った。外は静かなので、深夜なのはまちがいない。虫の声さえ聞こえなかった。ドアを開けると、病院の警備員が暗がりのなかメモを持って立っていた。

「急患です」。紙切れを渡しながら彼は言った。懐中電灯の光に照らされたそのメモを、私は目を細めて読んだ。夜間の看護師が受け入れた女性は深刻な出血状態で、「子宮破裂の疑い」と書かれていた。

私は硬直した。一度も治療したことのない症状だったのだ。めったに起こらないが、産科では最も深刻な事態のひとつだ。単純で体系化された帝王切開とは違って、経験が求められる。常に同じやり方は通用しない。子宮破裂が認められれば、複雑な処置が必要になる。

私は慌てて服を着て、病院に着くとすぐ手術着に着替え、発電機を再点火するよう指示した。発電機は1日に12時間しか稼働せず、燃料節約のため夜間は電源を切っている。ささいな緊急治療を夜間におこなう場合は、電池式の照明を使用することが多い。警備員は麻酔科医と助手を起こしに行き、彼らは数分で駆けつけた。

患者はショック状態で外科に運ばれてきた。保管庫から血液バッグが数個届いた。すぐに輸血を開始し、女性に全身麻酔をかけた。緊急に血圧を上げ、出血の原因を突きとめなければならなかった。

私は腹部の中央を大きく開く正中切開をおこない、血液の吸引を開始した。一番恐れていたことが現実となった。どんなにスヴェインにいてほしかったことか！　経験豊かな先輩の後ろ盾があるのと、単独でおこなうのとはまったく違う。

分娩時に子宮壁が裂ける子宮破裂は、胎児の分娩進行が妨げられた場合に起こる。赤ん坊は助からなかったが、母親を救える可能性はまだあった。

女性が将来また子どもを望めるよう、子宮の裂け目を縫合し修復するか、あるいはより簡単で成功率の高い子宮全摘出か、私は選択を迫られた。

女性は見るからに若く、おそらく今回が初の出産だった。私は彼女の運命を握っているような、大きな責任を感じた。生殖機能の喪失がコンゴの女性に与える衝撃を私は知っていた。不幸なことに、女性はたいてい母親となることでしか、社会での居場所と地位を見つけられないのだ。

私は裂け目を縫合するほうを選び、私の部屋にある手術の本を持ってくるよう指示した。それからの3時間、その手術手技について解説した章を熟読した。

この夜、私の助手を務めたエピケについて述べなければならない。私の視線が患者と手術本のマニュアルとを行き来するあいだ、彼は患者の血圧をモニターでチェックし、私に器具を手渡し、明かりを照らした。40年近く経った今でも、私たちは一緒に仕事をしている。今や70代の彼は、移動医療チームの一員として遠隔地をまわっている。

困難で、神経のすり減る手術だった。終わると私は部屋に戻り、朝にはどんな状態が待っているのか恐れつつも、数時間の睡眠をとった。決断は正しかったのだろうか。やはり子宮摘出を選ぶべきだったのではないだろうか。

翌朝、目覚めるとまずその女性を見舞った。彼女は意識をとり戻しており、私は看護師にパラメーターの値を尋ねた。血圧は正常な数値で、尿に血が混じっていたが憂慮すべきレベルではなく、容態は安定しているようだった。世界一の幸せ者だと感じた瞬間だった。限られた経験でも、命を救うことができたのだ。完全に回復すれば、子どもを産む機会も持てるだろう。

レメラでの日々はそうした劇的な出来事や、命を左右するような瞬時の判断の連続だった。夜中にドアが叩かれることはしょっちゅうだったし、緊急事態の切り抜け方や優先順位の判断などが鍛えられた。この一年で、私の体重はこれまでで最も軽い54キロまで減った。昼食を逃したり、冷めた夕食をつまんでベッドに倒れこんだりする生活が続いたせいだ。

奇跡も起きた。手の施しようがないように見えた女性が、死から生還することがあった。よく覚えているのは、子宮摘出中に心停止に陥った患者のことだ。脈拍が遅くなり、やがて止まり、出血も完全に止まった。大きなプレッシャーのなか、私たちは輸血をおこない、麻酔科医が心肺蘇生をおこなった。希望を失いかけたそのとき、彼女の心臓は再び動き出した。

悲惨な日々もある。分娩中に大量出血し意識をほぼ失った成人の娘を連れてきた、夫に先立たれた女性のことは忘れられない。なんとか患者を救おうと私たちが格闘するあいだ、母親の気が狂ったような悲鳴が外から聞こえてきた。

「私のたった一人の子どもを……お願いです、先生！　どうか娘を助けて！」母親は泣きじゃくり、狂乱状態で叫んだ。

患者を蘇生させようと集中するのは大変だった。母親は手術室の扉を叩いて、なかに入れてくれと訴えた。病院で出産していれば、簡単な帝王切開で救えただろう。しかし、娘は助からなかった。私は手術室を出て、母親にそれを告げなければならなかった。目の前で別の命が崩れ落ちていくようだった。母親は病院を去り、娘の遺体を引き取りに戻ってくることもなかった。悲しみが大きすぎたのかもしれないし、生き続ける力を失ってしまったのかもしれない。

この時期、さまざまな感情が私のなかに渦巻いていた。危険な状況でも冷静に妊娠・出産に立ち向かうレメラ周辺の女性たちに、深い尊敬の念を抱くようになった。同時に、安全な環境で出産できる施設を提供しない政府のせいで、女性がこれほどまでに見捨てられていることに、同情と怒りを覚えた。

女性が軽視されているのは、彼女たちの社会的地位の低さを反映しているのではないか、と私は思った。出産時の死亡など多くの危険にだまって対峙することは、女性として当然だと考えられていた。そうしたリスクは男性の関心になかった。

診察に来る妊婦の付き添いは、ほとんどが母親か義母で、けっして夫であることはない。分娩時に合併症を患ったり緊急治療が必要な妊婦は、多くは配偶者である男性によって病院に運ばれてくるが、彼らはそこでかかわりを絶ってしまう。出産や回復に付き添う者はほとんどいない。

西側諸国の数世代前までの父親がそうだったように、コンゴの父親が出産に立ち会うことは今でもほとんどない。男性は子育てにも消極的だ。この傾向は、家父長制が根強いほぼすべての社会で続いている。

レメラでは、患者から夫の話をよく聞いていた。私の現在の病院では、意識を変えるためのささやかな試みとして、パートナーの立ち会いのもと女性が出産できる個室をつくった。残念ながら、大した進展は生み出せていない。

出産の立ち会いは男性の伝統的慣習ではなく、また夫は裸で無防備な妻の姿を見るべきではないという考えが、最大の難点だ。夫が自分に魅力を感じなくなると心配する妻もいる。呻《うめ》き声や叫び声、出血や排便を伴う出産は、もちろんセクシーとは言えない。しかしそのような意識は、女性は常に夫の欲望と快楽の対象であるべきという性差別的思考を表すものだ。また、身体的な苦しみがあるとき、妻やパートナーにそばにいてほしいと思わない男性がいるだろうか。

私は医師として、常にそうした不均衡を感じてきた。男性が入院するときはいつも妻が、もしくは姉妹か母親が付き添う。夫が失禁すれば妻が尿瓶《しびん》を用意し、身体を洗い着替えさせる。妻が自分に対する魅力を失うのではなどと、夫はいっさい心配しない。

出産に対する父親の意識は、その社会で女性がどれだけ自由を享受し尊重されているかを示す確かな指標だ。西側諸国では全般的に、男性は比較的最近まで、出産はパートナーだけの責任だと考えていた。

この意識がようやく変わり始めたのは、自宅より病院での出産が一般的となった1950年代から1960年代にかけてだった。多くの西側諸国では、1970年代以降ほとんどの父親が出産に立ち会うようになり、今日では最大で9割という圧倒的多数になっている。誰もが積極的というわけではないが、それでも重大な場面をサポートしようと立ち会っている。

私がレメラで働いていたころ、わが国は出産をするのに最も危険な場所のひとつだった。残念ながらその後も、コンゴの母親たちの苦境は改善していない。実際に妊産婦死亡率は、私の医師生活を通じて悪化し続けている。

コンゴで命を落とす女性は1990年より現在のほうが多い。国連児童基金(UNICEF、ユニセフ)によると、コンゴでは10万人の出産につき推定850人の女性が命を落としており、[*1]世界で最も高い割合のひとつだ。2018年には、1000人の出生につきおよそ7人のコンゴの子どもたちが1歳の誕生日を迎えることができなかった。[*2]

妊産婦死亡の原因は主に、定期健診や必要時の緊急医療のための出産施設が整備されていないことにある。必ずしも複雑で高額なものではない。妊婦には良質な食事、安全な水と衛生設備が必要だが、何より必要なのは、重大な事態になった場合の助産師と外科医だ。

世界的には５人に１人の女性が、１９５５年に母が私を産んだときと同じく、熟練の医師不在のもとで出産している。この数字はサハラ以南のアフリカではさらにひどい。10人に４人の女性が医療ケアのない環境で出産している。[*3] この医療放棄は、女性に対する暴力の一形態である。

今世紀に入って、国連ミレニアム開発目標のひとつに「妊産婦の健康」が掲げられるなど、世界的には進展が見られる。10万人の出産あたりの死亡率は、１９９０年から約３割減少している。[*4]

幸いなことに、コンゴのような劣悪な記録をもつ国はごくわずかだ。すべての先進国は、１９９０年から２０１５年の25年間でさらに改善を重ね、すでに少なかった出産時の女性の死亡数をほぼ半減させた。富裕国の死者数は10万人の出産につき３～８人であり、そのほとんどは持病あるいは無

＊1 United Nations Children's Fund. *State of the World's Children 2014 in Numbers: Every Child Counts*. New York: UNICEF, 2014.
https://data.unicef.org/resources/state-worlds-children-2014-numbers-every-child-counts/

＊2 UN Inter-agency Group for Child Mortality Estimation. "Stillbirth and Child Mortality Estimates." New York: IGME, 2021.
https://childmortality.org/

＊3 Delivery care data from UNICEF.
https://data.unicef.org/topic/maternal-health/delivery-care/

＊4 GBD 2015 Maternal Mortality Collaborators. "Global, Regior al, and National Levels of Maternal Mortality, 1990–2015: A Systematic Analysis for the Global Burden of Disease Study 2015." *Lancet* 388, no.10053 (October 08, 2016): 1775-1812.
https://www.thelancet.com/journals/lancet/article/PIIS0140-6736(16)31470-2/fulltext

関係の症状が原因となっている。

アメリカはコンゴ同様、後退している国のひとつだ。出産時に死亡する女性の数は、1990年の10万人あたり17人から、2015年には10万人あたり26人に増加した。これはウズベキスタンやカザフスタンとほぼ同じ水準で、人口10億人を超える中国よりも、さらには制裁を受けているイランよりも悪い。[*5]

その主な理由は、黒人と先住民の女性の衝撃的な死亡率だ。アメリカの公衆衛生を監視する疾病予防管理センター（CDC）によれば、黒人の妊婦は白人の妊婦に比べて妊娠中に死亡する確率が3倍から4倍も高い。

アメリカでは10万人の出産につき約40人の黒人女性が命を落としている。メキシコやエジプトに匹敵する死亡率だ。[*6]ニューヨーク市の保健局のデータによると、同市では、黒人の母親が死亡する確率は白人の母親より12倍も高い。[*7]人種差別と偏見が、この格差の一因となっている。黒人女性は医療保険に加入しておらず、肥満や高血圧などの慢性疾患に苦しんでいる可能性が高いこともまた一因だ。

レメラで働くなかで、私は母親に対する虐待が別の形でも横行していることに初めて気づいた。それは家庭内暴力によるあざや切り傷ほど目立つものではなく、閉塞性分娩や分娩後異常出血ほど破壊的なものではないが、暴力の一形態であることには変わりなかった。

すべての妊婦は、陣痛が始まる直前まで働き続けることを求められた。立っていられなくなるまで働くのだ。家事のやりくりに加えて、作付け、耕作、運搬と作業に終わりはない。そして出産が終わるとすぐ、過酷な労働がまた始まる。

身体を消耗させ、危険を伴うこともある出産には保護が必要だと認識した点でも、世界は大きく前進した。またほぼすべての社会は、出産後に母親が新生児との時間をすごすことに価値を見出し、それが育児休暇の発展へとつながった。

経済協力開発機構（ＯＥＣＤ）と国際労働機関（ＩＬＯ）によると、女性労働者の有給出産休暇を設けていない国は世界で２か国しかない。[*8] ひとつは太平洋の島国であるパプアニューギニアだ。もうひとつはアメリカだが、ジョー・バイデン大統領は「アメリカン・ファミリーズ・プラン」でようやくこの異常事態にとりくむ計画を発表した。

＊5　＊4に同じ。

＊6　Centers for Disease Control and Prevention. "Pregnancy Mortality Surveillance System." https://www.cdc.gov/reproductivehealth/maternal-mortality/pregnancy-mortality-surveillance-system.htm

＊7　Pregnancy-Associated Mortality Review Project Team. *Pregnancy-Associated Mortality, New York City, 2006–2010.* New York: New York City Department of Health and Mental Hygiene, Bureau of Maternal, Infant and Reproductive Health, n.d. https://www1.nyc.gov/assets/doh/downloads/pdf/ms/pregnancy-associated-mortality-report.pdf

＊8　Organisation for Economic Co-operation and Development. *SIGi 2019 Global Report: Transforming Challenges into Opportunities.* Social Institutions and Gender Index. Paris: OECD Publishing, 2019. https://www.oecd-ilibrary.org/development/sigi-2019-global-report_bc56d212-en
または、International Labor Organization. *Maternity and Paternity at Work: Law and Practice Across the World.* Geneva: ILO, 2014. https://www.ilo.org/wcmsp5/groups/public/---dgreports/---dcomm/---publ/documents/publication/wcms_242615.pdf

有給育児休暇を取得できるアメリカの労働者はわずか19パーセントで、黒人やラテン系の母親ではさらに低いことを、アメリカ労働省の数値が示している。[*9] アドボカシー団体の「PL＋US（アメリカに有給休暇を）」の推定では、アメリカの母親の25パーセントが出産後2週間以内に仕事に復帰している。母子にとって無用な苦しみではないか！

世界の先進民主主義国の有給育児休暇は、平均18週間だ。東欧の小さなEU加盟国エストニアは先駆的で、母親に最大85週間の育児休暇を給与の満額支給とともに提供している。[*10]

主たる育児の担い手と見なされている母親に父親よりも長い休暇を与えるという、育児休暇制度に内在する性差別に、今やほとんどの国が着手している。北欧諸国は、性差のない育休制度を実施し、ときには男性にこの権利の行使を義務づけるなど、模範的だ。

社会のメリットは非常に大きい。早くから子どもの面倒を見ている父親は、子どもが成長するにつれてかかわりを深め、メンタルヘルスも改善する傾向にある。[*11] 出産時や乳幼児期にかかわりを持った父親は、その後も家事を担う意欲を高めるため、女性に圧倒的にのしかかる掃除、料理、洗濯の負担が軽減されるという調査結果も出ている。

コンゴ東部の僻地の病院で研修医をしていた私は、女性に課せられるはてしない労働、医療ケアの欠如、父親の不在、新米の母親に対する無情な扱い、防げたはずの死など、目撃するあらゆる事象のつながりを十分理解していなかった。社会規範、経済、家庭生活、政策決定の根本に家父長制度があることが、まだわかっていなかったのだ。私は職務を果たし、患者のためにできることをする一医者にすぎなかった。

しかしこの不正義に私は気づいていた。そして、この不平等は私を悩ませ、なんとか力になりたいと思わせた。社会は女性たちを劣った者、弱い者として見下していたが、痛みや不安に直面したときの彼女たちの強さを、私は日々目撃していた。

今思えば、フェミニストとしての良心を育む最初の一歩を、私はこのとき踏み出したのだろう。生涯にわたって続く、学びと理解の旅が始まったのだ。

当時、レメラ地域はもとより南キヴ州全体でも、正規の資格を持つ婦人科医はひとりもいなかった。簡単な帝王切開ができないばかりに、女性が毎日亡くなっていた。フィスチュラを思うことはたいてい、生涯にわたる汚名と排除を意味した。フィスチュラを治療する一番近い施設は、エチオピアのアディスアベバだった。

私は、小児科の勉強をやめて産婦人科に進むことを考え始めた。私にとっては、子どもをケアする方法が変わるだけのことだった。当時私はすでに結婚しており、妻のマドレーヌの協力は不可欠

*9 US Department of Labor. *National Compensation Survey: Employee Benefits in the United States, March 2019.* Washington, DC: US Bureau of Labor Statistics, 2019. https://www.bls.gov/ebs/publications/pdf/bulletin-2791-september-2019-employee-benefits-in-the-united-states-march-2019.pdf

*10 Chzhen, Yekaterina, Anna Gromada, and Gwyther Rees. *Are the World's Richest Countries Family Friendly? Policy in the OECD and EU*. Florence: UNICEF Office of Research, 2019. https://www.unicef-irc.org/family-friendly

*11 Organisation for Economic Co-operation and Development. "Parental Leave: Where Are the Fathers?" Paris: OECD Publishing, March 2016. https://www.oecd.org/policy-briefs/parental-leave-where-are-the-fathers.pdf

だった。ある教授から、婦人科の仕事は夫婦関係に支障をきたす恐れがあると忠告された。婦人科を選んだ男性の同僚数人が、その後、不幸な結婚生活を送ったと言うのだ。

私がマドレーヌに初めて会ったのは、ブジュンブラでの大学1年目を終えて夏休みに故郷に戻ったときだった。数人の友人と一緒に、実家の前で会話を数分交わしただけだった。彼女の笑顔と物腰、優雅さと温かさに、私はあっという間に心を奪われた。心臓が高鳴り、想像力が掻き立てられた。

興奮と同時に落胆も大きかった。彼女は「カボイの娘だ」と、友人のシルヴァンに言われたのだ。カボイはブカヴ屈指の裕福な商人で、つまり私とは身分が違いすぎた。

再びマドレーヌに会えるまで1年を要した。翌年の夏、私たちは共通の友人の結婚式に主賓として出席した。彼女は20歳、私は25歳だった。結婚式は私の父の教会でおこなわれ、そのリハーサルで私たちは再会した。

結婚式当日、マドレーヌと歩くはずの花婿の付添人が現れなかった。式の開始直前になって彼の代わりを務めるよう頼まれた私は、喜びを隠しきれなかった。

結婚式のことはあまり覚えていない。2時間をはるかに超える長い式だった。私とマドレーヌは並んで座り、賛美歌や聖書朗読の合間に声を潜めて会話をした。

言葉はただあふれ出るようだった。私たちは自然体で、きどらず、互いに心を開いていた。彼女は私にブジュンブラでの生活について尋ね、自身の学業の話をした。私は家族のこと、初めての医学試験のこと、将来の夢などを語った。私の心臓は再び高鳴った。

結婚式が終わるころ、私はふと思いついて、ブジュンブラで一緒に暮らさないかと衝動的に彼女に尋ねた。苦笑いして、断られるに決まっていると思いながら。驚いたことに、彼女は「もちろん。そうしましょう」とささやいて笑った。

その瞬間、私はどうしようもなく、救いようのないほど彼女に恋をしてしまった。結婚式の後、教会の外でさらに2時間語りあった私たちは、その夏に交際を始めた。誰かに交際を反対されるだろうが、それを乗り越える努力をしようと、私たちは約束した。

私は自分の意思をすぐ両親に伝えた。両親は懐疑的ではあったが、反対はしなかった。マドレーヌの家族を説得するほうがはるかに困難だった。牧師の息子である医学生が、当時のブカヴで最も快適な環境で育てられた娘をどうやって養うつもりなのかと、彼女の父親は疑った。しかしマドレーヌは諦めず、私との約束を守り通そうとした。父親はやがて許してくれた。

1年後の1980年、私たちは父の教会で結婚した。私の家族は、持参金として牛4頭を用意してくれた。その後、私たちは一緒にブジュンブラに移り住み、簡素な家を借りて家族生活を始めた。

それ以来、私が成し遂げたこと、耐え抜いたことはすべて、マドレーヌが一緒だった。私たちはすべての成功を祝い、恐怖を生き、悲しみの最も暗い瞬間をともにしてきた。ともに笑い、絶望し、世界を旅して発見し、子どもを育て、年を重ねてきた。40年間、私たちは肩を並べて同じ道を歩んできた。

1984年、レメラでの研修が終わりに近づいたころ、私はマドレーヌに、産婦人科を専攻することに同意してもらえるかと尋ねた。そのためにはまた引っ越しが必要となる。フランス中部のワイン産地、ロワール渓谷の近くにある医科大学への入学を打診されていた。入学試験に合格すれば、4年間のコースとなる。

マドレーヌは賛成してくれた。貯金していた2000ドルの半分は、パリへの航空運賃となった。

私は10月、初めてヨーロッパに降り立った。パリ北東部のシャルル・ド・ゴール空港に到着し、南のモンパルナスに向かった。そこへ家族の友人が迎えに来てくれて、新たな住まいとなるアンジェという小さな町まで車で送ってくれた。

私は単身フランスに渡った。生活が確立したら、マドレーヌが幼い子ども2人を連れて来ることになっていた。まずはアパートを見つけなければならなかったが、これが想像以上に大変だった。

私は地元紙をくまなく見ては部屋を探した。しかし内見に行くと、ついさっき借り手が見つかったと言われるのだ。何度もそれが続き、さらに、訪ねた物件の広告が翌日も掲載されているのを見たとき、私は自分の肌の色が問題なのだと気づいた。

苛立たしく、やるせない経験だったが、ある日それは終わりを告げた。2人の学生が住むシェアハウスの空き部屋に電話をかけ、コンゴ人の医学生だと即座に自己紹介したときのことだ。「いいですよ。何時に内見にいらっしゃいますか?」家主のポールが返答した。その後のアンジェでの生活を通じて、ポールは私の現地ガイドとなり、大切な友人となった。

最初の2か月は大変な時期で、大きな経済的不安を抱えていた。しかし、地元のスーパーマーケットのくじ引きでフランス製の小型車が当たったことで、それが解決したのだ。おかげで、複数の病院で有給シフトで働けるようになった。この信じられないような強運が、その後のフランスでの生活の流れを決定づけた。

私たちの人生のなかで、非常に充実した幸せな時期だった。マドレーヌが越してきて、アンジェで暮らすあいだに、3人目の子どもが生まれた。すばらしい友人に恵まれ、最初は偏屈な家主にも遭遇したが、その後はとても温かく迎え入れられた。

私の経験値の高さに驚く教授もいた。特に覚えているのは、帝王切開の助手を務めたときのことだ。一緒に仕事をすれば、助手にどれほどの自信と習熟度があるかはすぐにわかる。手術の途中、教授は戸惑った表情で私のほうをふり向いた。

「この手術を何度もやったことがあるのかい?」彼は尋ねた。

「はい、500回ほど」。私は答えた。

自慢しようとしたのではない。レメラの病院で求められた仕事量だった。

教授は驚いた顔をした。

「ではなぜ君はここにいるんだ?」彼は聞いた。

「学びたいことがまだたくさんあるんです」。私は答えた。

コンゴでは麻酔処置を自分でしなければならないこともあると話すと、アンジェの同僚は信じられない様子だった。発電機が動かないと懐中電灯の光を頼りに手術をし、マニュアルを見ながら子宮破裂の手術をしたこともあるなど、誰も想像がつかなかった。私はまったく別の世界で生活し、働き、世界的な医療の驚くべき不平等を目の当たりにしていた。

フランスにいるあいだ、出産のせいで命を落とす女性を見たことはなかった。ただの一度もなかったのだ。

アンジェの病院の妊産婦科病棟は、産婦人科医や新生児蘇生の専門家など30人ほどの医師がいた。助産師は数十人おり、事務員やサポートスタッフもいた。24時間、完全体制の分娩チームが勤務していた。患者一人ひとりは一連の妊婦健診を受け、その費用は公的医療制度で全額カバーされた。アンジェの妊産婦科で生まれる赤ん坊の数(1年に約3500人)が、医師2人と助産師8人だけのレメラの病院で生まれる赤ん坊の数と同じだということを、私はあるとき知った。

レメラでは、簡単な尿検査や血液検査を受けるよう患者に勧めても、そんな余裕はないと言われることが多かった。アンジェでは、数十万ドルもする診断機器がほとんど使われていなかった。

フランスでは外科医が、縫合のたびに新品の糸を1ロールずつ持っていくのには驚いた。一部だけ使って残りは捨ててしまうのだ。コンゴではいつも最後のひと巻きまで使っていた。

5年間の研修の終わりに、私たちはある選択を迫られた。選択肢のひとつは、アンジェに残って、これまで築いた快適な暮らしを続けるというものだ。仕事の依頼も機会もあった。子どもたちは良質な学校に通い、マドレーヌは熱帯医学の勉学を修了していた。もうひとつは、私たちのいないあいだに事態がさらに悪化したコンゴに帰国するという選択肢だった。

モブツは、国名をザイール共和国に変え、コンゴの伝統的な名前と服装の使用を国民に強要し、国家を略奪していた。モブツの経済政策は大きな災難をもたらした。その最たるものは、国有化によって企業が分割され彼の取り巻きに分配されたことだ。鉱業の生産量は減少し、国富の重要な源が断ち切られた。国庫が縮小すると、モブツは貨幣を増刷し、それがハイパーインフレと苦難をもたらした。

植民地行政が残していった経済インフラは、ずっと荒廃したままだった。道路も鉄道も劣化していた。プライベートジェットやヘリコプターでどこへでも飛んでいくモブツには必要のないものだった。

私たちが帰国するかどうか考えていたころ、給料が支払われない学校教師たちが全国でストライキを起こした。病院は薬を購入できなかった。汚職が公然と蔓延していた。「銃を持っているのだから、給料はいらないだろう」。モブツがかつて治安部隊に言った言葉だ。[*12]

私は、コンゴの女性を助けるという自分自身に課した使命と、家族の要求や願望とを天秤にかけなければならなかった。フランスに残ることを決めた医学留学生がいることも知っていた。うち何人かは今も友人だ。彼らの選択は理解できるし、批判するつもりはない。

しかし世界レベルで見れば、貧しい国から豊かな国への医学的頭脳流出の影響は重大で、今日の保健や経済における世界的な不平等の重要な部分となっている。

途上国から先進国への医療従事者の移住は、貧しい国から必要な技術を奪っている。WHOのデータによると、アメリカとイギリスではおよそ400人に1人の割合で医師がおり、ドイツやスウェーデンなどヨーロッパで最も豊かな国では200人に1人となっている。コンゴでは、1万人にかろうじて1人といった状況だ。

*12 Stearns, Jason. *Dancing in the Glory of Monsters: The Collapse of the Congo and the Great War of Africa.* New York: PublicAffairs, 2011, 116.

アフリカや他の途上国で訓練を受けた医師が北米やヨーロッパで採用されるたび、医療の不均衡が悪化する。豊かな受け入れ国にとっては、採用した医師の研修費用を負担しないことが多いため、コスト削減にもなる。

アメリカでは医師の約4人に1人が他国出身で、5％近くは市民権を有していないことが、国勢調査データを用いた2018年の大規模調査で明らかになった。[*13] イギリスでは、2018年の議会報告によれば、国民保健サービス（NHS）の職員の50人に1人はアフリカ出身だ。また、最近の新型コロナウイルス問題は、イギリスでも他の多くの国々でも、先進国がいかに外国生まれの医療従事者に依存しているかを浮き彫りにした。

総合医の不足に加えて、途上国でより慢性的に不足しているのは、欧米で最も高い給料を得られる専門技術を持った医師だ。このことをあらためて実感したのは、ベルギーに移住したコンゴ人の腫瘍専門医から、数年前に連絡を受けたときだった。ブカヴで暮らす母親が末期がんと診断され、彼は私に支援を求めた。

彼の母親が治療を受けられるよう、私は最善を尽くした。何度か電話をするうち、彼は、自分が教育を受けられたのは、学費を賄うため長時間ピーナッツを売り、自分を犠牲にして働いてくれた母親のおかげだと語った。

その声には、絶望的な悲しみがこもっていた。彼はヨーロッパで快適で豊かな生活を送っているが、その生活を叶えてくれた女性は故郷で、彼が早期に発見し治療できたかもしれない病気で死のうとしているのだ。

コンゴでは多くの困難が待っており、フランスでの生活は魅力的だったが、それでも私は戻りたいと思った。フランスに残ることを考えるたび、良心がうずいた。理想を断念するようなものだった。レメラの担架が思い浮かび、娘を救おうとするあいだ、手術室の壁を叩く母親の悲痛な声が聞こえた。

私はマドレーヌと話しあった。最初は説得が必要だったが、彼女は私の考えを理解してくれた。私たちは妥協案に至った。帰国の航空券を購入し、半年間帰ってみて、その時点で再検討する。もし不満があれば、フランスに戻ろうというものだった。

「本当によく考えたのか?」病院の指導教官ロジェ・ル・リルザンに聞かれた。「子どもたちの人生にかかわるチャンスを逃しているのでは?」私は彼の気遣いに感謝した。私を思ってそう言ってくれるのはわかっていたが、もう決めたのだと私は答えた。

私たちはコンゴに帰国し、私は地域初の、研修を受けた産婦人科医としてレメラ病院に復帰した。その後の数年間は、モブツの32年にわたる支配が終わりに近づき、国が危機から危機へと迷走するなかではあったが、医師として最も満足のいく仕事ができた時期となった。

*13 Rapaport, Lisa. "U.S. Relies Heavily on Foreign-Born Healthcare Workers." Reuters, December 4, 2018. https://www.reuters.com/article/us-health-professions-us-ncncitizens/u-s-relies-heavily-on-foreign-born-healthcare-workers-idUSKBN1O32FR
Patel, Yash M., Dan P. Ly, Tanner Hicks, and Anupam B. Jenna. "Proportion of Non-US-Born and Noncitizen Health Care Professionals in the United States in 2016." *Journal of the American Medical Association* 320, no.21 (2018): 2265-67. https://jamanetwork.com/journals/jama/article-abstract/2717463

私はレメラ病院の医長になった。100床のベッドを追加し、レントゲン撮影用の別棟と感染症のための別棟を増築した。私の最大の貢献は、助産師の研修プログラムを立ち上げたことだ。これによって、地域の最も離れた遠隔地にいる女性たちにも医療を提供できるようになった。病院内に小さな看護師養成所も建てた。家主だったポールをはじめ、アンジェの友人たちが募金を集めてくれたおかげだ。すぐに、待ち望まれていた人材を輩出するようになった。

かつての上司への敬意として「スヴェイン・ホール」と名づけた大きな施設も設けた。最長で出産予定日の2か月前から、女性が無料で滞在できる場所だ。妊婦にバランスの良い食事を提供し、問題を早期に発見し防げるようになった。妊娠間際の女性が野外で労働しなくて済むようにもなった。常時100人程の女性を受け入れていた。

妊産婦の死亡率が下がり始めた。病院の記録が示していた。重体で来院する母親が減ったため、死亡者数が減ったのだ。寄付者からの資金援助によって可能となった基本的な知識と教育の提供が、大きな変化をつくり始めていることも、この目で確認できた。出産中に命を落とすという痛ましく回避可能な死亡が、レメラ周辺で減少し始めた。

帰国するという決断が報われたように感じた。簡単なことではなかったし、個人的犠牲も払った。マドレーヌと子どもたちはブカヴにいたので、私は長いあいだ家族に会えなかった。2週間に一度だけ、週末に家族のもとに帰るという生活だった。

限られた余暇の時間、家に戻らないときは、頭をすっきりさせようと病院周辺の丘に登ることもあった。心からリラックスできる唯一のひとときだった。新鮮な空気と自然が活力を与えてくれた。

山と谷が広がり、地平線を見渡せる場所まで歩くのが常だった。

ルジジ川を見下ろす場所が私のお気に入りだった。川は、岩のあいだを縫うように流れ、分岐し、急流のなかに小さな島々をつくっていく。荒々しい流れが急勾配の谷にこだまする音がかすかに聞こえてくる。

高い場所からは、コンゴと東の隣国ルワンダ、ブルンジとの国境がひとつになる地点も見える。とても豊かで野性的なこの壮大な景色を私たちは共有している。周囲の山々が、空に向かってのこぎりの歯のように切り立っている。それをつくり出した力に、敬服せずにはいられなかった。人間、国や国境、競争や争いなど、とるに足らない存在に思える瞬間だった。

3 危機と回復する力

「先生、すぐ来てください。緊急です」。1999年、瀕死の女性が運ばれてきた。そこはレメラではなく、環境も状況もがらりと違っていた。私はブカヴに戻り、郊外の見捨てられた貧しい地区パンジで、人生最大の仕事にとりかかっていた。

中部アフリカ・ペンテコステ派教会共同体[*1]から資金を受け、私たちはゼロから新たな病院を建てているところだった。建設作業がまだ続くなかを守衛のナンドラが走ってきて、初の患者の到着を私に告げたのだ。「ひどい怪我をしているようです」。彼は言った。

ペンキは塗りたてで、敷地のあちこちにはまだ建築廃材が山積みになっていた。改装中の2棟の建物の廊下には、医療用品の箱が積み重ねられていた。手術室には消毒器すらなかった。

しかし、噂は広まっていた。病院建設の計画は地域住民に知れわたっており、予想よりもかなり早く、男性数人が毛布にくるまれた女性を手製の担架に乗せてやってきた。彼らの絶望的な様子と、弱々しく呻き苦しむ女性を見たナンドラは、建設現場と埃っぽい道路とを隔てる木板の柵をとりはずした。

女性は建物内に運ばれ、担架から分娩台に移された。まだ診察室もない状態だった。私も駆けつけ、みないっせいに作業を開始した。管理者も含め8人しかいなかったが、全員レメラの元スタッフだった。

私たちは患者の毛布をとって診察を始めた。30代半ばの女性は、わずかだが意識があった。骨盤から臀部《でんぶ》のあたりを銃で撃たれたようで、大量に出血し、猛烈な痛みに苦しんでいた。

すぐに手術が必要だ。レメラからの外科医であるヴェイッコが指揮をとった。どんな状況下でも、複雑な手術だったことは確かだが、完成半ばの建物内では、彼の冷静さと技術は特に貴重だった。

私たちは大急ぎで設備を整えた。手術室は、近隣の診療所や支援機関からかき集めた物であふれていた。手術台と照明器具の無影灯はこっちから、レントゲンと麻酔器はあっちから、といった具合だ。手術中に血液バッグが足りなくなり、スタッフが街の中心部まで車を走らせ2袋を確保した。器具の殺菌消毒には圧力鍋を使った。

図らずもパンジ病院の初日となった、長く緊張に満ちた一日のほとんどを、私たちはこの患者に費やした。夜、手術を終え、放射線技師のムンゴが夜通しモニターをチェックすることになった。朝には患者の容態が回復していることを願いつつ、疲れ果てた私たちは床に就いた。

翌朝、起床して病棟に向かうと、驚いたことに患者が増えていた。病院が開業したと聞いた数人の妊婦が深夜にやって来たのだ、とムンゴは言った。彼は夜を徹して分娩を介助していた。母親たちは幸せそうにベッドに横たわり、赤ん坊をあやしていた。うちひとりは双子を抱えていた。

＊1　中部アフリカ・ペンテコステ派教会共同体は、スウェーデンのプロテスタントによって設立された。

この日、診察を求める人々が列をつくった。妊婦に限らず、さまざまな病状を抱えた男性や子どももいた。この状況は数週間続いた。列をつくる人々のまわりでは、建築業者や内装業者が、未完成のトイレ、病棟、作業場などの仕上げをおこなっていた。

順番を待つあいだ、患者たちはベンチや廃材の山の上に座って、会話したり食事したりしながら時間をつぶした。食べ残しの木の実や種が捨てられたので、すぐに草木が生え始めた。現在あるアボカドの大木は、このころから育ったものだ。この木を見るといつも、間に合わせでなんとかスタートした20年以上前のことを思い出す。

私たちは、初の患者の命を救った。徐々に体力が回復し、話す気力が出てきたところで、その女性は怪我をした経緯を私たちに話してくれた。数人の兵士が自宅にやってきて、言いあいになり、ドア越しに兵士のひとりが発砲し、自分の足に当たった、と言うのだ。

どうも腑に落ちなかった。なぜ兵士が発砲したのかが曖昧《あいまい》だ。数か月たってやっと、その全貌がわかった。

パンジ病院は、当時の状況と必要性の産物だ。人生はレメラにいたころから一変していた。周辺の景色に癒されたハイキング、地域の健康指標の改善に感じた満足感、そうしたことは、穏やかな過去の思い出となった。その後の1993年から1999年までの数年間は、苦悩と不安の連続だった。

私のレメラでの仕事を終わらせた紛争は、1959年、当時4歳だった私が目にした民族間の緊張に起因する。ぼんやりと覚えているのは、頭上に鞄を乗せた人々や家財道具を山と積んだ荷車で突然あふれかえったブカヴの路上だ。人々は異なる言語を話していた。スワヒリ語（コンゴ東部の公用語）でも、コンゴ東部の方言でもない、ルワンダ語だった。

何千頭もの角を持つ牛たちのかび臭さが、何よりも印象に残っている。牛の大群が通りを徘徊し、道端の草木を食《は》み、庭を踏み荒らしていた。その後ろを、不安げな表情の夫婦が赤ん坊を抱き、あるいは子どもの手を引いて歩いていた。

私がこの光景を眺めていたころ、隣国では別の怯えた少年が、この埃まみれの、人間と動物の行列に巻き込まれていった。幼い息子ポールを連れ、カガメ一家はルワンダを逃れて、北に位置するウガンダに向かっていた。ポールの人生は、ずっと後に私の人生に影響を与えることになる。

この混乱の原因は、ルワンダの二大民族であるフツとツチのあいだで起こった暴力だった。フツは人口の大多数を占めていたが、歴史的に土地や家畜を所有する支配階級であり貴族階級だったツチからの扱いに長いあいだ憤慨していた。

ルワンダ独立に至るまでのあいだ、フツはツチに対する虐殺をくり返し、数十万人のツチがブルンジ、コンゴ、ウガンダ北部に逃れ、定住を余儀なくされた。1962年のルワンダ独立後におこなわれた選挙で、フツは初めて政権の座に就いた。その後もルワンダでは、ツチに対する暴力が1963年、1973年と続いた。ルワンダと似た民族構成のブルンジでは、1972年に少数派のツチがフツの虐殺をおこなったが、一部の歴史家はこれをジェノサイド（大虐殺）と見なしている。

フツとツチの対立は1990年代に再び激発する。まずブルンジで、フツとして初めて選出された大統領がツチの軍将校に暗殺された。次にルワンダで1994年4月、同じくフツの2人の大統領、ブルンジのシプリアン・ンタリャミラと、ルワンダのジュベナール・ハビャリマナを乗せた飛行機が撃墜され、2人とも死亡した。これがルワンダのジェノサイドの発端となった。

彼らの暗殺は渦を巻き起こし、私を含めた何千万人もの人々の人生を容赦なく引き込んでいった。人間の最悪で、最も破壊的な感情が解き放たれた。不満が殺人を生み、殺人が復讐を生み、大量殺《さつ》戮《りく》、大量レイプ、大量拷問に発展していった。

ルワンダでは100日間にわたって、フツの暴徒が、ツチ、ツチと思われる者、あるいはツチをかくまったり同調したと疑われる者を襲撃した。ルワンダ国際刑事裁判所によれば、血にまみれた20世紀の後半に起こった最も悪名高いこの大量殺戮によって、80万人から100万人の人々が亡くなった。

レメラ病院では、国際赤十字委員会との合意のもとに患者を受け入れた。フツ、ツチを問わず、ひどい傷を負った男性、女性、子どもがやってきた。喉を切られた人、なたで腕や足を切り落とされた人もいた。

子どものころ、幾度となく暴力を目撃してきた私は、暴力と無縁ではなかった。しかし、そのような傷を処置するのは医師として初めてのことだった。人生は突然暗転し、私は妊産婦医療から遠ざけられてしまった。安全な出産場所を女性に提供する仕事に力を注げなくなり、代わりに、母親や娘に対するはるかに露骨で意図的な暴力との苦闘に消耗するようになった。妊産婦診療所、アウトリーチ・プログラム、助産師の育成などの進展はすべて、混乱のなかに消えていってしまった。

フツがツチを殺戮した「狂気の100日間」として知られるルワンダのジェノサイドは、ポール・カガメが率いるツチの反政府勢力であるルワンダ愛国戦線（RPF）が、政権に就いていたフツ過激派を倒し、多民族から成る国民統一政府を発足させたことで終結した。

しかし、これは殺戮の終わりではなく、新たな段階の始まりだった。この直後、フツに対する残虐行為の第二波が、ツチとカガメが率いる部隊によって始まった。

彼らは、ジェノサイドに関与した者の後を追った。兵士、将校、政治家、地方の役人、最悪の残虐行為を実行した民兵組織インテラハムウェのメンバーらだ。しかし殺戮は無差別におこなわれ、フランス語でジェノシデー（génocidaires）と呼ばれる加害者の多くは、推定150万人のルワンダ難民とともにコンゴに逃れた。その指導者はヨーロッパやケニアに逃亡した。

ジェノサイドから2年後の1996年、ツチ主導の新ルワンダ軍は、コンゴの反政府勢力の背後で活動し、ブカヴを含む周辺地域の難民キャンプに定住していたジェノサイド加害者を追ってコンゴ東部に侵攻した。フツ系民兵を武装解除し、国連の保護下にあるキャンプ内の民間人（難民）から引き離す行動をとらなかった国際社会は、問題を悪化させた。

ルワンダ侵攻軍は、公にはジェノサイド加害者の摘発を優先していたが、政権交代も目論んでいた。何十年も欧米諸国の同盟者だったモブツは、冷戦終結後は海外からの支援に頼ることはもはやできず、問題の一端を担っていると見られていた。

私たちは、侵攻がレメラにも到達するのを感じとった。コンゴの反政府勢力とルワンダ政府軍が夜間に国境を越えてコンゴに潜入し、武器や発電装置とともに丘陵地帯に入っていったのが目撃されていた。ルワンダの陣地からコンゴへ砲撃されることもあった。

病院内に緊張が高まった。私たちが反政府勢力に医療提供することを恐れた神経質なコンゴ軍指揮官が、病院に警備を配置しようとした。私は、病院は民族や素性にかかわらずあらゆる人々をケアし、武器を持たない中立の場であるべきだと訴え、それを拒否した。兵士に患者を選別されるくらいなら、病院を閉鎖されるほうがましだった。

安全のため病院を去ったスタッフもいたが、私はとどまることを決意した。病院は攻撃を受けないと信じていたのだ。それはまちがいだった。

病院が攻撃に遭った日に私が留守だったのは、まったくの偶然だった。妻アストリッドとともに私たちと病院に暮らしていたスウェーデン人のエンジニア、ダヴィッドが私の命の恩人だ。ダヴィッドの足の感染のおかげで、私は生き延びた、とも言える。深刻な感染症による足の切断を回避するため、彼を避難させることを決めたのは、攻撃の直前だった。周囲の緊張は明らかだったが、私たちはレメラからブカヴに続く谷を貫くように走る道を通って行くことにした。

私の人生で最も恐ろしい旅だった。病院のトヨタのランドクルーザーは、大きな谷を下りたところで、国境のルワンダ側から攻撃を受けた。でこぼこ道を全力疾走するあいだの、砂利や小石が車体の底を叩く音に加えて、機関銃の騒音を今でも覚えている。弾がいつ車体に命中してもおかしくなかった。

弾丸が飛び交うなか、助手席で身をかがめていた私は、悲鳴、爆発、タイヤの破裂を予期した。コントロールを失えば、まちがいなく死へまっしぐらだ。道の片側は岩山、反対側は川へと落ちる急斜面だった。

　奇跡的に、私たちはブカヴにたどり着いた。後で車内を調べると、弾丸が後部を貫通し、荷物に着弾していた。

　この旅は、ダヴィッドの足を救った。彼はスウェーデンに避難後、入院した。強力な抗生物質で足の腫れは徐々に引いていったが、ダヴィッドを診た医師は、この不可解な感染の原因を突きとめられなかった。

　1996年10月6日、私たちがブカヴに到着したその夜、ツチ系の反政府勢力がレメラ病院を襲撃し、患者30人を殺害した。ベッドの上で撃たれた者もいれば、点滴を腕にぶらさげたまま周辺の森に逃げ込み、追いつめられて殺された者もいた。この襲撃は、汚れた残忍な戦争の幕開けだった。残虐行為は実際ここから始まったと言える。

　看護師3人が命を落とした。襲撃が始まると彼らは居住区にバリケードを築いたが、反政府勢力はドアをぶち破り、その場で2人を殺した。3人目は、病院の車で医療用品をすべて近隣の村へ運ぶことを強いられた。任務が完了すると、彼は冷酷に殺された。

　私のオフィスに飾っていた私の写真は、銃撃で穴だらけになっていた。白衣にも銃弾が撃ち込まれていた。ダヴィッドを連れ病院を出た翌日には戻ってこようと、オフィスに吊るしていたものだ。患者のカルテは破られ、建物内に散乱していた。

　価値あるものがすべて略奪されると、病院は軍事キャンプとなり、のちにコンゴ・ザイール解放民主勢力同盟（ＡＤＦＬ）と呼ばれるようになる反政府勢力とルワンダ勢力が駐留した。

病院での虐殺は、ローラン＝デジレ・カビラ率いる反政府勢力が、ルワンダ、ウガンダ、ブルンジ国軍に全面的に頼っておこなった本格的なコンゴ侵攻の前触れとなった。この侵攻は、第一次コンゴ戦争と呼ばれるようになった。

レメラでの襲撃から数週間後、ブカヴでの戦闘は激化した。私たちは当初、家を離れて最悪の事態が起きることを恐れ、動かずにいた。低賃金のコンゴ人兵士の部隊は心強い存在とは言えなかったが、モブツ政権が隣国と和平協定の交渉をおこなえるよう、なんらかの戦いを挑んでくれることを期待していた。

コンゴ軍が逃げ出すとは誰も想像していなかった。結局、健康を害していたモブツに命を捧げようとする兵士はほとんどいなかった。侵攻時、モブツは国外で治療を受けていた。

私はマドレーヌや子どもたちと自宅にとどまった。紛争や政治状況の最新情報を得ようと、友人に電話したりニュースを聞いたりして日々を過ごした。逃げようか、身を隠そうか、どうすべきかとみな悩んでいた。

自宅にやって来た軍の諜報員を名乗る若い男性に、逃亡したほうがよいと告げられたとき、受け入れざるをえなかった。ある会合で、敵のスパイかつ情報提供者の可能性があるとして私の名前が上がったのだと、初めて会うその男は言った。どうやら、レメラ病院で警備の配置を拒否したことで疑われたようだ。

ばかばかしく不合理な話だったが、恐怖のもとではそうした愚かさで命が失われることを私は知っていた。すぐに、安全が確保できるキンシャサへ向かう航空券を手配した。マドレーヌの父親の有力な友人である軍判事に、車のトランクに私を乗せて空港まで送ってもらうよう依頼した。

翌朝、夜明けの薄明かりのなか、約束通り彼は車でやって来た。小さな鞄と教会組織の衛星電話を持って、私はトランクに入った。ダヴィッドとレメラからブカヴに向かったあの苦難に続き、神経のすり減る移動はその月で2度目だ。誰かにトランクを開けられ見つかるのではないかと、私は絶えず恐れていた。

雨の多い季節で、前夜の豪雨のせいで街はずぶ濡れだった。トランクで身を縮めながら、くぼみや雨水の流れを通りすぎる車輪が滑る音や、水たまりが水しぶきをつくる音を聞いた。タイヤやホイールアーチについた泥が粘つく音も聞きとれた。

車体に合わせて身体が揺れる。検問所で車の速度が落ちるたび、鼓動が早まり、胃がこわばった。

空港に着いたところで状況は良くならなかった。そこは完全な混乱状態だった。民間、軍用の車両が渋滞し、何百人もの人々が荷物を抱えて、ひとつしかない出発ターミナルへ向かっていた。駐車場も人であふれていた。ターミナル内には、武器を手に緊張した面持ちの兵士の集団がいた。

私はコンテナの後ろに身を隠し、滑走路の様子をうかがった。私が乗る予定のキンシャサ行きの便が到着し、ターミナル前で停止するとすぐに、乗客や兵士が席を確保しようと殺到した。搭乗券を手にした人々が兵士に抗議し、阻止しようとして大混乱になった。その場で何人かが撃たれた。少なくとも3人が射殺されるのを見た。迷彩服の集団が、頭上に銃を掲げながら階段を上って機内へ入っていった。

私は搭乗しようとすらしなかった。軍隊が反乱を起こしていることは明らかで、そうならばブカヴはすぐに無防備となるだろう。私は電話をとり出し、ローランドに電話した。コンゴ東部にある私たちの教会組織で働くスウェーデン人の仲間だ。彼は1週間前の便で出国し、ケニアの安全な場所にいた。

教会が運営する人道支援団体をサポートしているミッション・アヴィエーション・フェローシップを通じて飛行機を手配すると、彼は言った。定員12人の飛行機だ。私はマドレーヌに電話し荷造りをするよう伝えると、信頼できる軍人に電話して、私の車で家族を空港まで連れてくるよう依頼した。

コンテナの後ろで私は家族と合流し、飛行機の到着を待った。すでに本格的な避難が始まっており、外国政府、支援団体、企業などがチャーターした小型飛行機が頻繁に到着していた。一番の恐れは、飛行機の到着と同時に絶望に駆られた人々が押し寄せる、あるいは兵士にハイジャックされることだった。先ほど目撃した銃撃を考えれば、混乱のなかで誰かが乗り遅れるか、殺される危険すらあった。

私たちは、永遠に続くかのように思える曇った空を見上げた。ついに、飛行機が姿を現し着陸し、約束通り滑走路のいちばん奥に停止すると、私たちは子どもたちの手を引いて走り出した。数百メートルはあっただろう。

みな、大急ぎで機内に身を投げ入れた。妻、子どもの数を数え、座席が埋まると扉を叩きつけるように閉め、「ゴー、ゴー、ゴー!」と叫んだ。エンジンは再びうなりを上げた。

機内に入ると私は大きく安堵したが、同時に恐怖と深い悲しみに襲われた。私の故郷はその日のうちに、反政府勢力とルワンダ軍に占領された。このように故郷を追われることは、反乱勢力や傭兵からの逃亡を3度も強いられた、子ども時代のつらい経験を思い出させた。

離陸して北へ旋回すると、人道的危機が進行中であることが上空から理解できた。徒歩で、あるいは荷物でいっぱいの車両に乗り込んで、ブカヴから逃げていく人々の列が北西に640キロ離れたキサンガニに向かっていた。

50万人の人々が、食料も水もほとんど持たずに移動していた。多くはブカヴ周辺のキャンプに住んでいたルワンダのフツ難民だった。当然、侵略してきたツチ軍による暴虐を恐れたのだ。ルワンダ軍は、コンゴにいるフツ難民とフツ反政府勢力とを区別しなかった。殺された人々のなかにはまちがいなく過激派もいたが、犠牲者の多くは罪のない女性、子ども、お年寄りで、銃、なた、石、銃床で冷酷に殺された。必死で逃げようとした数千人のコンゴ市民も虐殺され、私の両親の故郷カジバでも100人以上が犠牲になった。密林を移動する際中、病気や飢えで命を落とす者もいた。

私の家族がこの混乱に巻き込まれた。健康で精力的だった義父は、400キロもの徒歩の移動を強いられたせいで、別人のようになってしまった。義父と義母は道中、川の水を飲んだせいで病気になり、森で果物を探して命をつないだ。あまりに弱り果てた絶望的な姿を哀れみ、あまった米やキャッサバをくれた村人もいた。

裕福だった義父は、その後キンシャサや国外で専門医療を受けることができたが、完全な回復は叶わなかった。健康をとり戻せないまま、数年後に67歳で自宅で亡くなった。彼に同行した義母と義兄もまた、同じように亡くなった。

私たちは、480キロ北の小さな町ブニアに飛んだ。幸運にも逃げ延びることができたのは、私たちを含めわずかだったはずだ。その後ケニアの首都ナイロビに向かった。

反政府勢力とその国外支持者は、7か月かけて東から西へ侵攻し、何万人ものフツとコンゴ市民を虐殺した。侵略軍を、古びて腐敗したモブツ政権からの解放者だと誤解するコンゴ人もいた。モブツは1997年5月に失脚し、その4か月後に死亡した。

反政府勢力の指導者カビラが、大統領に就任した。チェ・ゲバラと活動したこともある高齢の共産主義革命家だ。しかし真の力を握っていたのは、コンゴの100分の1ほどの国土のルワンダだった。ルワンダ人とツチの役人がカビラの政権と軍隊の重要な役割を担い、カビラに助言し、彼を入念に監視していた。

私はケニアに1年暮らし、そこでコンゴの難民危機にとりくんだ。何もしない国際社会に苦悩を深めながらも、現地の人道的惨状に注目を集めようとしていた。一方、ブカヴはルワンダ軍に占領され、モブツ失脚がもたらした安堵感は束の間のものとなった。

この時期に多くのコンゴ市民が体験した虐待、侮辱、愚弄の記憶は、いまだに鮮明だ。懲罰の道具として鞭《むち》を使うルワンダ兵がおり、これが植民地時代の最悪の記憶をよみがえらせた。かつてベルギー人の役人が罰を与える際に、チコテと呼ばれるカバの皮でつくられた重い鞭を好んで使っていたのだ。

ナイロビに暮らして1年経った1998年、現地の生活状況を調査するため、私は初めてブカヴに戻った。調査を終え、ケニアに戻る便に乗るためルワンダへ渡ろうとすると、国境で警備員に止められた。

「あなたを行かせてはならないと指示されています」。私のパスポートを見ながら彼は言った。私は止められた理由を探ろうとし、説得しようとした。しかし、説得も反論も無駄だった。ブカヴにあった家に重い足取りで戻り、マドレーヌに電話して今夜は戻れないと伝えた。

それ以来、私は監視下に置かれ、兵士に尾行されるようになった。あるとき私はパスカル・カブングルという地元の人権活動家に、反体制派の候補者リストに載っていると警告された。気をつけるように、と彼は言った。私はこの助言を真剣に受け止め、慎重に行動した。パスカルはその後、自宅で軍服の男たちに射殺された。

数か月後、ナイロビにいた家族が私のところに来ることが許可された。このときから私は、ブカヴで新たな病院をつくろうと考えるようになった。

追いつめられたような気分だった。レメラで失われたものについて、気持ちの整理もついていなかった。何よりも殺された看護師3人の命、そして患者、地域にひとつしかなかった病院そのものを失ったのだ。

ケニアを拠点に、戦争で荒廃したスーダン南部などの人道支援活動をおこなうなかで、私は新たな天職を見つけたと感じていた。しかし、この道も閉ざされた。ゼロから何かをつくり上げることしか、残された可能性はなかった。

ブカヴ郊外に位置するパンジを、病院設立の場所に選んだ。地元住民のニーズが明らかだったこと、パンジは急成長する地区のひとつだったことによる。街の中心から8キロ南に離れた郊外で、4WD以外は通行不能なほど穴だらけの泥道沿いにあった。乾季になると車はもうもうと砂煙を舞い上げ、雨が降った後には深さ30センチもの大きな水たまりを水しぶきを上げて走った。当時、戦闘や治安悪化で地方を追われてきた人々が、新しい住まいを求めてブカヴにどんどん押し寄せていた。

植民地時代はベルギー人所有のプランテーションだったパンジの土地に野外病院を開業することが、私たちの当初の計画だった。土地はその後、軍の駐屯地として使われたが、私が所属する教会組織が取得するまで放置されていた。初めてそこを訪れたときは、農耕地、キャッサバとトウモロコシ畑、ジャングルが混在していた。

以来、パンジは隅から隅まで建物で埋め尽くされた。私の人生を通じて、パンジ全体が変貌していった。子どものころにあった秩序、豊かな野生生物や自然は、遠い過去の記憶となった。木は切り倒され、薪として燃やされた。花壇や平らな道路も、とうの昔になくなった。

最大の変化は過去25年のあいだに起こった。1994年、ルワンダのジェノサイド後の難民流入に始まり、その後の数十年にわたる戦争で、毎年何千人もの人々が安全を求めてこのスラム街にやってきた。人口は20年間で3倍以上に増え、湖の岸辺から街を見下ろす丘の頂上まで、新たな建物が次々と建てられていった。

病院建設の当初の構想は、ささやかなものだった。小規模に開始し、後から拡張するというものだ。まずは分娩室と、帝王切開など簡単な手術をおこなう手術室が必要だった。総合医療を提供しつつ、私の専門分野である妊産婦医療を重視しようと計画していた。

当時、パンジ地区で分娩中に問題を抱えた女性は、街を縦断して、人口50万人のブカヴで唯一の公立病院まで行かなければならなかった。徒歩で、あるいはタクシーでの縦断は危険で、死に至ることもあった。無数の軍事検問所を通過するたび交渉が必要で、到着が遅れたのだ。

そのころに、その公立病院を訪れたことがある。身重の友人の妻に付き添って行ったのだが、そこで見たものは恐怖だった。妊産婦科病棟の入口で、数人の女性が悲嘆にくれていた。親戚の妊婦が分娩中に命を落としたのだ。女性たちは地面に倒れこみ、手で舗道を叩いて泣き叫んでいた。私がそこにいるあいだ、別の女性が帝王切開の手術中に亡くなった。

私たちはユニセフと交渉してテントを確保し、手術設備をオーストリアから調達した。1998年7月、南キヴ州知事とブカヴ市長を説得し、用地での作業開始を記念する式典に出席してもらった。聖歌隊に数名のスピーチという控えめな式典は、切迫感が漂っていた。式典参加の要人に、戦闘が再燃する前に、作業を開始するための許可証に署名してもらう必要があった。コンゴに新たな危機が迫っていた。

モブツ失脚からわずか1年後、カビラ大統領はコンゴの主権回復を迫られていた。市民はルワンダ、ウガンダ、ブルンジ軍による占領に苛立っており、多数のルワンダ人がコンゴ政府や軍隊に露骨に影響をおよぼしていることに対する抗議行動が起こっていた。

病院の式典からわずか数週間後の7月後半、カビラは行動に出た。隣国に対し支援に感謝を表明しつつ、コンゴから軍隊を撤退させて立ち去るよう求める演説をおこなったのだ。

撤退に応じた部隊もいたが、カビラのかつてのパートナーは、この動きを受け入れられない裏切り行為と見なした。2週間後、彼らは再びコンゴに侵攻した。指揮をとったのは前回同様、ルワンダ軍の将軍ジェームス・カバレベだったが、今回はコンゴ民主連合（ＲＣＤ）という別の反政府勢力が前面に出た。戦闘は1998年8月に始まり、第二次コンゴ戦争と呼ばれるようになった。

最初の戦争と同じ理由が持ち出された。ルワンダが、コンゴに潜伏しているフツ過激派を排除するというものだ。しかし、侵攻軍の配備や戦略からも明らかなように、より重要な目的は、2年ぶりで2度目のコンゴ体制の転覆だった。

モブツ排除のために他のアフリカの諸国や西側諸国が見て見ぬふりをした第一次コンゴ戦争とは違って、今回の紛争はカビラを支持する外国勢力を巻き込んだ。カビラはアンゴラとジンバブエから重要な軍事支援を得た。ナミビア、チャド、リビアも彼を支援した。

9か国が戦い、膠着《こうちゃく》状態に陥った。この紛争はコンゴを大まかに3つの地域に分断した。西部の3分の1はカビラに忠実な勢力の支配下となり、北部はウガンダの支援を受ける反政府勢力が、ブカヴを含む残りの東部はルワンダとその代理勢力が占領した。

パンジでの活動が始まったのは、第二次コンゴ戦争の開始という不吉な恐ろしい時期だったのだ。ブカヴにはルワンダ政府軍があふれ、南キヴ州はルワンダが寄せ集めた知識人や元役人の集団であるＲＣＤが統治していた。

私たちの計画はすぐに失敗した。戦闘の初期段階で、テントや手術機器がユニセフの倉庫から盗まれたのだ。代替案は、廃屋同然の小さな建物2棟を改修することだった。プランテーション時代から残る、ひどい状態の建物だ。石組みのあいだから草が生え、屋根の一部は崩れ、ドアや窓枠、床は盗まれていた。

しかし、何もないよりましだった。テントなしで、とにかく始めなければならなかった。私たちは、改修に必要な建築資材の調達にとりくんだ。不足している医薬品や医療機器の確保も再開した。それは第一次コンゴ戦争の開始時にレメラを離れてから3年後であり、第二次コンゴ戦争の開始から1年後の、1999年9月のことだった。初の患者が運ばれて来て、私はあの聞き慣れた、運命的な言葉をかけられたのだ。「先生、すぐ来てください。緊急です」

後にわかったことだが、パンジ病院初の患者は、ルワンダ兵による集団レイプの犠牲者だった。その女性は数か月入院し、治療を受けた。事の全貌を自分から語ることはなかったが、私は彼女の親戚から何が起こったのかを聞いた。

女性が自宅にいると、5人の兵士が戸口に現れた。ドアを開けるのを拒否すると、兵士たちはなかに押し入り、女性に銃を突きつけ、叫べば撃つと脅した。男たちは彼女を押さえつけレイプした。残忍な仕打ちを受け意識の薄れた女性を前に、最後の男が銃を手にとり彼女の股間を撃った。

女性はまだブカヴで暮らしている。なんとか足は助かり、弾丸は生殖器官を外れたが、今でも足を引きずっている。凶悪犯罪だが、けっして特殊なケースではなかった。

パンジ病院開業後の3か月間、1999年9月から12月までの記録によれば、女性45人がレイプによる傷害で来院している。私たちは病院の正式な開院を祝うどころか、考える時間すら持てなかった。

ひどい傷を診た経験はそれまでもあった。ブルンジとルワンダの国境沿いでフツとツチの衝突が起き、負傷者をレメラで治療したときだ。他人に苦痛を与える人間の能力には限りがないことも知っていた。しかし、自分の目撃したものに私は大きな衝撃を受けた。レイプの性質とその頻度は、前例のないものだった。

もちろん、それ以前にもレイプは起きていた。男性が社会的・政治的力を握り、女性が物や下級市民として扱われている社会がすべてそうであるように、コンゴでも性暴力は実在した。しかし、他のアフリカ諸国や欧米の男性と比べて、コンゴ人男性がとりわけ危険であるというわけではない。この点を強調したいのは、コンゴはもう何年も、国連高官がかつて使用した表現にならって「世界のレイプの中心地」と頻繁に報道されているからだ。ジョゼフ・コンラッドの同名の本のおかげで、わが国が「闇の奥」として知られるようになってから100年、このような不幸なレッテルが定着してしまっている。

自分の仕事に関する講演で海外に行くと、コンゴの男性には生まれながらにして暴力的で女性蔑視的なところがあり、それが過去20年間の残虐行為の理由ではないかと聞かれることがある。黒人やアフリカ系の男性は他の男性よりも性的に貪欲で、衝動を抑えることができず、暴力をふるう傾向がある、などといった人種差別的な思い込みを感じることもある。どれも真実ではない。

レイプの歴史は有史時代までさかのぼるが、前世紀にはすべての大陸と文化圏で、恐ろしい戦時性暴力が頻発した。コンゴが混乱に陥ったのと同じころ、ヨーロッパの旧ユーゴスラビアでは、男性や兵士たちが組織的にレイプをおこなった。第二次世界大戦中のヨーロッパやアジアの戦地で、ベトナム戦争では米兵によって大量レイプが起きた。

コンゴで起きたことは、冷酷な搾取、悪政、社会構造と制度の緩やかな衰退という悲しい歴史、さらに数十年におよぶ戦争と紛争といった、特定の背景から生じたという限りにおいて、特異だと言える。同時に普遍的でもある。性暴力の根本的な理由は、戦時でも平時でも、どこにでも当てはまるからだ。

パンジで開業してからの数年間、負傷した女性を受け入れるたびに、私はひどく影響を受けた。手術を終え回復の兆しが現れると、私は患者のベッドの横に腰を下ろし、何が起きたのか聞かせてほしいと尋ねるのだった。患者の苦しみを理解することを自分の義務ととらえていた私は、話を聞き、共感しようと努めた。治療中の傷について理解するためでもあった。

滑って転び、何かが刺さったなどと、作り話をする患者もいた。最初に迎えた患者のように、語りたがらない、または全容を明らかにしない患者もいた。しかし、多くは体験を打ち明けてくれた。それぞれ違う体験だったが、共通点も多かった。

そのころに治療した女性のほとんどは、ブカヴとその周辺の村の出身だった。全員が武装した男にレイプされていた。兵士、あるいは反政府勢力の一員だ。自宅にいた者、畑で作業中だった者、洗濯のため近くの小川まで歩いているとき、あるいは水や炭をとってくるときにさらわれた者もいた。

多くが凶悪な暴力による傷を負っていた。故意に性器を撃たれた者もいた。強姦者が膣に銃を挿入し引き金を引いたのだ。棒、尖った物、燃えるプラスチックを入れられた者もいた。バーベキューの火の上にしゃがむことを強いられ、ひどい火傷を負った女性もいた。

夫の前でレイプされることも多く、子どもの前というケースもあった。子どもまで一緒にレイプ被害に遭う場合もあり、死の苦しみを負った。

私は話を聞き、慰めようとした。想像を絶する体験を話しながら、患者がうつろな表情になることがあった。まるで遠くの景色を描写するかのように、唇から言葉が弱々しくこぼれ落ちていくのだ。心から消し去ることのできない苦痛と肉体を闘わせているかのように、背を向け手で目を覆う患者もいた。嗚咽《おえつ》で体を震わせる者、ほほを黒く濡らして静かに泣く者もいた。

「彼らは私を殺した」。多くの女性が口にした、絶望的な言葉だ。

自分が身体から切り離されたような感覚を抱いている女性が多いことに、私は気づいた。自己意識と身体的存在との重要なつながりを、加害者が断ち切ってしまったかのようだった。やがて私たちは、その「解離」という状態を理解するようになった。トラウマへの反応としてよく見られるものだ。肉体から魂が抜け出したようだと表現する患者もいる。

性的虐待は心に深い傷をつくり、他の身体的暴行とは異なる対応が必要となる。人間の最もプライベートな部分への攻撃が性暴力だ。自分の性器をコントロールできないことは、深い精神障害と屈辱感を招く。拷問者の誰もが理解していることだ。

侵害されたという感覚は、他者に対する信頼の深刻な喪失につながることも多い。理不尽な苦しみを互いに与えないという、共存のための最も基本的なルールが破られたように感じるのだ。なぜ犯人は、自分の痛みや悲鳴にも動じずあれだけ残酷なことができたのかと、ベッドに横たわりながら患者が声に出すことがあった。

フランスから帰国後、私はレメラで、閉塞性分娩による産科フィスチュラ（膣と膀胱、または膣と直腸のあいだにできる孔）の治療に熟達していった。パンジでは、男性が故意に起こしたフィスチュラの治療を日常的におこないながら、患者の自尊心を回復するため整形手術もおこなっていた。

そのためパンジ病院は、地域でこうした専門治療を担う中心となっていった。複雑なケースが州の各地からやって来た。開業した翌年の2000年、私は135人の女性を手術した。その後この数は急増し、2005年までには年間3000人の女性を治療するようになっていた。そしてこれは、氷山の一角だった。

コンゴのレイプ件数を推定するのは難しい。信頼できるデータが存在せず、犯罪に遭った女性が通報することをためらうからだ。コンゴの調査データを使ってアメリカの研究者が2011年におこなった調査結果が広く引用されているが、それは毎年40万人の女性がレイプ被害に遭っているとしている。[*2] 調査の方法に疑問が上がってはいるが、私はこの数字がそれほど非現実的だとは思わない。村中の女性や少女が同じ夜にレイプされた残虐事件も起きている。数時間のうちに200人も

*2 Peterman, Amber, Tia Palermo, and Caryn Bredenkamp. "Estimates and Determinants of Sexual Violence Against Women in the Democratic Republic of Congo." *American Journal of Public Health* 101, no.6 (June 2011): 1060-67. https://ajph.aphapublications.org/doi/10.2105/AJPH.2010.300070

の犠牲者が出る可能性があるのだ。

私たちが確信を持つ唯一のデータは、病院の入院患者数だ。開業以来、パンジ病院は約6万人の性暴力サバイバーを治療した。地域で私たちの他にレイプ傷害の治療設備を持つ病院は、ゴマにあるヒール・アフリカ病院だけだ。ここは約3万人の女性を治療してきた。

しかしこうした数に含まれるのは、手術や先進治療などを必要とする最も深刻なケースだけだ。病院にたどり着いた被害者がいる一方で、沈黙のうちに苦しみ、治療を求められなかった女性がどれだけいるだろうか。おそらくけっしてわからないだろう。

病院を開いて間もない時期、夜ベッドに横になっていると、まわりの空気が濃さを増したかのように、喉が締めつけられ、肩や身体に重石がのしかかる感覚を覚えることがよくあった。何度も患者に聞かれた悲痛な質問が、頭のなかでくり返される。私は完全に回復しますか？　子どもを授かることはできるでしょうか？　またセックスをすることはできますか？　あまりに多くの場合、答えはノーだった。

私はこれまで何度も、眠れない時期を経験している。パンジ病院を始めたころも、眠りにつくのに数時間を要した夜があった。ベッドの上で寝返りを打ち、真っ暗闇に重苦しさを感じながら、静まり返った部屋の頭上をじっと見上げていた。患者の身体的苦痛、恐怖、叫びを想像した。

眠れない私に気づいて目を覚ましたマドレーヌから、慰められることもあった。妻は当時、放射線技師の助手として病院で働いていたので、患者の状況を知っていた。私たちは帰宅後に仕事について話すことはあったが、仕事のことは家庭に持ち込まないよう努めていた。とはいえ、当時のストレスを考えれば、それは無理な話だった。

当然、家族生活に影響がおよんだ。私は、マドレーヌと娘たちの安全を過度に心配するようになった。過保護になり、常に心配を寄せるため、子どもたちがときに息苦しく感じるようになった。仕事中に突然、どこで何をしているのかと家族に電話をかけずにはいられなくなることもあった。

手術中には、患者の身体的被害を修復するためできる限り手を尽くそうとして、神経質な完璧主義者になった。優れた外科医はみな、向上のための努力を惜しんではならない。しかし、有能でありたいという気持ちが強迫観念になると、逆効果になることがある。

この女性の人生はどうなってしまうのだろう？　頭のなかで、私は何度も自問した。2時間で済むはずの手術が、突然4時間に延びた。外科チームのスタッフが疲れを感じるようになり、病院のスケジュールに重大な混乱を招いた。

自分はいったいどれだけ女性たちの助けとなっているのか、疑問を持つようにもなった。彼女たちと一緒に泣くこともよくあった。泣くことのできない男性は、危害をおよぼす場合が多い。しかし私は、自分が正しいことをしているのか自信がなかった。

患者は私に安心感を求めていた。主治医である私が泣いていれば、自分の傷は特に深刻で回復の見込みがないのだろうか、みなよりひどい状況なのだろうか、などと不安に思うはずだ。不安定な精神状態で医師として仕事が務まるのだろうかと、疑いを持つかもしれない。

被害者のトラウマ克服のための支援を充実させなければならないことは明らかだった。私が自分自身をケアする必要もあった。病院の医長と外科医でありながら、精神科医まで担うことはできない。心理的なケアは専門チームがおこなう必要があった。

２００1年ごろ、私たちは新たなシステムを導入した。地域に臨床心理士はいなかったが、医療現場への転職を希望する産業心理士を見つけた。また、看護スタッフのなかで経験豊富な女性を育成していった。正式な教育を受けていない分は、思いやりと経験、話を聞く意欲で補ってくれた。

心理サポートチームが新たな患者と面談し、トラウマの症状を診断するようになった。私たちの技術は徐々に洗練されていった。アメリカ、カナダ、ヨーロッパの臨床医からの支援も受けた。

レイプ被害で来院した女性はみな、「ママン・シェリ（mamans chérries：愛情深いお母さんの意）」チームの誰かが担当した。看護師、ソーシャルワーカー、心理士を兼ねており、他の病院にはないチームだった。

患者の相談相手や導き手となるママン・シェリは、温かさと活力あふれるすばらしい女性たちだ。薬と同じように、ハグや音楽も提供する。患者が無気力な状態から抜け出し、心身ともに生まれ変わる手助けをするママン・シェリは、真の意味で母親と言える。

患者一人ひとりを診断し、トラウマ症状が重いか、軽いか、見られないかなどによって行動を分類する。重度の場合は、直ちに精神科医に紹介しフォローアップをおこなう。

これは患者の反応を分類し、病院のリソースに優先順位をつけるためのものだ。性的虐待の被害者はみな、異なる反応を表す。状況、暴力の程度、1人または複数の加害者の素性によって、個々の体験は他とは異なる独自性を持つ。被害者の反応はあらゆる形をとる。いわゆる「通常」というものはなく、トラウマが見られないからといって犯罪の深刻さが軽減されるわけではない。

当初はそう呼んでいなかったが、私たちは常に「サバイバーを中心に」を徹底してきた。それぞれのケースを個別に扱い、性暴力被害に対応する画一的なアプローチは存在しないことを理解する、という意味だ。心のケアのプロセスは、患者が自分に必要だと認めるものによって進められる。

すべての男性、特に加害者を思い起こさせる人物に対して、直感的な嫌悪を抱く女性もいる。軍服姿の兵士や機関銃を見ると、意図せずフラッシュバックや身体的反応が起きることがある。レイプ被害は、性欲減退（セックスに対する興味の欠如や拒絶）、あるいはその逆の性欲亢進を招くことが多い。被害者は身体から引き離されたと感じたり、自分の身体に価値を見出せないこともあるため、不適切な性的関係に陥ることもある。

多くの女性が羞恥、自己嫌悪、罪の意識を感じる。一般的な感覚だが、普遍的ではない。トラウマの影響は多種多様であるという理解が必要だ。被害を受けた直後はトラウマの症状を感じたり表したりしない女性もいる。

患者のニーズを理解し、方途を改善していくことは、私にとって長い旅のようなものだった。性的暴行とはどんな体験なのか、治癒のプロセスを促す最善の方法はいかなるものか、一歩ずつ理解を深めていった。

パンジ病院の開業を機に、私のキャリアは再び方向を変えた。若いころ、小児科医をめざして医師として働き始めたが、レメラで妊娠・出産時の女性へのケアがないことを目の当たりにし、妊産婦医療に力を注ぐようになった。今度もまた、自分の力ではどうにもならない出来事によって、レイプ傷害を治療する専門家になろうとしていた。

さまざまな場面で、やり続けられるのだろうかと疑いを抱かずにはいられなかった。初期に多かったが、そのころに限らない。仕事で心が折れそうになったり、深い悲しみに包まれたこともある。人間への信頼が揺らぐこともあった。身体、生命、共同体が引き裂かれるのを目撃して、受け止められることは限られている。

患者たちがいたからこそ、続けることができた。産婦人科医になろうと決心したのは、足を引きずりながらも病院をめざしたレメラの女性たちの強さと忍耐力、出産時のパワーに敬服したからだ。女性の命に対する不正義や、女性を尊重せず、功績を称えることもない社会に立ち向かおうと思っただけでなく、女性の発揮する回復力（レジリエンス）に魅せられ、触発されたのだ。

パンジでも、状況は違えど同じことが起きた。治療した女性の生命力とパワーに、私は畏敬の念を抱いた。

それは男性とは異なるものだった。私たちは長年、多くの男性レイプ被害者を治療してきたが、男性は性暴力被害者のなかで世界的にも少数派だ。公の場や、家族の前で男性との性交を強要されたり、虐待を受けるケースが多い。

男性患者への支援は、より困難に感じることが少なくない。屈辱が、男らしさ、自己意識、自分自身や他者を守るための統制力と能力を粉々にするようだ。私の経験では、性的暴行の直後から回復して新たな人生を始めることは、男性患者にとってははるかに難しい。依存症に陥ることも少なくないうえ、自殺という悲劇的結末も非常に多い。

2008年、ペニスを切り落とされた男性が入院した。まず驚いたのは、メディアの注目の高さだった。男性の写真がコンゴの新聞に掲載され、国外メディアも報道した。それまで性器を切断された女性患者を文字通り何百人も治療してきたが、このような関心は微塵《みじん》も持たれなかった。

この男性のケアはほぼ不可能だった。彼の精神疾患は深刻で、障害とともに生きていく術を学ぶ必要があると説明しても、わかってもらえなかった。しかし、私が治療した女性たちは、たとえ加害者に性器を破壊され、子どももセックスも望めなくなっても、ほとんどの場合、生きる理由を探し当てることができた。闘うことを諦めず、自分の存在に新たな意義を見出したのだ。

そうした女性たちから、私は力をもらった。女性たちが生きる希望と勇気を見つけたのだから、彼女たちが求めてやまない未来を提供できるよう、私は信念と集中力を持ち続けなければならなかった。

パンジ病院の初期に、回復する力を身をもって示したある女性のことを話したい。眠れぬ夜をすごし、もうろうと目覚めた朝でも、進み続けるよう励ましてくれた多くのひとりだ。彼女から教わった内なる力は、私たちみなの教訓となるものだ。ここではベルナデットという名前で呼ぶことにする。

その女性は、ブカヴの南にあるフィジーという地域の出身だ。父親は地元の部族長ムワミで、妻は4人いた。子どもは15人以上いたが、ベルナデットの母親は夫から愛想をつかされ、娘がわずか8歳のときに追い出された。「子どものころは空腹を知りませんでした。唯一与えられなかったものは愛情です」。幾度も会話したなかで、彼女から聞いた言葉だ。

父親を訪ねてくる人は絶えなかった。隣人同士の土地をめぐる争いや、家族間で結婚、犯罪、相続などの争いが起きると、村人は父親の所にやってくる。すると父親は、会合を開いて仲介するのだった。私の村のムワミと同じく、新たに越してきた人に土地を割り当て、教会など新たな建物の許可を出すこともあった。

16歳のとき、ベルナデットは妊娠した。相手は5つ年上のフランス語の家庭教師だった。彼を愛してはいなかったが、結婚せざるをえないと感じた。男性が持参金を払い、縁談がまとまり、新たな人生が始まったが、子どものころと同じで愛情はなかった。彼女は彼の子どもを3回身ごもり、3回とも死産だった。

第二次コンゴ戦争が始まった1998年、義理の家族との確執から、ベルナデットは結婚生活を送っていた家を出て、家族のもとに戻った。多くの村人が安全を求めて避難したが、父親は村を離れることを拒否した。「死ぬならここで死にたい」。父親は言った。

村にはルワンダ兵の軍キャンプがあり、たびたび攻撃を受けていた。「常に怯えて暮らしていました」。彼女は言った。

ある日、20代前半だったベルナデットは、村から数キロ離れた森の小道を歩いていた。家族のもとで働く年上の女性と一緒だった。隣の川のせせらぎが聞こる、静かな木陰の道だった。彼女は無防備だと感じた。いつも通る道ではなかったが、その日は妻を亡くした兄に会いに行くところだった。

「止まれ」という声が聞こえた。

村に駐留するルワンダ兵の集団が茂みから現れた。若い軍服姿の兵士たちで、武器を持っていた。ベルナデットは逃げ出したかったが、なんとか冷静さを保とうとした。危険に直面しているのは明らかだった。

兵士のひとりが年上の女性に立ち去るよう命じ、ベルナデットには自分を担いで川を渡れと告げた。川の深さと体格の差から、どう考えても不可能だ。

連れの女性が行ってしまい、ベルナデットは覚悟した。命令したリーダーらしき男が、彼女の腕を掴んで木立のなかに引きずり込んだ。他の兵士が彼女の服を引き裂いた。ベルナデットは助けを求めて叫び、彼らを追い払おうとした。小道を歩いていた地元の男が一瞬現れ、ちらりと見たが、小走りに走っていった。

ベルナデットは叫び続け、もがき続けた。リーダーがナイフをとり出し、彼女の喉に突き立てた。ベルナデットはさらに叫んだ。最後に、兵士のひとりが彼女の膣に銃を当て、発砲した。

耳をつんざくような音、衝撃の感覚を覚えている。腰に巻いたパーニャを血でぐっしょりと濡らしながら、彼女はもがき続けた。兵士たちは逃げていった。

怖くて戻れず近くで待っていた連れの女性が、銃声を聞いて駆けつけ、置き去りにされ倒れているベルナデットを見つけた。

女性に支えてもらいながら、ベルナデットは一歩一歩、足を引きずりながら村へ向かった。意識を失って死んでしまうのでは、と思うほどの激痛だった。地元の病院に運ばれ、輸血を受けて、それからパンジに移送された。

私たちはベルナデットを4回手術した。彼女はエチオピアの首都アディスアベバにも行き、フィスチュラの治療のため、さらに4回の手術を受けた。身体は回復したが、彼女の人生は永遠に変わってしまった。夫は彼女を完全に見捨て、長い入院中、電話すらかけてこなかった。壮絶な経験をした彼女にとって、人生に意味を見出すのは簡単ではなかっただろう。結婚生活も家族をつくる望みも打ち砕かれた。自分の家族には呪われた厄介者として扱われた。それでも彼女は、ブカヴで人生を再建すると決意した。それは、兵士に立ち向かった勇敢さと同じくらい感銘を与えるものだった。

ベルナデットは20代で3年間の高校教育を履修し、国から修了証書を取得した。その後、子どものころの興味が再燃し、看護大学で学び始めた。「あらゆる体験と、助けてもらったことから、人の役に立ちたいと思ったんです」。彼女の決心だった。

バスで大学に通う余裕はなかったので、片道1時間半の道のりを、渋滞をかき分け、ブカヴの泥道に足をとられないよう注意しながら、歩いて通った。それを4年間続けたのは、彼女の持ち味であるひたむきさと静かな決意の表れだった。

ベルナデットはさらに麻酔科を専攻し、現在はパンジ病院で働いている。専攻の理由を聞いたところ、答えは断固たるものだった。「痛みというものを理解しているからです」。彼女は言った。「森から村へと歩いて戻ったときのことを覚えています。あの苦痛は想像できないでしょう。ここで手術を受けるたび、目が覚めたときの感覚も忘れられません。あんな苦しみを他の人に味わってほしくないのです」

仕事のある日、彼女は手術室で何時間も働き、女性の痛みを文字通りとり除いている。手術の前後には理学療法の時間で、サバイバーの筋力や健康な排泄状態の回復を援助している。そしてその合間には、励ましの言葉をかけ、自分の過去を共有しながら、自分の体験を力に未来を信じられるよう他者を助けている。

ベルナデットのような女性は、自身の内面に備わる並外れた回復力に頼らざるをえない。加害者だけでなく、私たちの社会からも、冷酷な扱いを受けるからだ。手術から目覚めたあと、あるいは病室のベッドに横たわりながら、「彼らは私を殺した」と患者がつぶやくとき、それが意味するのは、自分の一部が死んだというだけでなく、愛する者や家族などまわりの人間の目から見れば、自分が死んでいるということだろう。

パンジ病院に入院する既婚女性に会いに来る夫はいないに等しい。彼女たちのほとんどが、夫に拒絶され離婚されたことを後になって知る。暴行を受けると、汚れた者と見なされる。自らの行動が招いたとして、虐待に何らかの責任があると思われることも多い。姦通とレイプされた「罪」で、教会の指導者から非難された女性たちもいたほどだ。

結婚の際に父親から夫へと渡される所有物として扱われる女性は、新たな女性が現れれば見捨てられる。妻は家から追い出される。暴行を受けたせいで妊娠すれば、状況はいっそうひどくなる。男性は、自分の基本的義務だと考えている保護という行為を果たせなかった落ち度を、レイプされた妻に見るのではないか、と私は内心考えている。苦しみの原因に疑問を持ったり、夫婦として乗り越える課題と捉えるのではなく、追い出そうとするのだ。新たなパートナーを見つけるため、夫の姉妹や母親が助けることもある。

被害者の孤立と着せられた汚名はそこで終わるわけではない。自分の両親にも拒絶され、村八分に遭うことはしょっちゅうだ。ここでも、恥ずべき厄介者は受け入れずに追放しようとする衝動が働いている。その結果、嘲笑や屈辱を受けるだけでなく、種まきや収穫など集団でおこなう村の重要な農業作業から排除されることも多い。

レイプ被害者がフィスチュラを患っている場合、それに伴う衛生問題のためにより深刻な扱いを受けることになる。

疎外され、ひとりきりで、もしくは子どもを抱えての生活を強いられた女性は、男たちからふしだらな格好の標的とされ、食い物にされる。こうした扱いによる精神的苦痛から、最悪の場合、サバイバーは「悪霊」や魔女と罵倒され、追い払われたり殺害されることもある。

こうしたパターンは、悲しいことに、女性を所有物として扱い、その価値を「貞節」で測る場所では世界中どこでも存在する。パキスタンの部族の厳格な家父長制のしきたりや、インドの農村を支配する伝統などにも見られる。こうした場所でのいわゆる名誉殺人は、性的暴行という恥と罪を地域社会から一掃することを目的としている。不正義に不正義を重ねるものだ。

被害者非難はさまざまな形をとるが、いまだにあらゆる国に蔓延している。西側諸国でも、処女や貞節といった「名誉」を重視する伝統が、比較的最近まで支配的だった。欧米では圧倒的多数の女性が、主に自分がどのように見られるかを恐れて、性的暴行を受けたことを通報しない。通報する人の動機や行動は当たり前のように疑問視される。行動や服装によって性的虐待に加担した、あるいは助長したと疑われるのだ。

こうした偏見は、メディアの取り上げ方や刑事司法制度の扱い方に表れている。

トロントの警察官マイケル・サンギネッティは、２０１１年に被害者非難で悪評を得た。大学キャンパスの安全に関する説明をおこなった際、学生に「被害に遭わないために、女性はふしだらな服装を避けるべき」と忠告したのだ。1万1３００キロも離れ、生活水準、言語、文化にも大きな隔たりがあるコンゴの標準的な夫と自分とに共通点はほとんどない、とサンギネッティは考えるかもしれない。しかし双方とも、性的暴行を受けた女性自身にその責任があると見なしているのだ。サンギネッティの発言は、「スラット・ウォーク」の火付け役となった。彼のいわゆる〝忠告〟を受けて、カナダの大学生ふたりが立ち上げた運動だ。世界中の数百の都市で、女性が路上に集まり、その多くが挑発的な服装で意思を表明した。その後、「ふしだら(slut)」という言葉――もちろん淫乱の男性には当てはまらない女性差別的な侮辱の表現――をとり戻す必要があるかどうかについて、また多くのデモ参加者がランジェリーやハイヒールを身に着けていたことについて、フェミニストのあいだで起こった議論を、私は追った。

手段はどうであれ、意識を変える必要を訴えるメッセージだった。これは重要な活動だ。すべての社会が、性的暴力がもたらす非難や罪の意識、その責任を、女性から虐待者へ移さなければならない。報いを受けるべきは加害者であり、被害者ではない。

国や文化によって前進の度合いは違うが、性暴力サバイバーが、コミュニティの指導者から、警察官や裁判官、ジャーナリスト、政治家、自分の家族に至るまで、あらゆる人々から同情を持って扱われ、無条件の支援を期待できるまで達した国はまだない。

病院を開業したばかりの今世紀初めのころ、コンゴではサバイバーに対する非難が非常に強かったため、私は病院をもっと前進させなければならないと感じていた。医療面は常に進歩していた。私はフィスチュラの手術に熟達していったし、限られたリソースでも心理的ケアのプログラムは発展していった。それでも、十分とは言えなかった。

行動を伴わない感情は無意味だと、私はいつも自分に言い聞かせてきた。私の信条と言えるものだ。悲しみ、嫌悪、賞賛、愛といった感情を、他者の苦しみを軽減するための決断に向ける術を、私たちは見つけなくてはならない。

コンゴ東部で爆発した憎しみと悪行に対して、それとは正反対の手段を見つける必要があった。唯一の可能性は、愛を深め、広げることだった。私たちは改善し、拡大し、より多くの人々に手を差し伸べ、より多くの人生の再建を助け、サバイバーを苦しめる残酷な社会的慣習を非難しなければならなかった。達成しうるものを示してくれたのは、ベルナデットのような女性だった。

自分を頼るサバイバーに、ベルナデットはいつもこう助言する。「人生は終わりません。望めば別の人生が待っています。傷、レイプ、記憶は消えず、受け入れなくてはなりません。どんなに望んでも、消すことはできないのです。それでも、毎日、一歩ずつ歩いていけば、ゆっくりと時間をかけて、それらは過去のものとなります」

ベルナデットの家族は、彼女を見捨てず、ヒロインとして迎え入れた。彼女はブカヴの自宅で、姪や甥の面倒を見ている。新たなベルナデットが何人誕生したかを話すたび、彼女は誇らしげに微笑む。兄弟姉妹が彼女を称えて、自分の子どもにベルナデットと名づけたのだ。

4

痛みと力

ワムジラは2002年に初めて病院にやってきた。美しい顔立ちの繊細な少女で、当時17歳前後だったが、自分よりずっと年上の相手と議論しても引けを取らない活発な性格の持ち主だった。アーモンドの形の瞳は生命力と優しさで輝いていたが、深い悲しみと無垢の喪失も物語っていた。

ブカヴから西へ260キロ離れたシャブンダが、彼女の故郷だ。それほどの距離ではないが、そこまで行くには山を越えて、蒸し暑く密生した熱帯雨林へと下って行かなければならない。道路は通っておらず、陸路を選ぶのは勇者か重装備の者ぐらいだろう。空路でしかアクセスできないし、ジャングルのなかの小さな滑走路は晴天時しか使えない。異国かと思うほど孤立した場所だ。

巨大なコンゴの北へと流れ込むウリンディ川沿いの丘陵に囲まれた、飛び地のような場所がシャブンダだ。電気や水道はほとんど通っていない。この渓谷一帯に村や埃っぽい道や鉱山が散在している。

ワムジラは正式な教育を受けていない。農村部の少女たちに共通する苦悩だ。地元に学校があっても、多くの親は息子だけを、読み書きを学ぶほんの数年間だけ通わせる。

コンゴの識字率について、信頼できる推定値を得るのは難しい。政府によるデータ収集が不十分であり、反政府勢力のせいで国の大部分が立ち入り禁止区域となっているからだ。小学校は義務教育で、理論上は誰もが無償で受けられる。しかし、少女や女性の圧倒的多数がその機会を逃している。

国連教育科学文化機関（UNESCO）は2016年、コンゴ人男性の10人に1人が読み書きができないのに対し、女性は3人に1人だと推定した。[*1] これは過小評価であると私は思う。ブカヴから30分ほどの村を訪れるだけで、問題の根深さを理解できる。世界的には、簡単な文章を読んだり書いたりすることができない成人が推定7億5000万人いるとされ、そのほとんどはアフリカや南アジアの女性だ。

シャブンダでの生活は厳しく危険だ。湿度の高い気候では、大量の蚊のせいでマラリアが蔓延し、最大の死因となっている。河川の水を媒介にさまざまな伝染病が広がり、特に子どもや高齢者は下痢で死亡することが多い。家族は多く、資源は限られている。

子どものころのワムジラは、他の数百万人の少女と同じように、自給自足の過酷な農作業の手伝いにあけくれた。キャッサバ、米、トウモロコシの育て方、脂っこく赤いヤシの種から油を抽出する方法、ピーナツやバナナの収穫時期を知っていた。豊かで肥沃な畑の土が、どんな質感や重みを持っているのかも知っていた。自分も十代半ばで結婚し、子どもを産み、家族を養うのだろうと予期して、農業を学んだ。

外の世界のことはほとんど知らずに育ったが、１９９０年代半ばにそれが一変した。第一次コンゴ戦争が１９９６年に勃発し、反政府勢力とルワンダ軍がコンゴに侵攻すると、何万人ものフツ難民がルワンダ軍に追われて、ブカヴ周辺やルワンダとの国境沿いの難民キャンプからシャブンダなど内陸へと逃げた。何千人もが撲殺され、銃剣で突かれ、家に閉じ込められ火を放たれた。地元住民は大量の墓穴を掘る作業を強いられた。

１９９７年２月、シャブンダの中心部から数キロ離れたウリンディ川に架かる橋で、およそ５００人が反政府勢力とルワンダ軍に虐殺される事件が起きた。村民はその後、遺体を川に捨て、橋を掃除させられた。[*2]

この虐殺をおこなったフツ過激派は、シャブンダの地形と密林を理想的な隠れ家だと考えた。彼らは家族を連れてジャングルの奥深くへと入り込み、見つかりにくいところにキャンプを設置した。そしてルワンダ解放民主軍（ＦＤＬＲ）という民兵組織を創設した。

１９９８年８月に始まった第二次コンゴ戦争では、ルワンダ侵攻軍とフツ反政府勢力がシャブンダ周辺でさらに衝突をくり返した。カビラはフツに武器や物資を提供し始めた。暴力が激化するな

*1 "The Congo Literacy Project (the Democratic Republic of Congo)." Hamburg: UNESCO Institute for Lifelong Learning. February 2020.
https://uil.unesco.org/case-study/effective-practices-database-litbase-0/congo-literacy-project-democratic-republic-congo#:~:text=Programme%20Overview.women%20in%20the%20Mennonite%20community

*2 *Democratic Republic of the Congo, 1993-2003, UN Mapping Report*. Geneva: UN Office of the High Commissioner for Human Rights, August 2010, 99.
https://www.ohchr.org/Documents/Countries/CD/DRC_MAPPING_REPORT_FINAL_EN.pdf

か、コンゴの地で続くルワンダ民族戦争から地元住民を守るため、マイマイと呼ばれるコンゴ民兵が現れた。

激しい攻撃に民間人も巻き込まれた。一方を支援したとして、多くが虐殺された。やがてはマイマイまで、自らが警戒するべき外国勢力と同じく略奪するようになった。

ワムジラの厳しくも静かな子ども時代は一変した。FDLRはシャブンダ一帯を恐怖に陥れた。汚れた私服を着て、自動小銃AK-47を肩にかけたFDLRの歩兵がジャングルのキャンプから村へと現れる。こぎれいな軍服とゴム長靴を身に着けたルワンダ兵とは見分けがついた。

反政府勢力は、食料や医薬品などを地元住民に要求し、少年や若い男性を新兵として連れ去った。略奪のせいで農業は困難を極め、栄養失調の住民が増えた。家畜が不足したが、ヤギや鶏の価格はむしろ下がった。すぐ盗まれるので、誰も買おうとしなかったのだ。

抵抗した村は攻撃を受けた。家は焼かれ、男は撃たれ、女は公衆の面前で犯された。反政府勢力によるこうした残忍なやり方は、立ち向かおうとする地域社会へのメッセージだった。ルワンダ軍からそれと張りあっている民兵に至るまで「敵」に加担していると疑われれば、集落ごと燃やされることもあった。

当初から、民兵は意図的に女性や少女を標的としていた。日中、森の道を歩いているところを誘拐された。女性は身を守るための戦略を立てた。集団で行動し、外出は誘拐やレイプに遭いにくいであろう年配の女性に限るといったものだ。夜になると、3、4人の兵士が獲物を探して家をまわった。妻や娘を守ろうと抵抗する父親や夫はその場で殺された。

若くて美しく、未婚の少女は即死を免れた。銃で脅され、自宅からジャングルに連れ去られるのだ。以降、無情な所有者に奴隷として監禁される。数週間、ときには数か月におよぶ虐待で、彼女たちの身体的・精神的健康は少しずつ、一撃ごとに破壊され、銃弾やなたで即死した家族をうらやましく思うほど、衰弱し、絶望することになる。

ワジムラは2001年、FDLRによる夜間の攻撃の際に襲われた。10代の華奢な体で、酔った獣たちに抵抗して腕をふりまわし、ありったけの力でもがいたが、押さえつけられレイプされた。それから森へ連行された。

真っ暗闇の泥道を足を引きずって歩きながら、彼女は離してくれと泣いて懇願した。とり乱しながらも、同情してくれることを願って。兵士たちは歩けと怒鳴るだけだった。

軍キャンプに着くと、動物のように木に縛りつけられた。それ以来、昼間はしらふの、夜はヤシ酒に酔った攻撃的な兵士がやってきては、彼女を襲った。キャンプは頻繁に移動し、ひとつの地域内でも同じ場所に数週間以上いることはなかった。

ワムジラは1年近く、こうした状態に置かれた。腐った食べ物や残飯を与えられ、夜は野外で、葉や枝の下で震えて眠った。頻繁に病気になり、怪我や感染症でいつも痛みを抱えていた。

拷問は、襲った誰かの子どもを妊娠したことによって終わった。同情による解放ではもちろんない。良心や同情を寄せるような英雄的人物は、彼女の体験には登場しない。単に性奴隷として役立たなくなっただけだった。

キャンプで、つまり森のなかの地面の上で、10代の少女がたったひとりで出産に挑んだ。それまで経験したことのないほどの痛みに、このまま死ぬのではとの思いがよぎった。赤ん坊は排出できなかった。頭がつっかえていたのだ。

ワムジラを捕らえた者たちは彼女を見捨てて去っていったが、生きたいと願う強い意思が彼女を立ち上がらせた。これほどの目に遭ってでも力をふり絞り、藪のなかをよろめきつつ歩いていった。やがて遠くに煙が見えた。胎児が腹部にはまり込んだまま、煙をめざして必死に進み、村にたどり着くと驚いた住民に迎えられた。母語のキレガ語でわずかにつぶやくと、その場に倒れた。

赤ん坊は死亡し、体内で縮んだ後、生命を失った姿をワムジラはようやく排出した。閉塞性分娩により膣が破損し、直腸と膣のあいだ、膀胱と膣のあいだに2つのフィスチュラができた。森を出て2週間後、医療援助団体「国境なき医師団(MSF)」のスタッフに発見された。

MSFは私の病院に電話し、受け入れを依頼した。それ以前やそれ以降の多くの被害者と同じく、ワムジラはMSFがチャーターした小型機でシャブンダから運ばれてきた。

到着した彼女は、意識はあったが病状は深刻で、壮絶な痛みに苦しみ、フィスチュラ患者に特有の臭気を放っていた。まるで傷ついた小鳥のように、弱々しく崩れ落ちそうだった。

傷害の程度や年齢のため難しい処置が必要だったが、悲しいことにめずらしい事例ではなかった。最初におこなうことはいつも、患者の身体を清潔にし、傷の状態を調べることだ。必要に応じて、輸液をおこない、鎮痛剤、抗生物質を投与する。当然、性感染症やHIV検査をし、ヘモグロビンの値をチェックするために血液検査もおこなう。運ばれて来る女性の多くは、栄養失調による貧血を患っている。

ワムジラは合計で4回の手術を必要とした。すべて私が指揮した。

1回目で、人工肛門袋を装着した。腹部を小さく切開し結腸を体外に引き出す比較的簡単な手術だ。これにより、糞便による内部損傷への感染を防ぐことができる。

2回目の手術は、膀胱と膣のあいだにできた孔である膀胱膣瘻《ちつろう》の治療だった。朝早くから昼ごろまで3、4時間におよんだ。損傷の大きさ、何よりも位置によって難易度が変わるため、常に複雑な手術となる。

フィスチュラ治療の専門知識の習得について、私は特に2人に感謝している。2人とも寛大さと優しさを発揮して、私に知識を与えてくれた。1人目はキャサリン・ハムリンだ。夫のレジナルドとともに1974年にアディスアベバ・フィスチュラ病院を設立した、優れたオーストラリア人女性だ。

そのキャリアを通じて、ハムリン夫妻は何万人もの女性を治療した。私は光栄にも、フランスから帰国した後にキャサリンによる短期間の研修を受けることができた。当時は70代半ばで、実際の年齢の半分かと思うような活力と情熱で、手術や教育を行っていた。2020年に96歳で亡くなる直前まで、アフリカの女性のための活動を献身的に続けた。

2人目はベルギー人の外科医で、パンジ病院の揺るぎない支援者でもある親しい友人ギー＝ベルナール・カディエールだ。彼には、非侵襲性の腹腔鏡下手術の技術を教わった。ひとりで成功する者などいない。教師や先人を忘れずにいることは、謙虚さを身につけるうえでも役立つ。

とはいえ、私の専門分野の草分け的存在は、愛着を抱けるような男ではない。

フィスチュラ治療に初めて成功したのは、1800年代半ばにアラバマで開業していたアメリカ人の医師で、「婦人科医学の父」と呼ばれるジェームズ・マリオン・シムズだ。現在も使われている膣壁を開くための器具である膣鏡や、検査の際のシムズ体位の考案にも携わった。

学生時代、私たちは教科書で彼のことを知り、彼の技術を教わった。没後1世紀を経てもなお、われわれの教育に強い影響を持ち続けるこの遠い昔の人物に感銘を受けずにいられなかった。シムズの人生やその手法の全貌を知ったのは、ずっと後になってからだ。彼の残した遺産は、特にすべてのアフリカ人や黒人の婦人科医が不快に感じるものだった。

2008年、ボストンで開催されたフィスチュラの会議に参加したときのことだ。黒人系アメリカ人の麻酔科医が、シムズの研究を糾弾する驚くべき発表をおこない、会場は静まり返った。シムズはすべてのフィスチュラ治療の実験を麻酔なしで奴隷を使っておこなったのだと、その女性は情熱的に怒りを込めて告発した。奴隷のひとりだったアナーチャには、30回以上も手術をおこなったという。

これをきっかけに、私はシムズの経歴についてさらに調べた。それまで治せなかった病状の治療法を発見したと彼を擁護する同業者がいまだにいるが、彼の記録は再評価されるようになった。2018年、シムズの大きな銅像がニューヨークのセントラルパークから撤去された。

医療界におけるシムズの貢献に疑う余地はないが、彼を思い浮かべるたび、そのまわりにいた忘れられた患者たちの姿が目に浮かぶ。アナーチャをはじめ、彼が著作にその名を記したルーシーやベッツィなどの女性たちだ。こうした真のヒロインがいなければ、シムズは富と名声を手に入れることはできなかった。

パンジで治療する女性の約50人に1人に見られるまれなフィスチュラの場合、再建手術をおこなう必要がある。これは、1928年にドイツの婦人科医ハインリッヒ・マルティウスが最初に発表したことにちなんで名づけられた技術で、孔が大きい場合や、前回の手術が失敗した場合に用いられる。骨盤周辺または球海綿体筋から皮下脂肪をふた状に切り出し、これを用いて裂け目を覆って塞ぐ方法だ。

ワムジラは最初の2回の手術から順調に回復し、3か月後には残っている直腸膣瘻の修復にかかれる状態になった。この手術の難しさもまた、傷が膣の下部、中部、上部のどこにあるかで変わってくる。傷が深ければ深いほど、アクセスが難しくなる。この手術は括約筋の再建から始めることが多い。出産時や外傷性のフィスチュラの場合はここが損傷することがあるのだ。

ワムジラは約半年間、私たちのもとに滞在した。最後の手術では、人工肛門袋をとり外し、直腸をつなぎ直した。最終的に傷は完治した。違和感なく歩きまわれるようになり、排尿と排便を再びコントロールできるようになった。

長い入院生活のあいだ、ワムジラは仲間の患者や病院スタッフと親しくなった。私のオフィスのすぐそばの中庭で毎朝7時からおこなわれる礼拝で、彼女は熱心に歌った。祈りと音楽で一息ついてから仕事を始めるのが朝の日課だった私は、悲惨な体験を持つ彼女の回復力に驚嘆しつつ、礼拝に参加する姿を見守った。

当時病院が運営していた小規模の職業訓練プログラムで、ワムジラはパーム油から石鹸をつくる方法を学んだ。故郷に戻って小さなビジネスを立ち上げようとの考えからだった。

村へ帰ることを考える時期が訪れた。病院のベッドには限りがあり、ニーズは非常に大きかった。治療が必要なレイプ被害者を毎日受け入れていたのだ。

MSFに連絡すると、数日後にシャブンダへ行く便があり、ワムジラの席を確保できるとのことだった。

それを知ったワムジラは恐怖におののいた。1年半も離れていた故郷が自分を歓迎するはずがないと知っていたのだ。帰る日の前夜、彼女は看護師に病院にいさせてほしいと泣いて懇願した。「帰りたくない」。彼女は泣きじゃくった。「面倒を見てもらえるこの病院にいたい。帰ったらみなに指をさされて笑われる」。胸の痛む訴えだったが、叶えることは不可能だった。

翌朝、MSFの車が迎えに来る前に、私はお別れを言いに病棟のワムジラに会いに行った。入院中、私たちはたくさん話をした。彼女は私を「パパ」と呼び、子どものころの思い出や将来への不安を聞かせてくれた。

加害者に処女を奪われたことを恥じていると、ワムジラから打ち明けられたことがある。若い患者にはみなそうしているように、私は説明した。処女性はけっして奪われるものではなく、本人だけが手放すかどうか自由に決められるものなのだと。恥や不名誉を負うべきは彼女ではなくレイプ犯なのだと。何度もそう言って聞かせた。

空港に行く車がもうすぐ到着すると告げると、彼女は外に出るのを拒否した。病院に残りたいと言ってまた泣き始めた。私は病院の状況を説明してなんとか説得しようとしたが、彼女はヒステリックになった。床に身を投げ、身体をぐったりさせて立つことを拒んだ。目をきつく閉じ、病気だから帰れないと叫んだ。

ワムジラを落ち着かせるため、私たちは滞在を延ばして診察することにした。車は帰っていき、飛行機は彼女を乗せず出発した。看護師が彼女のパラメーターをチェックしたが、正常だった。病気の兆候は見られなかった。

安全と支えを提供する病院を離れれば、患者は新たな困難に直面する。ワムジラの苦しみは、このことを私に痛感させた。パンジ病院では、医師だけでなくママン・シェリも患者に耳を傾け、面倒を見た。患者の傷を誰も不快に思わなかった。ワムジラのような少女にとって、この病院はおそらく愛され支えられていると感じられる唯一の場所だったのだ。

しかし、外の世界は敵意に満ちていた。故郷に帰れば、同情や支援を寄せるに値しない、恥辱や悪運をもたらす部外者と見なされることを、患者たちは知っていた。

このような反応を見せたのはワムジラだけではなかったが、彼女は私に多大な影響を与えた。他の患者も退院の日が近づくと、身体の異なる部分に痛みが出たり、呼吸が苦しくなったりと、それまでになかった体調不良を訴えるようになった。実際のものか、心因性によるものかわからなかった。結果、ベッドの確保がますます難しくなった。

当初の退院予定日から2週間後、MSFはワムジラの送迎をあらためて手配し、彼女も今回は同意した。車の前で私たちは抱きあった。ワムジラは、退院する患者に贈られる新しい服を着て、プレゼントの入った鞄を抱えていた。石鹸をつくるためのたらいとゴブレット、皿、ビスケット、道中に必要な水などだ。

涙の別れだった。ワムジラは後部座席で弱々しく微笑み、手をふりながら、憂鬱そうに旅立って行った。自分の無力さに、私は激しい後悔と恥ずかしさを感じた。

パンジ病院で診る患者の傷の性質について、ケアの方法についてもっと考えるようにと、ワムジラに言われた思いだった。私はワムジラのような女性たちに畏敬の念を抱いた。故郷に帰ったワムジラの踏まれても立ち上がる強さと勇気に感嘆しない者などいるだろうか。彼女は立ち直り、笑いと愛をとり戻した。壊れてなどいなかったのだ。

家に戻ることを恐れたのは、村の不安定な社会階層のさらに下へと落ちてしまったことを知っていたからだ。戻ればどんな扱いを受けるかわからないと思ったのは当然だ。

ワムジラが真に立ち直るために必要なほんの一部しか、私たちは達成していなかった。単なる怪我やトラウマの治療以上のことが必要なのだと、彼女は私に教えてくれた。偏見、偏執、排除との文化的闘いが必要だったのだ。性暴力サバイバーが、自分たちにもチャンスがあり、レイプされたことは終身刑ではなく、汚名は克服できるものだと感じられるよう、教育をおこない、社会変革を促さなければならなかった。

これらをすべて実行するためには資金が必要だった。そして、病院の財政運営は当初から困難だった。

プランテーションに残された建物を改修するというささやかな開業から、私たちは拡張をおこなっていた。スウェーデンの教会や人道支援団体、スウェーデン国際開発協力庁から資金を得て、新たな専用施設の建設が叶った。12棟の長方形の建物だ。すべて平屋で、ヤシ、芝生、花が植えられた中庭を囲んでいる。建物をつなぐコンクリートの通路は、日差しや雨を避けるためのトタン屋根で覆われ、脇にはバラなどの花が植えられている。２００２年までにベッド数は１２５になった。

それ以降も、アメリカ国際開発庁、アメリカの非営利団体である「エンジェンダー・ヘルス」や「フィスチュラ財団」など、多くの援助団体や政府から積極的に資金援助を受けてきた。イギリス政府による重要な寄付によって、性暴力サバイバーに特化した棟を２００７年に開設した。また、スウェーデンの教会からの支援に加え、欧州連合からの毎年の資金援助により、財政状況は安定し始めた。そのため年間を通じて資金調達に奔走する必要がなくなり、それに伴う時間のかかる法律上の監査も不要になった。

世界各地から医療機器の寄付が寄せられることもある。使い古しのものや新しい部品をつなぎ合わせた病院は、ブカヴの街を走るバスやタクシーのようだ。けっして効率的な手段ではなく、常に管理が必要だが、病院の業務を拡張するにはこのやり方しかなかった。

病院設立の初期、ブカヴは反政府勢力が支配していたため、コンゴ国家は不在であるか、関心を示したとしても対応は非生産的だった。

コンゴはよく「破綻国家」と表現される。その影響は、コンゴを訪れれば一目瞭然だ。見捨てられ、無視されたと感じる人々の声にも表れている。日常的な交通の大混乱、路上犯罪、無規制の工事、街灯がないため夕暮れ時には真っ暗闇になることからもわかる。

ブカヴでは、電気や水道飲料水は、仮にあったとしても、断続的にしか享受できない贅沢品だ。

中流階級の子どもたちでさえ、家にシャワーやお風呂はなく、洗面器で洗って育っている。治安部隊の予算は吸い上げられるため、警察に車両はほとんどなく、ガソリンもない。使い古しのカラシニコフ銃を肩にかけた警官が、バイクに相乗りする姿をよく見かける。賃金を賄賂に依存する彼らは、他国では警察の基本的責任と考えられている任務にさえ支払いを要求する。

しかし、国家は確かに存在する。肉食獣のように陰に潜み、いつ襲いかかってくるかは予測不能だ。低賃金の官僚、地方・国家公務員、規制当局、監視員たちがあふれかえり、自分に都合の良いときにルールをふりかざそうと狙っている。

規則が曖昧でわかりにくい、官僚制度が分厚過ぎて切り抜けられない、治安環境が危険すぎて活動できない、などはすべて賄賂の相場を引き上げるに好都合だ。書類作成や防護が必要な際は、有料の交渉となる。

こうした公務員の多くにとって、仕事とは奉仕や提供ではなく、個人的利益を引き出すことだ。悪意のある人もいれば、他のコンゴ人同様、何とかして家族を養おうと、自分の知る唯一の方法で最善を尽くしている人もいる。

私たちは、開院以来ずっとアフリカ中部ペンテコステ派教会共同体という教会組織が運営する非営利の民間病院だった。100万を超えるブカヴの人口にとっての数少ない医療機関のひとつとして、医薬品や医療機器購入のための公的資金を受けてもよいはずだ。実際は、公費で雇われた数人の医師を除き、国から何も受けとったことはない。

電気供給が安定していないため、自分たちで発電しなければならない。停電は3〜4日続くこともある。現在、国営の送電網からの電力は1日に数時間しか供給されず、保育器、人工呼吸器ほか、日々命を救っている医療機器を動かすため、２台のディーゼルエンジンをほぼ24時間稼働させている。

病院ができた１９９９年の水道供給は控えめなものだったが、私たちのニーズをおおむね満たしていた。しかし、パンジ地区に越してくる人が増えるにつれて供給は減り、ごくわずかになった。毎日、古い給水車で湖まで水を汲みに行っていたが、それでも足りなくなった。結局、ブカヴの裏山にある水源まで8キロの水道管を自前で建設した。

公共交通機関がないため、私たちはスタッフや患者のためにバスを運行している。土砂崩れで近隣の道路が遮断されれば、自前のトラックや機材を使って修復している。また、強奪の企てを追い払うため常に注意を払う必要もある。

あるとき、病院の屋根から集めた雨水の代金として、自治体の役人２人が３万ドルの請求書を持ってやってきた。私たちは雨水をタンクに貯め、清掃に使っている。水はすべて国有財産だ、と役人は言った。

別の役人が現れて、発電機用に貯蔵している軽油の税金を要求してきたこともある。ガソリンスタンドを規制する法律文書のコピーを手に、それが適用されると主張した。

私は賄賂の支払いを拒否しているが、国家に資金を差し押さえられたことがあった。２０１４年、私は欧州議会からサハロフ賞を授与された。人権活動家に贈られる年に一度の賞で、受賞者には5万ユーロが送られる。ノーベル平和賞を含め、これまで授与されたすべての賞金と同様、私は小切手の宛先をパンジ財団にした。

賞金がコンゴに入金された翌日、財団の銀行口座が地元の税務署によって凍結された。医薬品が買えなくなり、月末のスタッフの給料支払いも滞った。看護師や医師はブカヴの税務署の外で初の抗議行動をおこなった。

私は弁護士を立てて凍結と闘った。ようやく解除されたときには、口座は空っぽだった。ヨーロッパの人道資金は、常に飢えた空虚な国家に丸呑みされたのだ。資金はついに戻ってこなかった。

2006年、コンゴでの残虐行為についての国際的な認識が次第に薄れて消え入りそうななか、私は国連で発言するためニューヨークに招かれた。初めての米国訪問で、コンゴの女性の苦しみを根絶するための活動に関心を持ってくれる人との出会いを期待した。

この訪問は全体として、意気消沈するものとなった。国内のレイプ危機を公に議論することに猛反対するコンゴ政府の立場が明らかになったからだ。しかし重要な出会いにも恵まれた。その後私たちの支援者となり、個人的友人となる女性との出会いだ。その人は、被害者に応急処置を施して地元に帰すという限られた仕事以上のことができるよう、ワムジラのような女性にもっと役立てるよう、私たちを支援するようになる。

国連での演説の後、私はニューヨーク大学での性暴力問題に関する公開討論への参加を依頼された。フェミニストの劇作家で『ヴァギナ・モノローグ』の作者であるイヴ・エンスラーのインタビューを受けることになったのだ。イヴは現在、Vに改名している。正直なところ、Vの名声と評判に、私は少し怖気《おじけ》づいた。

このイベントは私にとって新たな発見の場となった。この種のインタビューを人前で、そして英語圏の国でおこなうのは初めてだった。私はVに感銘を受けただけでなく、安心感もすぐに覚えた。「はじめに」で述べたように、女性の権利を促進する男性という立場に私は何年も悩んできた。自分の活動を話せば、男性からも女性からも気まずい沈黙や理解不能といった表情を向けられてきたからだ。しかし、Vは違った。

当時、彼女は他の誰よりも精力的に、ヴァギナをとり巻く恥の覆いを取り除こうと活動していた。舞台でヴァギナに声を与え、ヴァギナに関する私的な話を共有した。私が思いもしなかった方法で人々を教育し、また楽しませた。

ヴァギナについて公の場で話すことや、父親から性的暴力を受けた個人的体験を明かすことを恥じない人に、私は初めて出会った。ヴァギナがこれほど多くのタブーの対象であるのは、男性が密室でヴァギナを虐待し続けたいためだという確信を、私とVは共有した。

このイベントは、ニューヨーク出身の仏教徒の白人女性と、コンゴ東部出身のキリスト教徒の黒人男性という、まったく異なる世界に住むふたりの心を引き合わせてくれた。Vは錆びついたフランス語を話し、当時の私は限られた英語しか話せなかった。とても率直で、愉快で、しかも献身的なVに私は感服した。男性として性暴力との闘いに打ち込む私を、彼女は評価してくれた。

私たちはその後も連絡をとりあい、親交を深めた。彼女はすでに、世界各地で上演される『ヴァギナ・モノローグ』の収益をもとに、V-Day（Vはvictory, valentine, vaginaを意味する）組織を通じ、女性への暴力に反対する世界中のキャンペーンに多額の資金援助をおこなっていた。

自分もまた、ニューヨークでのイベントに不安を感じていたと、のちに彼女は言った。私のこともコンゴのこともほとんど知らないが、自分を行動に駆り立てるような学びを得るだろうという予感があった、と言うのだ。感情に従って行動するのは、私がVについて最も尊敬することのひとつだ。けっして言葉だけで考えるのではなく、感情を適切な反応と捉えている。

「コンゴに来てくれませんか？」ニューヨークで別れる際、私は尋ねた。「いつでも歓迎します」「行きます。ぜひ行きたいです」。彼女は即座に答えた。

1年もたたないうちに、彼女はやってきた。

近年、パンジでの私たちの活動が広く知られるようになり、芸能・映画業界から多くの著名人がやって来るようになった。みな、話を聞いて感銘を受けたと言うが、その後もかかわり続けるのはほんのわずかだ。

Vは最初に関心を寄せてくれたひとりで、その感性やアプローチは見習うべきものだった。有名人の雰囲気を漂わせることなく現れた彼女の要求は、単純明快だった。どうやったら力になれるかを女性自身から聞きたい、というものだ。

Vが私たちを訪ねたのは、特に困難な時期だった。州の各地で戦闘が荒れ狂っていた。さらに10年以上も破壊に苦しむことになると知っていたら、私は続けるための力を見出せていなかったかもしれない。毎日14時間働き、一晩中眠れない夜も多く、常に疲れ切っていた。当時私たちは、レイプに遭った女性を1日に12人ほど受け入れていた。

ワムジラも戻ってきた。非常に残念なことに、彼女が予想した通り、退院後の数年はけっして幸せなものではなかった。

ワムジラは昏睡状態で病院に運ばれて来た。村での生活を立て直そうと、彼女は精一杯努力していた。石鹸をつくって売り始め、収入を得て地位を確立した。地域社会で新たな役割を見つけ、自分のような性暴力サバイバーに対する村民の考え方を変えた。彼女から手づくりの石鹸が届いたことがある。手術前の手洗いに使ってほしいとの手書きが添えられていた。

しかしワムジラの村は、ルワンダのフツ民兵組織FDLRにまたもや攻撃され制圧された。彼女は再び捉えられ、1度目と同様の恐怖を体験した。

これによって、彼女は新たなフィスチュラを負った。そのうえ、鎮圧作戦で反政府勢力のキャンプを制圧したコンゴ兵に発見されたとき、髄膜炎を患っていた。ブカヴの軍病院に運ばれ、それから私たちのもとに転院してきた。

今回もまた私たちは、ワムジラの容態を安定させた。意識が戻ると、性感染症の一連の検査を開始した。結果は受け入れがたいものだった。HIV陽性だったのだ。当時、入院する女性患者のおよそ20人に1人が感染していた。[*3]

体力が回復したところで、私は自分のオフィスでワムジラとの面会を設定した。感染症のことを知らせなくてはならない。私が告げると、彼女は怒りをあらわにした。死の宣告に等しいことを知っていたのだ。安価な抗ウイルス剤が普及し、患者に未来が開けるようになる前のことだ。自分は

*3　パンジ病院の患者記録の数字によると、当時、HIV陽性と判明した患者は4・5%であった。

村に帰りたくないと言ったじゃないか、と彼女は言った。

「あなたが強要した！」彼女は叫んだ。「たったひとりで私を帰らせた！」

彼女の目は怒りに燃えていた。病院と私がいかに自分を失望させたか、思いのたけを私にぶつけた。見捨てられたと感じ、最後は泣き崩れた。

怒りを和らげようと、私は彼女に耳を傾けた。私はできる限りのことをしたこと、病院は常に需要があり、無料のベッドと治療を待つ女性たちの列が絶えないことを、いつか理解してくれるだろうと信じて。彼女にとって私は強い存在かもしれないが、心のなかでは空虚と未熟さを感じていた。彼女が落ち着きをとり戻したとき、私は彼女を抱きしめた。

2度目の入院では、ワムジラは数年間を病院で過ごした。HIVに関連すると思われる髄膜炎から回復すると、新たなフィスチュラ修復のための一連の治療が待っていた。2007年にVが訪れたときも私たちのもとにいたワムジラは、Vの訪問の最も重要な瞬間に立ち会った。

Vはできるだけ多くの患者と会うことを希望し、数十人の患者が自身の体験を共有することに同意した。女性たちは病院施設の最下階にある格納庫に集まった。そこは当時、女性が一緒に食事をする場所だった。

グループに分かれて木製のベンチに座り、自慢のパーニャに身を包んだ女性たちが、ニューヨークからのVIPとの面会を心待ちにしていた。ワムジラのほかにも、アルフォンシーンやジャンヌなど、この時代のたくましく感動的な患者が参加していた。

Vは室内をまわり、数人ずつのグループに分かれた女性たちと話をした。会話を助けたのは、私の友人クリスティーン・デシュライバーだ。海外の著名人に抱いていた疑念を克服し、Vのガイド兼通訳となってくれた。

協力してくれるようクリスティーンを説得するのは簡単ではなかった。プランテーション所有者だったベルギー人の父とコンゴ人の母とのあいだに生まれた彼女は、教師として働いた後、コンゴ東部で救援活動をしていた。あまりに多くの苦しみを目撃した彼女は、欧米人はコンゴの紛争に関心などなく、著名人がやってきたところで、状況を変えるための真のかかわりを持つ気などないと、悲観的になっていた。ヴァギナに語らせる類いまれな女性にニューヨークで出会ったと、最初にクリスティーンに話したとき、彼女は気が狂ったのかとでも言いたげに私を見た。

しかし、クリスティーンとVはすぐに馬が合った。ふたりは初日から意気投合した。

クリスティーンの助けを得て、Vは自身の人生を聞かせてほしいとサバイバーたちに頼んだ。自分の体験も語った。子どものころ父親から何年も性的虐待を受け、逃げ出してニューヨークの路上で生活し、薬物に溺れ、さらに虐待を受けたことを。話の最後に、彼女は尋ねた。「私にできることはありませんか？」

お返しに、今度は聴衆が心を開いた。その話にVは打ちのめされ、喪失と痛みに圧倒された。ボスニア、アフガニスタン、ハイチで遭遇したどんなものよりも深刻だと、彼女はのちに語っている。

コンゴの女性たちにとっては、親交と気づきの瞬間だった。レイプはコンゴの村やジャングルだけではなく、世界で最も裕福な都市のひとつの家庭や路上でも起きていたのだと知ったのだ。ニューヨークから来た有名で裕福な作家が、自分と同じ体験や感情を語っていた。

その場の空気が重くなった。絶えず多くの涙が流れ、長い抱擁が交わされ、悲しみをユーモアで紛らわそうとする空虚な笑いも時折起きた。Vは女性たちの声を聞きたいと願い、女性たちは胸の内を吐露した。

みなが息苦しさを感じ始めたころ、看護師のエスターの提案で、音楽演奏と「フォロー・ザ・リーダー」というまねっこ遊びをやることになった。長いグループセラピーの終わりに表れる身体の倦怠や孤独感をとり除くために、彼女が使うテクニックだ。

コンゴの伝統的な木製太鼓であるンゴマを持参した女性たちが、リズムを打ち始めた。コンゴの太鼓は魅惑的で独特だ。そのビートに歌声が重なると、私の胸や背骨はぞくぞくする。

みなが一斉に立ち上がり、体を揺らし、手を叩き、歌い、音楽の光を一身に浴びていた。列をつくって踊る女性たちもいた。互いに腰につかまって左右に揺れ、手や足を一緒に動かした。Vも加わった。

私は昔から踊ることに消極的だった。結婚式でもめったに踊らないくらいだ。そんな私も、その雰囲気にわれを忘れた。女性たちはグループごとに、地域の村や部族にまつわる踊りを披露した。鬱積していたエネルギーや悲しみが、喜びや幸福に変わったかのような、深い精神性を感じる瞬間だった。

私たちは格納庫で踊り、ドアを出て、踊りながら坂道を上り、建物数棟を通りすぎ、病院の正面玄関へと進んでいった。私は白衣のまま、来客や患者のいぶかしげな視線に笑顔で応えながら、なんとかついていった。

その夜、私は帰宅し、眠った。一晩中目を覚ますことなくぐっすり眠ったのは、数か月ぶりだった。

自分にできることはないかというVの問いかけに、女性たちの答えはほぼ一致していた。「また兵士に会うと思うたびに怖くなる」。ワムジラが言った。「私たちが心を癒し、新たな生活への準備ができる場所を見つけてください」。ジャンヌがつけ加えた。彼女たちはシェルターを求めていた。病院に残りたいと訴えたワムジラのような女性が滞在できる場所だ。

答えは受けとったと、Vはみなに伝えて帰っていった。「できる限りのことをします」と言って。そして、約束を守り通した。

Vは国連の児童基金ユニセフの責任者に申し入れて、助けを必要としている女性の多くが、教育をほとんど、あるいはまったく受けていない10代だと説明した。ユニセフは最終的に、100万ドルの資金提供を約束した。

Vは、コンゴに焦点を当てた世界的なキャンペーンを、自身のV-Day運動とともに立ち上げた。私がアメリカに赴き、初の講演ツアーで全米のコミュニティ・センターや大学をまわる費用を負担してくれた。2年間にわたってディナーパーティを開催し、ニューヨークなどの都市の裕福な寄付者に働きかけた。私費を投じて、ブカヴの病院から1・6キロほど離れた湿地帯の土地2区画を、地元農家から購入した。

しかし、プロジェクトがようやく構想から実現に向けて進み出したころ、Vは生存率がきわめて低い子宮がんと診断された。クリスティーンの力がこれまで以上に必要になる。クリスティーンはプロジェクトの現地責任者を引き受けてくれていた。クリスティーンのひたむきさ、粘り強さ、優しさといったすばらしい資質が不可欠だった。

私たち3人は協力して、病院で聞いたサバイバーたちの構想から「シティ・オブ・ジョイ」をつくり出すため尽力した。保護、教育、励ましを提供する、レイプを受けた女性のための安全な施設だ。モットーである「痛みを力に変える」は、訪れた人がみな読めるよう入口の壁に書かれている。

このプロジェクトには立ち上げ当初から、ワムジラ、ジャンヌ、アルフォンシーンなどの女性にかかわってもらっていた。彼女たちは、建築家とミーティングを持ち、設計について検討を重ねた。プロセスを主導したのは彼女たちだった。

援助プロジェクトが失敗に終わるのは、援助しようとする人々のことを考慮に入れない場合が多い。当たり前だと思うかもしれない。しかし、実際に私は、遠く離れた欧米の首都にあるオフィスで設計されたトップダウン型の構想が、コンゴの現実を目の当たりにして破綻するのを何度も見てきた。

設計作業が終わると、建設の工程が始まった。長く、困難の連続だった。まず、現場は沼地で、炭市場やスラム街を通るでこぼこの泥道を通ってしかアクセスできなかった。電気・水道の供給というといつもの問題にも直面した。信頼できる建設業者を見つけるのも大変だったし、厳しい調達手続きを求める国連機関がかかわっているため、新たな複雑さも加わった。

このプロジェクトは女性のためだけでなく、女性による、女性のためのものだというメッセージをあらためて発信するため、建築チームに女性が参加するべきだと私たちは主張した。これは、未来の利用者に向けた私たちの中心的メッセージのひとつを体現するものとなった。社会に割り当てられた地位や役割よりも女性はずっとパワフルで有能である、というメッセージだ。

世界のほとんどの建設計画がそうであるように、コンゴでも女性の建設労働者は前例がなかった。元請け業者は、完全に困惑しつつも女性を受け入れることに同意した。壁の建設や大工仕事には女性は不向きだと教えてやるときが、そのうち来るだろうと確信しているようだった。

病院で働き手の候補を募ると、なかには「男性の仕事」をすることに半信半疑の女性もいて、私たちの強い励ましを必要とした。しかし現場で、彼女たちは意欲的に学び、優秀で献身的な働き手となった。

そんな女性たちに刺激され、自分もよりいっそう仕事に励むようになったと、後から告白した同僚の男性もいた。「これは歴史上くり返されてきた、労働現場における男と女の物語である」。のちにVが冗談めいて言った。

建設が進むあいだ、Vはニューヨークで化学療法を受けていた。クリスティーンと電話で定期的にプロジェクトの話をしていた。Vに失望してほしくなくて、クリスティーンはうまくいっていると嘘をついた。Vもまた痛みを隠し、プロジェクト完成を見ないまま死ぬのではないかというぬぐえない恐怖を隠し続けた。センターの完成を見届けたいという願望が、Vを支え続けた。彼女はその過程を、著書『In the Body of the World』(『世界の体内で』未邦訳)、で、感動的につづっている。

2011年2月、シティ・オブ・ジョイの開所式に、Vは3000人の群衆とともに参加した。アメリカの政治家や援助関係者、著名人もちらほらいたが、ほとんどはコンゴの女性たちだった。式典で最も感動的な瞬間をつくったのは、建築に携わった女性たちだ。

コンクリートのレンガを持参した彼女らは、最後にそれを頭上に掲げて踊ったのだ。シティ・オブ・ジョイが開所する前から、自分たちが最初の卒業生だとみなに言っていたその女性たちが、それぞれ起業できるようにと、Vは2万ドルの助成金を組織した。

シティ・オブ・ジョイの目的は単純明快で、病院で女性が発揮した強さと回復力を形にするというものだ。過去のトラウマを受け入れ、自信を持って未来と対峙するための援助にとどまらず、それ以上のことをしたい。女性自身が変化をつくり出す担い手となってほしい。卒業していった女性たちは教育者や活動家として働き、性暴力サバイバーの姿や能力についての認識に変化をもたらしている。

シティ・オブ・ジョイは6か月ごとに90人の入居者を受け入れる。病院から移ってきた女性もいれば、州内の他地域で発見された女性もいる。私たちは長年、南キヴ州の医療従事者のネットワークに研修をおこなうなどの支援をしてきた。彼らは病気と闘い、衛生環境を改善し、母親の出産を援助するなど、地域に根差して活動している。そうした医療従事者が私たちの目や耳となり、レイプ被害に遭い地域社会から追い出された女性を発見することも多い。

シティ・オブ・ジョイの新たな入居者はみな、警備の訓練を受けた卒業生が立つ黒く高い防犯ゲートを通ってなかに入る。キャンパスに入ると、芝生や花壇に囲まれた石造りの共有バンガローを割り当てられる。

ブーゲンビリア、ヤシの木、オレンジの木が影を落とす石畳の通路を使って移動する。敷地内を流れる小川の絶え間ない水音は、この地域がかつて建築に適さない湿地帯だったことの名残だ。パイナップル、パッションフルーツ、ほうれん草、それ以外にもたくさんの新鮮な食材が、VのV-Dayがつくった有機農場から毎日届けられる。そこでもシティ・オブ・ジョイの卒業生が働いている。

「ママ・クリスティーン」が主宰するこのシェルターは、外の戦争を遠い記憶のように感じさせる、穏やかなオアシスであり、隠れ家であり、調和の場所だ。心の癒しと身体の回復を目的としている。多くの女性が栄養失調の状態でやって来るが、誰もが力をつけ健康になって帰っていく。

シェルターに入ると、サバイバーたちは一連のコースを受講する。私はジェンダーと女性の体の構造についての講義を担当している。よく最初に、女性であることに誇りを感じる人はどのくらいいるかと尋ねる。すると手を上げるのは少数だ。約8割が男性に生まれたかったと答える。「男性だったら、自分を守ることができたのに」と言うのだ。

彼女たちの多くが、苦しみの根源は性器にあると考えている。上手くいかなかったことすべてに性器がかかわっている。「それのせいで私はレイプされた」と言う。問題は自分のヴァギナにあり、加害者や周囲の人々の意識にはない。人生でチャンスが得られないことも、拒絶感を味わうことも、同じ理由だ。

自分の生理機能を学び受け入れるよう、私は彼女たちに勧める。自分の性器を見ることもプロセスのひとつだ。プライベートで見られるよう、鏡を配る。多くの女性は、最初はスワヒリ語でヴァギナを意味する「クマ」すら言えず、自分の性器を見たこともない。

それから女性の生殖器の絵を描き、さまざまな部位や機能について話す。月経周期、セックス、避妊、妊娠、授乳などについて議論する。自分自身の体を愛し、誇りを感じるようになるための最初のステップは、それを知って理解することだ。

女性の体の構造やセクシュアリティについてのタブーを破り、オープンに語ることの重要性や、こうした問題をめぐる沈黙がレイプの起きる環境をつくり出していることを説明する。恥ずべきは常に加害者であり、被害者ではないことを強調する。

また、4人から10人でのグループセラピーをおこない、個人的な経験を共有しあうことを勧める。過去を受け入れ、過去と折りあいをつけるプロセスの一環だ。共有することで女性たちのあいだに信頼が築かれ、誰もひとりで苦しむ必要はないのだと実感できるようになる。

別のセッションでは、法的・政治的権利を学ぶ。護身術やビジネススキルの基礎、教育を受けていない人向けの算数や読み書きも学ぶことができる。スポーツやヨガもある。キャンドルや石鹸づくり、刺繍、革細工、農業などの職業訓練コースの選択もある。

半年ごとにおこなわれるにぎやかな卒業式は、人生をたたえ、愛によって達成しうるものを確認する場となっている。心の折れた女性が、闘志と力を備えた女性となり、かつてワムジラが経験した胃の痛くなるような恐怖ではなく、自分の人生を変え、社会復帰を果たして地域社会を変革する願望を胸に、故郷へ帰っていくのだ。新たな生活への準備も不十分なまま1度目に病院を後にしたワムジラのように、泣きじゃくる患者に別れを告げる必要はもうない。

奇跡は起こせないし、誰もが成功するわけでもない。手術すれば、身体を修復できる。人間の心ははるかに複雑だ。サバイバーはそれぞれ、過去とともに生きていくことを学ばなければならないが、深すぎて完全には癒えない傷もある。トラウマ的な記憶を呼び起こすトリガーと共存する術を学ぶことも必要だ。

しかし半年ごとに90人の女性が卒業し、共通の経験で結ばれたネットワークを広げていく。それは新たな仲間が加わるたびに強くなっていく。拡大し続けるシティ・オブ・ジョイの事業を支えるために残って教師やスタッフとなる女性もいるが、ほとんどは変化をつくろうと決意して故郷に戻っていく。

彼女たちの多くは、地域社会で女性の権利のために活動するようになったり、地元市場や市民団体の組織者の役割を担うようになっている。ずっと過小評価されてきた女性たちが、シティ・オブ・ジョイでの半年間で、自分自身の力と能力を発見する。一人ひとりのサバイバーが、ほんの数人でもまわりの人間の意識に変化をつくることができたなら、私たちは目的を達成したことになる。

シティ・オブ・ジョイの開設と同時期、同じ構想をもとにした別の施設「メゾン・ドルカス」も加わった。精力的で創造的なクリスティーン・アミシ博士が主宰者となり、パンジ財団と共同で運営している。レイプによって生まれた子どもを持つ女性や、不治のフィスチュラを患う女性のためのシェルターとして機能している。

そうした女性のニーズに合ったプログラムを提供しているが、痛みを力に変えるというプロセスは同じだ。これまでに数百人の女性が、セラピー、職業訓練、教育を数か月間受け、卒業していった。

私たちの卒業生はみな、相互連帯組織（ＭＵＳＯｓ）に入り、その担い手となることを奨励される。これは、最大25人の女性のグループが毎月少額を拠出して共同で貯蓄する小規模金融のとりくみだ。起業のための小口融資や、医療のための相互基金として使われ、メンバーにとって初のセーフティネットとなっている。南キヴ州各地に２００以上があり、なかには最大３０００ドルを貯金したＭＵＳＯもある。

ＭＵＳＯｓはサバイバーの社会復帰のための非常に優れたツールとなっている。誰でも入れるが、運営はサバイバーが担っており、その利点を知った地元の人から入会の要望を受けることも多い。

こうしたとりくみは残念ながら、ワムジラにとっては遅すぎた。プロジェクト創造のきっかけとなったひとりで、医療手段のみによる性暴力被害者ケアの限界を私に気づかせてくれたワムジラは、ついにその扉が開かれたときには、すでにいなかった。

２００７年のシティ・オブ・ジョイの構想から発足まで4年の歳月が流れた。Ｖの訪問後、ワムジラは再び病院から村へ帰った。彼女がＡＩＤＳで亡くなったことを後になって知り、私は悲しみに暮れた。

多大な痛みを負った彼女の人生が、他者の苦しみを和らげる助けとなっていることが、私にとって唯一の慰めだ。彼女の遺産は、病院でのＶとの出会いをともにしたジャンヌのような女性のなかに生き続けている。ジャンヌは今では、シティ・オブ・ジョイのスタッフとして高く評価されている。

10代後半のころ、ジャンヌは反政府勢力に2度捕まり、何か月も虐待を受けた。ワムジラと同じく、ジャングルでの妊娠・流産を経てやっと解放された。その後救助されたが、あまりの衰弱と病気のため、意識不明の状態で籠で病院へ運ばれた。胎児の残骸は体内で腐っていた。

同じ人道支援便で私たちのもとに運ばれた他の女性2人は亡くなった。ジャンヌも回復しないのではと、私たちは恐れた。

家族も子どももいないジャンヌは、傷による身体の不自由を生涯患うことになる。しかし、これほどまでの不幸に遭遇しても、人生、幸福、愛はとり戻せるのだという、生きる証となっている。新たな女性が来るたび、彼女は自分の体験を共有する。レイプ、怪我による汚れや悪臭、複数回にわたる手術のことを。同時に、朝起きると太陽が昇るのを見て、生きていることを神に感謝するのだとも言う。彼女の率直さ、笑顔、つられてしまうような笑い声は、心を開き、自分の経験をふり返るよう、他者を鼓舞している。

30代前半の現在、ジャンヌは高校卒業資格の取得をめざして独学で勉強している。彼女は残りの人生をシティ・オブ・ジョイで他者を助け、声を上げられない虐待サバイバーの代弁者となることに捧げるだろう。彼女と同年代のアルフォンシーンは、読み書きのできない15歳の患者としてパンジにやってきた。今では看護師として手術室で働いている。

ワムジラの遺産は、タティアナ・ムカニレのような女性のなかにも生き続けている。タティアナは幼いころに孤児となり、2004年にブカヴでレイプされた。ルワンダが支援する卑劣な指導者ジュール・ムテブシとローラン・ンクンダに忠実な軍隊が、街を制圧したときのことだ。

兵士たちは家々をまわって略奪し、外国人の人道支援者数名を含む男性、女性、子どもたちを襲撃、拷問した。３週間におよぶ包囲攻撃のあいだとその後、私たちはおよそ１６００人のレイプされた女性の治療にあたった。

タティアナは人知れず虐待の被害に苦しみ、コンゴでは犯罪とされている中絶によって望まない妊娠を終わらせた。両親の死後に幼い彼女を引きとった親戚には、黙っているように言われた。自分に起きたことを話さなければと感じた彼女は、婚約者に話をした。すると婚約者は彼女を見捨てた。

こうした経験を経たにもかかわらず、タティアナは大学に進学し、独学で学び続け、高給の仕事を得たが、そのあいだずっとアルコール依存症、摂食障害、自殺願望とたたかい続けた。医学的、心理学的助けを求めるのに10年がかかった。私を訪ねてきた彼女を、私は治療した。彼女は初めて、自分の身に起きたことを打ち明けた。痛みの向こう側に、並外れた力を持った女性の存在を、私は見た。

タティアナは人生を立て直した。悪魔を打ち負かしたのだ。過去を忘れることは叶わず、今も朝のシャワーに紛れて泣くこともあるが、過去が彼女を定義したり無力にすることはもはやない。彼女はＭＵＳＯの責任者となり、２０１７年６月に立ち上がったＳＥＭＡという性暴力サバイバーの国際ネットワークの主要メンバーでもある。ニューヨークの国連で演説し、広く旅をして自身の経験を伝え、同様の経験を持つ女性を励ましている。

ブカヴでは、幼なじみだった夫と暮らしている。夫は彼女を受け入れ、活動を後押ししている。他の被害者のスポークスウーマンになりたいと初めて口にしたとき、夫にどんな反応をされるか、彼女は不安だった。「心に決めたことなら、応援するよ」。夫はそう言った。夫婦は数人の孤児を養子に迎え、タティアナが夢見ていた家族となった。

タティアナのような女性に出会うことが私の夢だ。立ち直った彼女は、他者のために闘う新たな人生を歩み始めている。自分のようなサバイバーの声が尊重され、公平に扱われることを求めている。愛され、また他者を愛し、私を含め、出会う人すべての光となっている。

2017年、タティアナは自分を襲った加害者への公開書簡を発表した。自分の過去、葛藤、恥辱を公式に認める、彼女にとって重要な瞬間だった。しかしそれは、タティアナがここまで来られたのだということを示すものだった。「私はもうあなたを恐れてなどいないことを知ってほしい」。彼女は表明した。「あなたと闘う勇気を、私はあなたから得ました」

5 元兵士の言葉から

なぜ男性はレイプするのか？　よく聞かれる質問だが、悲しいことに単純な答えはない。1990年代末、コンゴ東部の危機に直面した私は、自分の見ているものを把握することができなかった。狂人の仕業としか思えず、父親として、男性として、市民としての私の理解を越えていた。医師としても理解しがたいものだった。

加害者は悪に支配された、人間性を失った怪物なのだ、と私は想像した。私の仕事は被害者のケアであり、加害者を理解しようとする余裕はなかった。

それが自分なりの対処の仕方だったのだろう。しかし、そうした考え方には限界がある。レイプ犯であれ、殺人犯であれ、テロリストであれ、人間を「悪」や「狂気」として拒絶することは、短期的な慰めにはなるかもしれない。加害者は非人間的な怪物であり、自分や仲間とは違うのだ、と私は考えた。しかし、彼らは私たちと同じなのだ。少なくとも、闇と暴力に転落するまでは。

コンゴにおける女性の体に対する戦争は、森を徘徊し、性の病的妄想をくり広げる精神病質者の集団が引き起こしたのではない。深刻な精神疾患はもちろん存在するし、個々の事例の理由となることもある。しかしコンゴで起きたレイプは、意図的で意識的な選択だと理解されるべきだ。女性の命が軽視された結果でもあり、これこそが最大の根本原因だ。

こうした暴力がどのように、なぜ起こるのかを理解することによってのみ、個人・集団レベルでの対応策を講じることができる。このことは、コンゴにも、平和な国家にも言えることだ。

暴力を選び、私の病院に多くの苦しみをもたらした男性のひとりと、私が初めて顔を合わせたのは、病棟と診察室をつなぐ通路だった。20代前半の青年で、ふるまいや服装から、貧しく、悩みを抱えていることがうかがえた。罪や恥という大きな重荷を背負っているようだった。私の目をほとんど見ないまま、ふたりだけで会いたいと彼は言った。

開放的で居心地のよい空間をめざして設計された病院内を移動していると、声をかけられることが多い。医師や看護師は、敷地内を歩きながら患者や訪問者と交流する。そのときの直感にもよるが、私は相談を受けるとスタッフを紹介し、診察を予約するよう勧める。場合によっては、自分のオフィスに招くこともある。

短いやりとりでは、青年の目的はよくわからなかった。診察を受けたいわけでも、妻や姉妹のための助言や助力を求めているのでもなかった。私と話がしたいのだと、彼は言った。問題を抱え、行き場がないと言う。金銭が目的ではないかと疑った私は、急いでいて力になれないと告げた。

数日後、彼は再びやってきて同じことを求めた。私は、会議、診察、手術など、日々のスケジュールがいかに過密であるかを説明した。このような個々の要求に応じることはできないと、ていねいに、しかしきっぱりと伝えた。

病院で3度目に彼に遭遇したとき、私は抵抗をやめた。何か急を要することがあるのだろうと思ったのだ。充血した目が必死さを訴えていた。今日の診察がすべて終わったら会いに来るようにと、私は言った。

時間通りにやってきた青年を、病院の一番奥にある私のオフィスに案内した。「どうぞ座って。話してください」。私は切り出した。不安げに椅子に腰を下ろす彼の、頭から足先までを見まわした。

青年は私より少し背が低く、がっしりとした体格だった。Tシャツにジーンズ、スニーカーという恰好で、髪は両側を短く刈り上げていた。両手を前で組み、半袖の下から太い筋肉質の腕が見えていた。私たちは向かいあって座った。

私は簡素なオフィスが好きだ。無地のタイルに、白い壁の下半分は跡が目立たないようベージュに塗られている。壁には額入りの写真を数枚飾り、本棚を置き、最近はガラスの戸棚に賞状などの私物を入れている。

部屋の奥にデスクがあり、その反対側が応接スペースだ。こげ茶色のコーデュロイ生地でできた小さなソファと肘掛け椅子が2脚ずつ、低いガラスのコーヒーテーブルを囲んでいる。私はここで人々を迎える。目の前の窓から、太陽が沈むころには美しく暖かい光が差し込んでくる。残念ながら、安全上の理由から下半分は黒く塗られている。

ここは私が座って来客の話を聞くための、私的な会合の場だ。訪れるのは、同僚、患者、政治家、牧師、司祭、ジャーナリストなどだ。援助関係者やシリコンバレーの技術系企業の経営者、外務大臣や国連の調査団が来ることもある。来客は日々変わる。

ブカヴから西に160キロほど離れたホンボという地域の出身だと、青年は話し始めた。ここもまた孤立した密林地帯で、さまざまな武装集団の餌食になっている。中心の町はホンボ川沿いにあり、ブカヴから北西にあるダイヤモンド取引の中心地キサンガニをつなぐ、唯一の道路にまたがっている。ブカヴからホンボまで行くだけでも7時間かかる。川に架かる橋が崩れてから2011年までの25年間、そこから先へ行くことはできなかった。

20歳だというその青年は、自分は孤児で、理由ははっきりとは言わないが、故郷に戻れないのだ、と私に話した。今はブカヴの路上で寝ており、お金も見通しもない、増え続ける避難民の仲間入りをしていた。

「助けてくれませんか」。彼は尋ねた。

パーム油を売る事業を始めるための資金が必要だと言う。100ドルで大きな缶を3つ購入し、路上販売をする計画だった。ブカヴでは数千人の露天商が、ひっくり返した樽に果物や魚、日用品を並べ、道路沿いに一日中座っている。今ではすべての主要道路で見られるこうした行商の列は、住民の貧困と絶望を物語っている。

私は探りを入れた。なぜ故郷に帰れないのか。本当に孤児なのか。コンゴでもアフリカの他の地域でも、本当に孤児になることはまれだ。私の父がそうだったように、両親のいない子どもは通常、伯(叔)父や伯(叔)母など親戚に引きとられる。

私の問いに、彼は自分の人生を語り始めた。最初はぽつぽつとした情報だったのが、自身の心を打ち明けるかのように、大きな流れになっていた。

小さな農村で、きょうだいや両親に囲まれて育ったと、青年は語った。地域にはさまざまな民兵組織がいたが、貧しくも平和な暮らしだった。12歳のときにそれが一変した。コンゴの「自衛」組織のひとつであるカトゥクの攻撃を受けた。叫び声や発砲、混乱を覚えている。数名の戦闘員が家にやって来て、彼を連行した。銃を突きつけ一員になれと脅された。森に連れて行かれ、組織に加えられた。報酬を支払うと司令官に言われたが、約束は果たされていない。「女も好きなだけやる」。司令官は言った。初めて銃を与えられたときに感じた力を覚えている。その感覚が好きだった。

やがて彼は、村々への夜間の襲撃に参加するようになった。目的は、食料、医薬品、民兵を維持するため売れるものを探すことだ。作戦を決行するたびに、司令官に「女はお前らのものだ、好きにしろ」と言われた。他の戦闘員たちは、女性を捕らえてレイプしていた。思春期に差しかかったばかりの青年も、圧力を受けて加わった。レイプすることが集団生活の一部となった。

私は、髪の毛が逆立つのを感じた。彼を招いてしまったことに、後悔の念がわき上がった。私は床とコーヒーテーブルを見つめていたが、ふと見上げると、青年のやつれた表情と目の下の黒ずみが目にとまった。彼は言葉を探しつつ、落ち着かない様子で、ときおり天井を見上げたり、遠く窓の外を見たりしていた。

私は椅子から身を乗り出し、両手を前で組んでいた。立ち上がって彼を追い出そうかと考えた。許しがたく、残虐で、理不尽だった。2014年のことだったが、私はそれまでの15年間を、彼のような殺人者が引き起こした傷害や破壊の修復に費やしていた。助けを求める場所は他にもあったはずなのに、なぜ彼はわざわざ私の病院にやってきて、私を求めたのか。

しかし、私は彼を放り出さなかった。熱い怒りが腹から胸へとこみ上げて、やがて冷めていった。私は彼に話を続けさせることにした。やがて、理解に至った。

反政府勢力の生活に夢中になっていったと、彼は説明した。夜間の襲撃、銃声、戦闘、殺害、悲鳴。反政府勢力のキャンプでの生活は困難で不快だったため、作戦が楽しみになっていった。

「麻薬のようなもので、なんの疑問も持ちませんでした」。彼は言った。「実際悪事を楽しんでいました」

そうした行動を楽しむという反応は、「欲求的攻撃性」と呼ばれる。言い換えれば暴力への欲望であり、世界中の兵士や治安部隊で実証されている。コンゴの16の武装組織から復員した200人以上の元戦闘員をインタビューした研究者も、2013年の調査で強調している。[*1]

そのうち64％が子ども兵として入隊し、半分以上が入隊を強要されたと答えている。相当数が司令官から性的虐待を受けていた。

民間人を斬首する、離脱する仲間を殴り殺すよう命じられる、人間の血や肉を摂取するなど、身も凍るような証言が多い。10人に4人以上が他人に危害を加えて満足していたことに「少し」または「強く」同意し、3人に1人が「戦いに出たいという肉体的欲求、または身体的必要性」を感じていたと答えている。

私を訪ねて来た青年とその仲間は、故郷の人々をも恐怖に陥れた。村に戻って住民を殺し、レイ

*1　Learning on Gender & Conflict in Africa (LOGiCA). *Sexual and Gender-Based Violence in the Kivu Provinces of the Democratic Republic of Congo: Insights from Former Combatants*. Washington, DC: World Bank, September 2013. http://documents1.worldbank.org/curated/en/795261468258873034/pdf/860550WP0Box380LOGiCA0SGBV0DRC0Kivu.pdf

プした。少年時代の彼を知る女性を人質にとった。「なぜこんなことができるの？　あなたの両親を知っているのに」と懇願された。麻薬のせいで考えもしなかった。

しかし、この過去に今では苦しめられていると彼は言った。眠れなくなり、悪夢をくり返し見るようになった。そしてどこにも行き場がない。

「彼らに合わせる顔がない」。彼は言った。「だからブガヴにいたいのです」

私は視線を足元に落としたまま、顔をしかめて聞いていた。彼の話を信じてよいのだろうか。同情を誘い、お金を出させるための常套手段かもしれない。私は彼を試そうと思った。

「ご両親は？」私は顔を上げて尋ねた。「何があったんですか？」

彼は動きを止めた。背骨にかすかな痛みの波紋が走ったかのように、わずかに硬直していた。目は部屋を見まわした。

「それが最悪なんです」。彼は言った。「私の通過儀礼でした」

武装組織の司令官は、さまざまな方法を使って新兵を調教する。新兵の多くは、誘拐したり、親を暴力で脅して引き渡させた子どもだ。そのプロセスはおおむね同じで、残忍に扱い、打ちのめし、立て直して忠誠を要求する。規律は、殴打や殺しによって冷酷に強制される。

子どもを洗脳し戦闘員として使うことは、1996年以降にコンゴ東部で起きた暴力の大きな特徴だ。第一次コンゴ戦争では、推定1万人もの子ども兵が、ルワンダ、ウガンダ、ブルンジからの部隊とともに戦った。*2

コンゴの子どもたちは、金、銃、女といった卑近な約束で誘惑され、ルワンダ軍将校が運営する新兵訓練のプログラムに連れて行かれる。彼らは容赦なく〝しごかれ〟、極度の暴力にさらされ、ときには仲間の目の前で囚人を処刑することを強いられる。[*3]

コンゴ侵攻の際、進撃する軍隊を双眼鏡で見ると、軍服を来た子どもの隊列が見え、なかには自分の体より大きな擲弾《てきだん》発射器を持っている者もいたと、コンゴ軍のある司令官が語っている。[*4] 反政府勢力のリーダーだったローラン＝デジレ・カビラは、「カドゴ（小さいもの）」と呼ばれる子ども兵に愛着を持ち、大統領に就任すると自分のボディーガードにした。そのうちのひとりは、2001年1月のカビラ暗殺に関与したと言われている。

それ以来、子どもの徴用は、ウガンダやルワンダが支援する勢力を含め、コンゴ東部のほぼすべての反政府勢力が展開する戦術として、よく知られ広範に行きわたっている。誘拐や入隊強要に加えて、彼らは都市部で増え続ける貧困層の子どもたちのなかから新兵を見つけ出す。ホームレスや孤児は、月数百フランと銃のために、屈辱と貧困の生活を差し出すことをいとわない。

薬漬けにされ、洗脳され、逃げないように暴力と拷問の脅しをかけられ、私に会いに来た青年と同様の経験を持つ何万人もの男性や少年が、過去20年間の殺戮にかかわっていた。

青年が自身の通過儀礼を語り始めたとき、私は初めて彼が正直であると確信した。トラウマ体験

*2 外交官の証言に基づき、非政府組織「Watchlist on Children and Armed Conflicts」によって再現された数値である。

*3 レメラ近郊のコンゴ・ザイール解放民主勢力同盟（ADFL）の新兵訓練プログラムでの生活については、ジェイソン・スターンズ（Jason Stearns）の著書『Dancing in the Glory of Monsters: The Collapse of the Congo and the Great War of Africa』（145〜150ページ）に詳しく書かれている。

*4 同*3、152ページ。

がフラッシュバックしたようで、彼は私の目の前で泣き崩れた。涙を流しながら、自分の母親の手足を切り落とすよう強要されたことを告白した。彼の献身を試そうとした司令官に命じられたのだ。「そうするしかなかったんです」。泣きじゃくりながら彼は言った。「やらなければ殺すと言われて……私はまだ少年で。どうすべきだったんでしょうか？」

彼が苦悶を語り終えると、私たちは数分間、まったくの沈黙に包まれた。彼の呼吸は速く、浅かった。私は自分の心臓の鼓動と、背中から脚への緊張を感じた。

「私のしたことで、母は死にませんでした」。彼はやっとつぶやいた。「母は生き延びました。それは確かです。でも数年前、病気で死んだのです。帰って母に会うことは叶いませんでした」

青年の話は、過去25年間にコンゴで起こったことの一端を示している。過激でサディスティックな行動がなぜ広まったのか、その答えのひとつが、子ども兵の広範な活用だ。しかし、それは一体どこから始まったのか？　１９９０年代末、なぜパンジ病院は突然、多くの重傷を負った女性であふれかえったのだろうか。

１９９６年と１９９８年の2度のコンゴ侵攻によってツチとフツ間の争いが私の国に移ってきたことで、ルワンダのジェノサイドの残忍で呆然とするほどの暴力が、ウイルスのように国境を越えてコンゴに入ってきたというのが、唯一妥当と思われる説明だ。

パンジ病院では開業時、加害者の身元に関する基本データを患者から集め始めた。初期の患者の90％以上は、レイプ犯は武装していて、ルワンダの母国語であるルワンダ語を話していたと答えている。コンゴ東部でのあらゆる恐怖は、その数年前、ルワンダでのフツによるツチ虐殺で起こっていた。

性器切除、性奴隷、公衆の面前や家族の前でのレイプ、親戚同士の虐待や殺害の強要など、すべて立証されている。性暴力は、民族浄化の一部として使われる意図的な戦術だ。

レイプはルワンダで戦争の武器として利用されたが、こうした意図的で計画的な性的虐待と、あらゆる紛争地域で起きるタイプとの違いを理解することは重要だ。レイプはタブーとされることが多いが、破壊や殺害と同様に戦争の醜い部分だ。どの戦争でも、兵士は力を悪用し女性を捕らえる。それは「敗れた敵の女性の体」を狙った征服者の行為であると、アメリカのフェミニスト作家スーザン・ブラウンミラーは表現する。

第二次世界大戦中、ドイツ侵攻兵がフランスやベルギーの女性を広く虐待したことは、大戦末期のソ連の赤軍兵士によるドイツ人女性への虐待とともに、このカテゴリーに当てはまる。ナチ政権の敗北後、ベルリンの2つの主要病院だけで推定9万5000人から13万人のレイプ被害者が治療を受けた。全国の被害者の総数は数百万人にのぼると、歴史家は推定する。[*5] アメリカ軍とイギリス軍による虐待も記録されている。

1937年、中国の南京で起きた大日本帝国軍による中国人女性の大量レイプもまた、怒りや不満、退屈を抱えた兵士がそのはらいせに民間人に復讐しようとしておこなったものだ。占領後の1か月で、南京でおよそ2万件のレイプが発生した。[*6] 日本兵による残虐行為は、コンゴの森で起こったこ

＊5　アントニー・ビーヴァー著、川上洸訳『ベルリン陥落1945』（白水社、2004年）。Beevor, Antony. Berlin: *The Downfall 1945*. New York: Viking. 2002.
＊6　極東国際軍事裁判判決。

と酷似している。女性は竹の棒や拳銃を性器に挿入され、少しでも抵抗した者の多くが殺された。

第二次世界大戦末期に日本を占領した連合国軍は、現地の女性から「野蛮人」というあだ名で呼ばれたが、それは多くの連合国軍兵士が日本で起こした性犯罪に由来する。また、ベトナム戦争の記録には、米兵による集団レイプ、拷問、性器切断の描写があり、本書に書かれているわが国での出来事と同じくらい受けつけがたいものだ。

戦争の武器としてのレイプはそれらとは異なる。軍事戦術として採用され、計画的におこなわれるものだ。敵の住民を恐怖に陥れる手段として、女性は意図的に標的とされる。20世紀のアジア、アフリカ、ヨーロッパでの紛争でレイプが採用されたのは、安価で組織しやすく、そして悲しいことに恐ろしく効果的だからだ。

1990年代のアフリカでは、ルワンダに限らずリベリア、シエラレオネでも大量レイプが報告されていたが、ヨーロッパでも同じころ、民族的・宗教的憎悪に駆られた兵士たちが、同じように残酷な方法を用いた。旧ユーゴスラビアでの戦争で、セルビア軍や民兵はイスラム教徒のボシュニャク人女性を意図的に狙い、レイプキャンプまで設置した。そのひとつが、ボスニアの町フォチャにあった、悪名高い屋内スポーツ施設「パルチザン会館」だ。

レイプは、男女を問わず誰にでも、死の脅威と同じような恐怖を植えつける。公衆の面前で、あるいは家族全員の前でのレイプは、恐怖を与える効果がある。

これが、ボスニアの非セルビア人コミュニティの立ち退きを加速させた。また、母親や若者を標的にすることで、加害者は敵の社会構造に危害を与えた。女性は子育ての主体者であり、未来の世代を生みだす存在だからだ。公衆の面前でレイプすることで、家族は破壊され、人間関係は崩壊し、羞恥心から男は妻と離婚する。

攻撃者は、殺害では不可能な形で、被害者の民族的アイデンティティを永久に弱体化する手段としてレイプをおこなったと、旧ユーゴスラビア戦争のサバイバーはのちの裁判で証言している。「セルビア人の赤ん坊を身ごもるのだから、喜べ」とあざ笑うレイプ犯もいた。

20世紀最後の10年間に起こったルワンダとユーゴスラビアでの戦争は、民族浄化を目的としたレイプについての認識を、他のどの戦争よりも高め、後述する国際法の重要な発展につながった。同様の動機による大量レイプは近年、南スーダンからミャンマー、イラクに至るまでの民族・宗教紛争で起こっている。どこでも、男性が「敵」の住民を支配し破壊する手段としておこなっている。

経済的動機が根底にある紛争でも、レイプが武器として使われることがある。住民を立ち退かせるのではなく、支配するための方法だ。南米では、麻薬組織が、自身のビジネスを脅かす個人やコミュニティを罰する手段として、意図的に性暴力をおこなっている。

コンゴ紛争の残酷な特殊性とは、これらすべての理由でレイプがおこなわれていることだ。興奮や復讐を求める外国の占領軍によって、地域住民を支配し浄化する手段として、そして経済的理由で。

女性に対する暴力の第一波を引き起こしたルワンダ人は、1994年のジェノサイド後にコンゴに逃れてきたフツ過激派だ。彼らに続いたのは、1996年と1998年の第一次・第二次コンゴ戦争で、コンゴ侵攻と占領に加担したツチ系ルワンダ軍とコンゴ反政府勢力だ。彼らは戦争のルールや人権をあからさまに侮蔑し、国内を移動しながら残虐行為をくり返した。

第一次コンゴ戦争が終わり、100万人以上のルワンダ難民が故郷に戻った後もコンゴに残ったフツ人は、残虐な民兵組織FDLRを結成した。彼らは、支配した地域の住民を恐怖に陥れる手段としてレイプをおこなった。

フツ系反政府勢力、ルワンダ軍、その代理勢力など、すべての勢力が、コンゴ国内の広大な地域に、きわめて暴力的なレイプのウイルスをまき散らした。

1990年代末、第二次コンゴ戦争に10か国が関与し、そのほとんどが軍を派遣した。国の東側は、ルワンダが支援するRCD反政府勢力運動の支配に置かれた。しかしこの勢力は、すぐに複数の派閥に分裂することになる。

武器を手にしたコンゴの自衛組織が続々と現れた。民族や部族間の歴史的な土地争いは、法と秩序が機能停止するなかで暴力化した。すぐにコンゴ東部全体が炎上した。国内は、いくつもの戦争が寄せ集まった状態と化した。

すべての勢力に共通していたのは、ルワンダ過激派と軍隊の戦術をとり入れていたことだ。あのレイプウイルスに侵されたのだ。住民への配慮はいっさいなかった。公衆の面前で残忍きわまりないレイプをおこない、女性を拉致して性奴隷として森に連れ去った。

コンゴ国軍による虐待は1990年代に報告されているが、その感染力は2003年以降、この国軍勢力を深刻に侵していく。この年、反政府勢力が支配する北部、東部と、政府が支配する西部の統一を目的とした和平合意が発効した。署名したのは、2001年の父親ローラン＝デジレ・カビラの暗殺後に政権についた息子のジョゼフだ。すべての交戦国は軍隊を撤退させ、主な反政府民兵は国軍に統一されることになった。

反政府勢力を国軍に統合する計画は「ミクサージュ」(mixage：ルワンダ軍主導でルワンダに利益を与える軍統合)、「ブラサージュ」(brassage：通常のコンゴ軍統合)」とそれぞれ呼ばれ、コンゴで一貫しておこなわれてきた和平実現のためのとりくみだ。民兵を戦闘で倒せない政府は、彼らを正規軍に誘い、制服を与え、国家を守ると宣誓させることで、彼らを買収しようとしている。その結果、軍閥や何千人もの子ども兵がコンゴ軍に入隊している。

私を訪ねてきた青年もそうだった。ブカヴに来ることを決めたのは、自分の司令官が軍隊に入ることを選んだときだった。他の卑劣な戦争犯罪者は、コンゴ軍の高官に居座っている。

多くの軍閥は、国軍と反政府勢力をつなぐ回転ドアを何度も出入りしている。そのひとりはローラン・ンクンダで、彼の軍隊は2004年にブカヴを荒廃させ、数千人の女性をレイプした。被害者のひとりは、前章で紹介したタティアナだ。

反政府勢力の統合は、コンゴ国軍の規律、結束、有効性に大きく影響した。新兵は武器を捨てて国家と市民を守ると誓ったが、残虐極まる手法も持ち込んだ。彼らが使っていた武器は廃棄されたが、彼らのふるまいはそうならなかった。私の病院では、コンゴ軍による虐待の被害者の記録が増えていった。

国軍と反政府勢力を感染させたウイルスは、最終的に民間人へと広がった。すべての反政府勢力が国軍に統合されたわけではない。私を訪ねてきた青年のように、低賃金の劣悪な軍隊生活を拒否する者もいた。彼らは普通の生活に戻ろうとして、仕事を探し、戻れる者は故郷に戻った。しかし、変わらず女性を餌食にし、レイプを続けた。

この膨大な感染の連鎖は、紛争があまりにも長引いたために起こった。何百万にのぼる死者、レイプ被害者、避難民など、犠牲者の数が衝撃的に多いのは、２００２年の和平合意をもってしても、戦闘が一向に終結しないからだ。第一次コンゴ戦争から25年近く経った今でも、コンゴ東部では武装集団が入り乱れている。

コンゴで今も戦闘が続き、戦争の武器としてのレイプが止まない理由は、私たちの足元に存在する。戦争はルワンダのツチ・フツ紛争に端を発しているが、現在の戦闘は、民族的というより経済的な原因によるものと理解するのが妥当だ。それはコンゴの地中で何百万年もかけて形成された鉱物の宝庫と結びついている。

その起源は、地球に生命が誕生する前の先カンブリア紀までさかのぼると考えられている。地質学者によれば、金属を多く含んだ超高温のマントルが地球の核から上昇し、最終的に中央アフリカの地殻に出現した。そのためコンゴには、銅、コルタン、コバルト、錫石《すずいし》、ウラン、黄錫鉱《おうしゃくこう》（スタンナイト）、リチウム、そしてダイヤモンドや金などの、世界で最も豊かな鉱床が存在する。誰もが求める美もあれば、技術を基盤とする現代の経済活動に不可欠なものもある。

１９９６年と１９９８年の侵攻当初から、隣国ルワンダとウガンダは、コンゴ国内を移動するなかで見つけた金目のものはなんでも押収し、本国へ送った。木材、コーヒー、家畜、そしてもちろん金、ダイヤモンド、鉱物だ。

第一次コンゴ戦争時、私が難民危機にとりくんでいたころのこと。飛行機でナイロビに戻る際、乗り換えでルワンダの首都キガリに立ち寄ったことがある。空港での待ち時間に、私はコンゴで目にしたものや現地で起きていることについて、地上勤務員と雑談していた。すると彼らは、飛行機が見慣れないものを積んで到着するようになった、と言った。灰色の粉末の入った木箱で、なんなのか見当もつかなかったようだ。おそらく、電子産業で重宝される錫石、コバルト、コルタンなどの金属鉱物だろう。

数年後に出席したディナーパーティでは、地元の鉱物貿易のビジネスマンが、侵攻されたとき倉庫の錫石が略奪されてルワンダに送られ、倒産して全財産を失ったと話していた。

２００１年に国連が発表した調査によると、第二次コンゴ戦争の最初の数年間で、何千トンもの鉱物や貴金属が国外に流出した。[*7] ウガンダとルワンダに本社を置く銀行や企業が、コンゴの占領地で資源の略奪に携わった。

１９９０年代末の侵攻は、携帯電話、バッテリー、ゲーム機の需要が急増し、電子産業で使われる鉱物の価格が急騰したのと同時に起こった。当時ルワンダの副大統領で事実上の指導者だったポ

＊7 *Report of the Panel of Experts on the Illegal Exploitation of Natural Resources and Other Forms of Wealth of DR Congo*. New York: United Nations Security Council. April 2001, 6.
https://www.securitycouncilreport.org/atf/cf/%7B65BFCF9B-6D27-4E9C-8CD3-CF6E4FF96FF9%7D/DRC%20S%202002%201146.pdf
https://reliefweb.int/report/democratic-republic-congo/report-panel-experts-illegal-exploitation-natural-resources-and

ール・カガメの忌まわしい言葉を借りれば、占領は「自前の資金調達」となった。略奪が軍事行動の費用を賄ったのだ。

2002年、コンゴに兵力を置いていた諸外国が軍隊を撤退させ始めたが、これは次々と現れていた採掘、伐採、密輸といった儲かる戦争経済を脅かした。将軍や政治家は、金銭的利益を維持する術を見つけなくてはならなかった。その解決策が、代理の反政府勢力への資金提供だ。例えばルワンダは、人民防衛国民会議や3月23日運動（M23）などのツチ系民兵を支援している。

こうした民兵組織は常に、コンゴのツチ民族を差別から守るといった高尚な目的を掲げ、民主主義や防衛など、ばかげた自己顕示欲の強い名前を名乗っている。しかし彼らを動かすのは利己的な経済的動機であり、やっていることは採掘、密輸、強奪だ。

コンゴの自衛民兵もまた、組織維持の手段として鉱山の運営と課税に目を向けた。少数の上層部は、富と影響力を得る手段だと考えた。こうした反政府勢力の大半は、首都キンシャサのコンゴ人政治家、あるいはコンゴ軍幹部とつながっており、私的な鉱業権益を守る用心棒として使われている。政治家にとって民兵を支配することは、平和をもたらしうる、あるいは荒廃を引き起こせる影響力を持つことを意味する。

弱小国家コンゴは、こうしたアクターたちと協力している。領土の支配をとり戻し、産業を規制することができないのは、軍隊と官僚を放置し、資金不足に陥れる政策を意図的にとったためだ。コンゴ東部の混乱は組織的混乱であると、私はいつも言う。そこから利益を得ているのは、コンゴ国家の上層部から近隣諸国のエリートにまでおよぶ人脈だ。

レイプは、こうした容赦ない搾取のプロセスの一部となっている。コンゴで25年間続く性暴力は、原材料の略奪と結びついているのだ。

まず、セックスの提供が、銃や権力とともに、新兵を誘い込み入隊させるプロセスの一部となっていることは、私を訪ねてきた青年が話した通りだ。同じ戦術をイラクとシリアで採用したイスラム国（ISIS）の信奉者は、精巧な性奴隷システムをつくり上げた。若い男性や少年は、好きなだけ女を抱けると言われる。レイプは通過儀礼の一部であり、新兵同士の病的な絆をつくるためのものだ。

性暴力は、指令官の軍事戦略の一部でもある。反政府勢力を支援しなかったと疑われる人物を懲らしめる手段としてレイプがおこなわれる。コンゴ国軍やライバルの民兵に協力するなど、敵対的であると見なされたコミュニティは、そこに住む女性が標的になる。

また、鉱山周辺の住民を追い払う方法としても利用される。鉱物が新たに見つかると、採掘職人が殺到し、土地や水の所有権や支配権をめぐる争いに発展することがよくある。地元住民を立ち退かせるため、大量レイプがおこなわれる。ルワンダや旧ユーゴスラビアのように、民族浄化が目的ではない。私的な富のための住民の一掃を目的とした戦争の武器としてのレイプだ。

２００９年に私たちは、過激な性暴力の発生と主な鉱床の位置とに明確な関連があるかどうかを調べる、初の調査をおこなった。採掘がおこなわれている地域に虐待が集中しているというのが、私たちの仮説だった。

学者のキャシー・ナンギニと共同執筆し『PLOS Medicine』誌に掲載されたその研究論文では、

パンジ病院で治療を受けた被害者の出自についてのデータが使われている。被害者の4分の3が、武装組織が支配する鉱床や採掘事業があることが知られる3つの孤立した農村地域、ワルング、カバレ、シャブンダの出身であることがわかった。

私たちが作成した地図は、レイプの発生率が高い地域と埋蔵地が重なりあい、性暴力が鉱物や貴金属、ダイヤモンドの支配権争いと結びついていることを見事に可視化した。

では、この混乱から最終的に利益を得るのは誰か。もちろん、ピラミッドの上部にいる軍閥だ。彼らは税金を課し、紛争鉱物の取引に直接、あるいは仲間を通じて関与している。その収入で兵士に給料を払い、新たな武器を購入する。

軍閥の上にのさばるのは、ビジネス、政治、軍事分野のエリートで、通常は複数の分野にまたがっている。コンゴ、ルワンダ、ウガンダの首都にある大邸宅に住み、高級車を乗りまわす一方で、密輸、加工の第一段階、さらに中東やアジアの市場への輸出を画策する者たちだ。彼らが共謀する多くの怪しげなビジネスマンや多国籍企業は、この血にまみれた生産物の出所を隠してグローバルサプライチェーンに送り込んでいる。

コルタン、コバルト、タンタル、スズなどの鉱物は、携帯電話から電気自動車、宇宙・衛星技術に至るまであらゆるものに使用されているコンデンサ、回路基板、バッテリーなど、現代の経済とライフスタイルを支える電子製品に欠かせない原材料だ。コンゴは、充電式バッテリーに使われるコバルトの世界最大の生産国であり、知られるように世界最大の埋蔵量を持つ国である。

とりわけルワンダは、自国の埋蔵量や生産能力をはるかに超える量の鉱物を輸出する、世界有数の鉱物輸出国となっている。20年間、戦争経済の基盤となってきた金についても、ウガンダと並ぶ主要供給国だ。コンゴで産出される金はほとんどが密輸されており、このパターンは現在も変わらない。

2019年6月の報告書で、コンゴの原材料に関する国連の専門家は、ルワンダが金取引の世界的な中心地であるアラブ首長国連邦（UAE）に金を2・16トン輸出したと申告したことを明らかにした。しかしUAEの統計では、ルワンダからの輸入はその6倍の12・5トンだった。ウガンダは12トンの輸出を申告しているが、UAEのデータでは21トンとなっていた。[*8]

だからこそ私は、2018年のオスロでのノーベル平和賞受賞スピーチで、自分自身の良心を問うようにと、集まった要人やテレビを見ている人々に訴えた。巧妙な消費者ブランドのマーケティングは、生産過程の汚れた秘密を忘れさせようとする。コンゴの鉱山の、照明のない坑道や広大な露天掘りの現場では、男性や少年が自らの命と健康を危険にさらして鉱物を掘り出している。現代のグローバル経済において、最も汚く、最も目立たず、最も見過ごされている末端の場所だ。

「電気自動車を運転するとき、スマートフォンを使うとき、宝石に見とれるとき、それらの製造に払われた人的犠牲に思いを馳せてください」。ノーベル賞のスピーチで私は言った。「悲劇から目を背けることは、共謀と同じです」。誰かを非難しようとしたのではない。聴いている人々に、も

*8 Zounmenou, David, Nelson Alusala, Jane Lewis, Virginie Monchy, and Bart Vanthomme. *Final Report of the Group of Experts on the Democratic Republic of the Congo*. New York: United Nations Security Council, June 2019, 36. https://www.securitycouncilreport.org/atf/cf/%7B65BFCF9B-6D27-4E9C-8CD3-CF6E4FF96FF9%7D/S_2019_469.pdf

はや現実を無視することはできないとわかってほしかったのだ。

コンゴの原材料の盗難や不正を取り締まるため、いくつかの進展があった。経済協力開発機構は、コンゴ産のスズ、タンタル、タングステン、金を使用する企業向けのガイダンスを作成し、サプライヤーに確認するよう求めている。

2010年にアメリカが制定したドッド・フランク法は、コンゴや同地域の鉱物を使用するアメリカの上場企業に対し、サプライチェーンに関するデューデリジェンス（適正評価手続き）の実施と報告を求める条項を盛り込んでいる。コンゴ、ルワンダを含むアフリカ12か国でも、企業にサプライチェーンのチェックを義務づける法律が施行されている。

こうした施策は一部で効果を発揮しているが、手を引くには鉱物・貴金属の密輸がもたらす報酬があまりに莫大なため、腐敗した犯罪ネットワークは依然として利益を得る方法を見つけ出している。ブカヴの港からは、夜間に船が定期的に出航し、静かなキヴ湖の水面を滑り、ルワンダの荷上場へ入れば、国境警備隊は見て見ぬふりをする。

コンゴにとって悲しいことに、限られたエリートの利益のための天然資源の略奪は、過去2世紀の歴史でくり返されてきた。最初にヨーロッパの植民地主義者に利益をもたらし、次いでアフリカ人というように、さまざまな形をとってきたが、その方法と目的は変わらない。

住民を顧みず領土を搾取した最初の貿易商は、18世紀に登場する。奴隷を求め、危険を冒してアフリカの海岸を下ったポルトガルの船員とアラブの商人だ。

その後、ベルギー王レオポルド2世が支配し、私領地「コンゴ自由国」を設立したが、それが現在の国境を形成している。彼の犯罪的搾取は、当初は象牙を重視していた。熱帯雨林の象は激減し、牙はヨーロッパに運ばれ、ビリヤードの球、ピアノの鍵盤、チェスの駒、彫刻を施した装飾品、入れ歯など、当時の贅沢品に加工された。その後、1888年にゴムタイヤが発明され、新たなブームが到来した。

国王の行政官は、現地で訓練したコンゴ人兵士と結託し、強制労働と集団処罰を駆使して住民を森に追いやり、野生の木からゴムを採取させた。その衝撃的な貪欲さは、極度の残忍性に匹敵するものだった。生産ノルマが達成できなければ、村全体に火がつけられ、女性は人質にとられ、何千人もの人々が手足を切り落とされた。

手足を切断された男性、女性、子どもの写真が後世に伝える国王の専制政治は、コンゴの人口を半減させたと言われている。大量殺戮、病気、飢餓、極度の疲労が大きな被害をもたらした。出生率が急落し、何百万ものコンゴ人の命が奪われた。ベストセラー『レオポルド王の幽霊』(未邦訳)の著者であるアメリカ人の作家アダム・ホックシールドは、この殺戮は「ジェノサイドの規模」であったと結論づけている。[*9]

レオポルドの悪政に対する怒りが国際的に高まるなか、1908年にベルギー政府がコンゴ自由国を引き継いだ。この国際的批判は、イギリスが主導し、アメリカの作家マーク・トウェインが精力的に支援した、世界初の国際人権運動の火付け役となった。ブリュッセルには、コンゴ人の労働力

*9 アダム・ホックシールドは、恐怖のために生まれなかった子どもたちを含む総人口の損失が1000万人であることに言及している。1919年のベルギー政府の委員会、コンゴ国の最高幹部、ウィスコンシン大学の人類学者ジャン・ヴァンシナの研究など、3つの別々の推定がほぼ同じ数字を導き出していた。詳しくは、Detailed in Adam Hochschild, *King Leopold's Ghost: A Story of Greed, Terror, and Heroism in Colonial Africa* (London: Macmillan, 1999), 223. を参照のこと。

を財源とした当時の壮大な公共事業とともに、レオポルドの像など彼への賛辞が今も多く残っている。ブラック・ライブズ・マター運動のおかげで、この歴史が今になってようやく問い直されている。

１９０８年からのベルギーの統治は、ヨーロッパの軍事化に伴う金属価格の高騰と重なった。第一次大戦の際、大砲の砲弾の材料として、コンゴ産の銅の需要が高まった。第二次世界大戦末期、コンゴ産のウランは、日本の広島に落とされた原爆に使用された。

１９６０年に独立したコンゴが、欧米の勢力圏から抜け出すことができなかったのは、この国の豊かな鉱物資源が理由だ。パトリス・ルムンバ首相がソ連の支援を求め始めたのをきっかけに、ベルギーとアメリカは彼の暗殺を計画し始めた。

その後、40年にわたり政権を握ったモブツは、限られた者の私利私欲のためにコンゴの鉱物資源を搾取し続けたにすぎなかった。ヨーロッパ人に代わって、彼とその取り巻きのネットワークが途方もない富を得る一方、国は貧しくなるばかりだった。

過去20年間、コンゴの鉱物資源による収入は、私や同胞が切実に求めている学校、道路、病院、軍隊などの公共サービスの発展に充てることができたはずだ。実際は、そのほとんどは個人の懐に、あるいは密輸されたコンゴの資源を売って得た雇用、税収、外貨収入を享受している隣国に吸いとられている。

過去10年間、ジョゼフ・カビラ前大統領の政府との不透明な取引によって採掘権を獲得した中国は、自国の富の拡大を狙う新たな大国だ。搾取のパターンは続いている。

外国人投資家がコンゴ国家に税金を支払ったとしても、国民にはほとんど行きわたらない。蔓延する汚職に、カビラが18年間の政権運営のあいだ、いっさい手をつけなかったせいだ。運動団体「グローバル・ウィットネス」は、企業が国家機関に納めた7億5000万ドルの鉱業収入が、2013年から2015年までの2年間足らずで国庫から消えたと推定するが、これは全体のほんの一部だ。

これが、世界有数の豊かな国でありながら、150年にわたる外国の占領、独裁、容赦ない搾取によって疲弊したコンゴの歴史だ。

2014年に私のオフィスを訪れた青年は、この巨大で複雑な全体像のほんの一部分だった。彼の人生は、地元のマイマイ民兵が村を攻撃した瞬間に変わってしまった。誰が司令官に指令を下していたのか、民兵は最終的に誰の利益になっていたのか、彼は語らなかった。誰が自分たちを操っているのか、知る由もなかったのだ。

1時間近く青年の話を聞いていた私は、それ以上耐えられそうになかった。もう帰ってほしいと強く思った。私は会話を締めくくろうとして、まだ若いのだから人生はこれからだと、彼に伝えた。自分の罪を償い、新たな意味を見出すべきだと。

元子ども兵を支援し、カウンセリングや研修を提供しているBVESというチャリティ組織がブカヴにある。私はその名前と電話番号をメモし、連絡をとるよう勧めた。そして、同情と出発を急がせる気持ちが入り混じって、彼の求める100ドルをあげようと言った。

青年が帰ろうと立ち上がり、同じく立った私と向かいあったとき、私はほとんど無意識に最後の質問をした。長年私は、女性の体にあれだけ残酷な損傷を与えることをいとわない人間をイメージしようとしてきた。今、そのひとりが目の前にいる。

「なぜ、あれだけ暴力的にレイプする必要があったのですか？」私は言った。「ずっと理解できなかった。私がここで長年見てきたものは、想像を絶するものです。なぜ身体を切断するのですか？」

彼の答えに、私の血は凍った。

「ヤギやにわとりの首を切るとき、なんの疑問も抱かないでしょう。女もそんなものです。自分たちが望むことをやっただけです」

青年は帰っていった。私はドアを閉め、ひじ掛け椅子に崩れるように座り、聞いたことを頭のなかで再生しながら、その意味を理解しようとした。鼻をつまみ、目をこすった。信じられない思いで頭をふった。

彼のたどたどしく、ときに乱雑な説明からは、許しを求めて私のところに来たとは思えなかったし、他者の命を奪い、あるいは台無しにしたことを反省しているようにも思えなかった。母親には罪悪感を抱いているようだったが、それだけだった。

彼はみじめな境遇の自分を哀れみ、悲しむことに捕らわれていた。求めているのは自分自身の救済で、過去を償うための助言ではなかった。しかし意外なことに、会話をふり返るうちに、私は彼への同情をも感じていたのだ。

銃と権力意識を失った青年は、弱々しく傷つき、見るも哀れだった。明らかに心的外傷後ストレス障害（PTSD）を患っていた。助けを求めなければ、悪夢と困窮の悪循環はひどくなる一方だろう。

私は青年にどんな感情を抱けばよいのだろうか。彼は暴力の加害者であると同時に、被害者でもあった。洗脳され、騙され、殺人鬼となることを強いられた子どもだったのだ。真の罪人は、承知のうえで意図的に彼を操っていた大人たちだ。彼の行動の最終的な責任を負う卑怯者だ。

青年は紛争に巻き込まれ、やがて捨てられた多くのコンゴ人と同じだった。私たちはみな、なんらかの形でトラウマを抱えたサバイバーだ。愛する人を失ったり、人生を狂わされたり、願いを打ち砕かれるという、痛々しい喪失を経験している。

青年の最後の言葉を、私は考え続けた。とても冷酷で、無頓着で、淡々とした語り口だった。女性をレイプすることは、彼にとってヤギやにわとりを絞める程度のことにすぎなかった。自分の負わせた痛みの心配をいっさいしないのは、鶏肉やヤギ肉料理が空腹を満たすように、それが性的・暴力的欲求を満たすものだったからだ。動物と同列に女性を語ることは、彼がいかに女性の命を軽視しているかの表れだった。敬意のかけらもなかった。

その後も青年の言動について考えていた私は、この実に哀れな個人と、すべてのレイプ犯罪者に共通するものがあることに気がついた。彼は極端な例にはちがいないが、その意識は、部下を強姦するスーツ姿のビジネスマン、同級生を襲う酔った学生、妻をレイプする家庭的と評判の夫、女優を脅してベッドへ連れ込むハリウッドのプロデューサーと同類のものだった。どんな状況であれ、どこの国であれ、男性がレイプにおよぶとき、その行為が暴露するのは、自分のニーズと欲望が最優先で、女性は利用され虐待されてもよい劣った存在であるという考えだ。

男性がレイプするのは、女性の命を自らの命ほど重視していないからだ。性的満足を得るために自分の力を悪用してもとがめを受けないとわかると、そこにつけ込むのだ。

権力を乱用しても罪に問われないと男性が考えたとき、何が起きるのか。平和な国で法秩序が崩壊すると、その一端が見える。そうした状況では、性暴力が急増する傾向があるのだ。現在、そうした状況下での女性の脆弱性や、緊急時の対応において女性特有の保護のニーズを考慮した「ジェンダー化」の必要性を指摘する、多くの研究結果がある。2005年にハリケーン・カトリーナに襲われたアメリカのニューオリンズは、その典型的な例となった。

嵐で街が浸水し、無法地帯となるなか、性暴力の規模に関する混乱が生じた。当時のメディアのなかには、大量レイプを誇張して報道し、信用を失ったものもあった。しかしその後、ロヨラ大学の2人の学者が、性犯罪が増加したことを示す広範な証拠を発見し、2007年に研究として発表した。[*10]その多くは戦時中の犯罪に似ている。ある人気ジャズ歌手は、屋根の上で寝ているところを起こされ、ナイフを突きつけられて暴行を受けたと語っている。買い物中に拉致されたり、帰宅途中に捕まった人もいた。被害者が加害者を知らない「ストレンジャー・レイプ（見知らぬ人間によるレイプ）」通報が急増した。平時では、その数は全体の少数だ。

全米性暴力調査センターによる2006年の調査によると、通報のあった暴行事件のうち最大の31％が、市内のスーパードームなどのシェルターや避難所で起こっていた。この調査では47件の証拠が確認されたが、被害者の所在の特定が難しいこと、被害者が名乗り出ようとしないことを考えれば、氷山の一角であろう。

戦争や自然災害時に女性が受ける被害は、平時の密室で女性に加えられる暴力が露骨に表れたものだと、捉えるべきだ。性暴力は世界的な疫病であり、私たちはまだそれにとりくみ始めたばかりだ。数値は国によって異なる。アメリカ疾病予防管理センター（CDC）の委託によるアメリカでの大規模な調査では、女性の5人に1人（21・3％）が、レイプまたはレイプ未遂にあったことがあると回答している。[*11] これはおよそ2600万人に相当し、年間に150万人の女性がレイプやレイプ未遂にあっていることを示している。43・6％の女性が、生涯のうちなんらかの性暴力を経験している。

2017年に発表された調査によると、イギリスでは、16歳以降にレイプまたはレイプ未遂にあったことがあるという女性は3・4％と著しく低い。しかし20％が、不本意な身体的接触や公然わいせつなど、なんらかの性的暴行を受けた経験があると答えている。[*12] この数は、オーストラリアでもほぼ同じだ。[*13] フランスでは、成人女性の7人に1人（14・5％）が、人生で少なくとも一度は性暴力を経験したと回答している。[*14]

＊10 Thornton, William, and Lydia Voigt. "Disaster Rape: Vulnerability of Women to Sexual Assaults During Hurricane Katrina." *Journal of Public Management and Social Policy* 13, no.2 (2007): 23-49.

＊11 Smith, Sharon G., Xinjian Zhang, Kathleen C. Basile, Melissa T. Merrick, Jing Wang, Marcie-jo Kresnow, and Jieru Chen. *The National Intimate Partner and Sexual Violence Survey: 2015 Data Brief – Updated Release*. National Center for Injury Prevention and Control Centers for Disease Control and Prevention Atlanta, Georgia, 2018. https://www.cdc.gov/violenceprevention/pdf/2015data-brief508.pdf

＊12 Crime Survey for England and Wales, 2017.

＊13 "Personal Safety, Australia: Statistics for Family, Domestic, Sexual Violence, Physical Assault, Partner Emotional Abuse, Child Abuse, Sexual Harassment, Stalking and Safety." Canberra: ABS, 2017. https://www.abs.gov.au/statistics/people/crime-and-justice/personal-safety-australia/latest-release

＊14 Debauche, Alice, Amandine Lebugle, Elizabeth Brown, Tania Lejbowicz, Magali Mazuy, Amélie Charruault, Justine Dupuis, Sylvie Cromer, and Christelle Hamel. *Violence and Gender Relations (Virage) Study*. Paris: National Institute of Demographic Studies, 2015. https://www.ined.fr/en/publications/editions/document-t-avail/enquete-virage-premiers-resultats-violences-sexuelles/

2018年の画期的な報告書で、国連薬物犯罪事務所は、自宅は「女性にとって最も危険な場所」だと指摘した。女性や少女への性的虐待の圧倒的多数は、コンゴの森でもISISの奴隷市場でもなく、プライベートな領域で起こっているのだ。

世界保健機関による2013年の調査によると、世界では、交際経験のある女性のほぼ3分の1(30%)が、親密な関係にあるパートナーから身体的および/または性的な暴力を経験している。[*15]

加害者が責任を問われない性暴力は、許容されるようになる。そして、ある行為がいったん許容されれば、その行為は文化の一部を形成することになる。コンゴで極度に暴力的なレイプが広がり定着したのは、それが女性を扱う方法として常態化したからだ。しかし、性暴力はほぼすべての社会で、特に軍隊、大学、刑務所、あるいはハリウッドなどの機関の内部で常態化している。

アメリカ国防総省は2年ごとに、10万人を対象にした調査に基づく、軍隊内での性的暴行に関する研究結果を発表している。[*16] このとりくみは称賛に値する。問題を認めることで進展は図られるということを実証している。

米軍は、性暴力を根絶するため、他国の軍隊よりもはるかに透明性が高く体系的なとりくみをおこなっている。過去10年間、新兵の意識を高めるため何億ドルも費やしてきた。とはいえ、最新の数字は驚くべきもので、世界各国の軍隊におけるレイプの発生率や、根絶に向けた課題の大きさをうかがわせるものだ。

２０１８年の調査では、16人に1人の女性兵士が、過去1年以内に痴漢や強姦などの性的暴行を受けたと回答している。上官に報告された事例はそのわずか3分の1だった。米海兵隊では、調査を受けた女性の10人に1人が暴行を受けたと回答しており、陸軍と空軍の2倍となっている。最年少で最下位の女性が最も被害を受けやすく、加害者のほとんどは、経験豊富な上級士官ではなく、同僚であることもわかった。

大学キャンパスでも、衝撃的に高い頻度で性的虐待が起きていることがわかっている。調査によると、アメリカでは平均して、学部生の５人に１人から４人に１人が、なんらかの望まない性的接触を経験している。

アメリカ大学協会が２０１５年に発表した調査は、27の大学の15万人の学生を対象にしたもので、この種の調査としては最大規模だ。それによると、大学４年生の女性の27・２％が、痴漢から挿入までなんらかの望まない性的接触を、無理やり、あるいはアルコールや薬物によって抵抗できない状態で受けたと回答している。被害者のほぼ半数は、強制挿入または強制挿入未遂を受けたと回答

*15 World Health Organization Department of Reproductive Health and Research, London School of Hygiene and Tropical Medicine, and South African Medical Research Council. *Global and Regional Estimates of Violence Against Women: Prevalence and Health Effects of Intimate Partner Violence and Non-Partner Sexual Violence*. Geneva: World Health Organization, 2013.
https://www.who.int/publications/i/item/9789241564625

*16 「Report on Sexual Assault in the Military」は2006年から続いている。
https://www.sapr.mil/reports
https://www.sapr.mil/sites/default/files/public/docs/reports/MSA/DOD_Annual_Report_on_Sexual_Harassment_and_Violence_at_MSAs_APY19-20.pdf

した。[*17]

アイビーリーグの大学機関では、この割合はさらに高い。暴行を受けたと回答したのは、イェール大学では34・6％、ミシガン大学で34・3％、ハーバード大学では29・2％となった。クィア、ゲイ、レズビアン、トランスジェンダーの人々が最も多く被害を受けていることも判明した。

刑務所と並び、大学や軍隊での記録されている性暴力の発生件数の高さは、メディアも注目せざるをえず、調査や、ジェンダー関係や性行動の文化を変えるための行動へと突き動かしている。しかし、企業から団体、議会まで、すべての組織には行動を起こす責任がある。性暴力と闘わないのは、それを黙認していることと同じだ。

性暴力との闘いは、男性による女性の見方を変えて、女性を二級市民、物や財産といった扱いから対等な存在にすることをめざさなければならない。そして、コンゴのような紛争国であれ、災害地であれ、大学キャンパスであれ、寝室であれ、犯した犯罪には罪を科す政策によって後押しされなければならない。この闘いをリードするための私の考えは、後の章で詳しく説明する。

2014年に私のオフィスを訪れた元子ども兵に、その後会うことはなかった。渡したお金を賢明に使ったのか、油の販売を始めて新たな人生を切り開いたのか、私は知らない。精神面の助けを求めたどうかもわからないが、おそらくなかっただろう。私が勧めた団体を訪れたことはなかった。

彼の告白を警察に通報すべきだったのではと思われるかもしれないが、それにはなんの意味もないと断言できる。彼のように、ブカヴの街を徘徊する元兵士は何千人といる。給料が無いに等しい治安部隊は、彼らの犯罪を捜査する資源も動機もない。

ＢＶＥＳのような少数の支援組織を除けば、彼らは自分でなんとかしなければならない。最近ある援助プログラムが、乗客を運んで生計を立てられるようにと、復員した兵士にバイクを提供した。結果は、束の間の興奮を求める若者たちが無謀なスピードで走行するという、路上での攻撃的なふるまいが増えただけだった。

元戦闘員は、コンゴでの数十年にわたる暴力の遺産の一部だ。たとえ戦闘が今日終わったとしても、治療を受けていない彼らの精神問題は、数世代にわたって私たちとともにあるだろう。

青年は違った人生を送ることもできたのではないだろうか。彼の選択に避けられなかったものはなかった。私の患者たちは彼が犯したような犯罪のために汚名や屈辱を背負わされたのに、なぜ彼は、自分の行為を臆することもなく、反省もしなかったのだろうか。彼を利用した男たちとともに、彼の破壊的な衝動は止められなかったのだろうか。少年時代に違った教育を受けていたら、銃の魅惑や民兵のレイプ文化に抵抗できたのではないだろうか。そうした疑問を、私は延々と頭のなかでくり返した。その答えは、コンゴだけでなく世界にもかかわるものだ。

*17 Pérez-Peña, Richard. "1 in 4 Women Experience Sex Assault on Campus." *New York Times*. September 21, 2015. https://www.nytimes.com/2015/09/22/us/a-third-of-college-women-experience-unwanted-sexual-contact-study-finds.html

6
声を上げる

性暴力と闘うための最初の、そして最も重要なステップは、声を上げることだ。自分の役割をあらためて考えるきっかけを与えてくれた、ある12歳の少女のことを話そう。コンゴの戦争を終結させるはずだった和平合意が、当時の懸念通り、効果がないことが判明してから3年後の、2006年のことだった。その年、1851人のサバイバーが私たちのレイプ専門診療所に治療を求めた。多くは夜間に自宅で襲われ、半数以上が集団レイプされた。*1

そのころ、ふらふらになって帰宅する日も多かった私は、診察と手術に追われ、病院の財政に悩まされ、終わりのない患者の来院に絶望感でいっぱいだった。

病院の身体的・精神的治療体制は大きく改善していたが、より専門的なケアや社会復帰プログラム、職業訓練を含めた現在のホリスティック（総合的）な治療プログラムを提供するようになるのは、何年も後のことだった。シティ・オブ・ジョイやVの支援もまだ始まっていなかった。

レイプ危機の被害を受けた患者を日々治療するだけでなく、その根本的な原因にとりくもうと、私たちは病院外での活動を開始した。そのひとつが、地元の軍事裁判所へのアウトリーチ活動だ。私たちは、レイプで訴えられたコンゴ兵の軍法会議を指揮する陸軍判事と会うようになった。私たちが注目していたのは、ミクサージュとブラサージュの軍統合政策によって国軍の兵士として統合された元反政府勢力戦闘員が関与する事件の急増だった。

軍法会議にかけられる加害者はごく少数で、しかも司令官や幹部ではなく常に下級兵士だった。私たちは、軍の司法関係者との会合を、病院の活動を説明する機会ととらえた。病院の資料や医療報告書は裁判で使用されることも多く、病院の医師が証人として呼ばれることもあった。しかし、私たちの活動はまだ広く誤解されていた。

その年の3月、首都キンシャサの軍事裁判所の主任監察医が、私たちの病院を訪問した。ジープで到着したその将官は私のオフィスに案内され、私は入口で彼に挨拶した。

私は彼の大きさに圧倒された。その巨大なシルエットはドアの枠を埋め尽くしていた。身長は180センチを優に超えていただろう。片手を差し出して私の手をがっちり握ると、太い二の腕を覆う制服の生地が引きつれた。襟元には光るメダルが数々下がっていた。

椅子に座ると私はまず、私たちの活動への関心に感謝を表明した。そして病院の概要を伝え、パンジに入院する女性はコンゴ東部全域に広がる問題の最も深刻なケースであり、氷山の一角にすぎないことを説明した。彼はうなずきながら聞いていた。

私は軍事裁判所と病院との活動に触れ、医療報告書の作成の仕方を概説した。病院のスタッフは、

＊1　Bartels, Susan, Jennifer Scott, Denis Mukwege, Robert Lipton, Michael VanRooyen, and Jennifer Leaning. "Patterns of Sexual Violence in Eastern Democratic Republic of Congo: Reports from Survivors Presenting to Panzi Hospital." *Conflict and Health* 4, no.1 (May 2010): 9–18.
https://conflictandhealth.biomedcentral.com/articles/10.1186/1752-1505-4-9

診察した外傷に関する法廷用の記録の取り方や写真の撮り方の訓練を受けていた。報告書には被害者の証言も含まれ、それが裁判の証拠として提出されることもある。病院スタッフは医師として、患者の傷が暴行によるものかどうか判断する。

病院の医師のひとりが、専門家証人として公判中に出廷することができなかったため、判事によって投獄させられた不幸な出来事を、私は紹介した。その医師は、医療緊急事態に対応していると事前に連絡をしたが、判事はまったく意に介さなかった。彼女の釈放のため、私たちは保釈金を支払わなければならなかった。

彼はさらにうなずいた。儀礼的に耳を傾けていたが、あまり時間を割きたくないと感じていることが、表情からうかがえた。私は院内をまわろうと提案し、もし有意義だと思うなら患者に会ってはどうかと誘った。彼は承諾した。

軍幹部としての自信に満ちた足取りで、彼は病院内を移動した。ふり返って彼を見る患者やその家族の前を、知らん顔で通りすぎた。軍服の男性を見ると、ほとんどのコンゴ人は直感的に緊張する。

性暴力サバイバーのための棟に、私たちは到着した。女性と少女専用の病棟や共有スペース、専用の手術室を備えている。側面が開いている交流の場である大きな格納庫には、50人ほどの女性が集まっていた。木製の長テーブルに座り、訪問者に好奇心を示しながらも不安げな様子だった。

最初に私が来客を紹介し、彼がなぜパンジ病院に来たのかを説明した。それから質問はないか、あるいは聞いてほしいと思う自分の体験を語ってもらえないかと、女性たちに勧めた。何人かが応えてくれた。

腕を組んで両足を開いて立ち、礼儀正しく聞いている来客の表情は固かった。女性たちは順番に、自身の受けた暴行を短く語った。それぞれが悲惨で、痛々しい体験だった。そして、幼い少女が立ち上がって話し始めた。

初めて会ったその少女は、ウィッラという名で年齢は12歳だった。出身はシャブンダだと言う。資源が豊かな孤立した地域で、そこから病院にやってくる被害者は後を絶たない。華奢な体つきで、髪は短く切っていた。

「畑に母といたときに、突然あちこちで銃撃が始まりました」。あどけなさの残る声で、はっきりと率直に、少女は語り始めた。年齢を感じさせない自信あふれる姿が印象的だった。いったん止まって一息つき、1、2秒考えて、さらに続けた。話し進めるほど、声の力は増していった。

「人々が四方八方に走り出して、私は母のあとを追いかけました。母は村に向かって走っていました。何もかもが混乱していて」。彼女は言った。

「追いつこうとしたけど、私は母のように早く走れませんでした。突然、誰かに腰に手をまわされて転んで。次の瞬間、私は地面に倒れて、大きな重みを感じました。男の人でした。動けなくて、その人は私よりずっと大きな人でした」

他の兵士たちも走って現れたという。彼らはルワンダのフツ過激派の民兵組織FDLRで、機関銃を背中にぶら下げていた。少女は転んだ畑から茂みのなかへ引きずり込まれた。

少女は肺が破裂するかと思うほど、力の限り叫んだ。人々があらゆる方向に走り、銃声や悲鳴が聞こえた。少女に気づく者はいなかった。あるいは気づいても、助けに来ようとしなかった。

「私は、それまで男の人にそんなことをされたことがありませんでした」。少女は言った。「何度も何度も叫びました。すごく痛かった。どうか見逃してほしいと、一生懸命お願いしました」

室内は完全に静まり返った。

私は将官の隣に並んで少女の話を聞いていたが、レンガの壁に小さな亀裂が入ったかのように、彼の自信に満ちた表情が急に揺らいだのに気づいた。ちらっと横を見ると、顎の筋肉がこわばっていた。額には汗がにじみ、目は潤んでいた。「こんな少女に、誰がそんなことを……」。つぶやきが聞こえ、頭が小さく揺れた。「どうしてそんなことができるのだ？」

ウィッツラは話し続けた。聞きながら床を見つめる女性もいれば、目に涙を浮かべ、どうか続けて、と願うように、同情と賞賛の眼差しを少女に送る女性もいた。

何人にレイプされたかはわからない。最後の男が性器を刺した。彼女はナイフだと言ったが、銃剣の可能性もある。私が何十回と見ている傷だ。

「その後のことは覚えていません。その場に倒れていました。死んでしまうと思い、この苦しみと痛みを終わらせてほしいと神様にお願いしました。でも銃撃が終わると、人々が村に戻ってきて、畑で血まみれの私を見つけました。私はすでに気を失っていて、ここに運ばれました」

このとき、将官の頬に涙が見えた。何人かの女性も泣き出していた。少女が話を終えるころ、痛ましい体験の断片が、静まり返った部屋にこだまするようだった。近くで稼働する発電機の音が、低くうなっていた。

将官はそれ以上耐えられなかった。彼は嗚咽し始めた。みなの視線が少女から彼に向けられた。

次の瞬間、彼の膝が崩れた。

気を失った将官は、あお向けに激しく倒れた。

あっという間の出来事で何もできず、彼の脇をつかむ余裕すらなかった。悲鳴が上がり、静寂が混乱に変わった。

私は急いで、彼を回復体位にした。同僚が酸素マスクをとりに走った。女性たちが彼を囲み、恐怖に固まった不安げな表情で、横たわる姿を見下ろしていた。何人かが彼を扇《あお》ぎ始めた。

数分後、彼は意識をとり戻した。支えられながら立ち上がり、弱々しい足取りで、近くの医務室まで歩いて行った。私たちは脈を確認し、点滴を打った。倒れたことに関係するような疾患はあるかと尋ねた。

「ない」。彼は断言した。「つらかった、本当につらかった」。彼は言った。「子どもにあんなことができる者がいるとは、思いもしなかった」

体調が回復すると、私は運転手が待つジープまで将官に付き添った。彼はきまりが悪そうに、この日の受け入れと私たちの活動に礼を言って、ジープのドアを閉めた。

なぜ彼があんな反応をしたのか、十分にはわからない。軍人として、私たちの地域の残虐行為は認識していたはずだ。単に目を背け、報道は誇張されているとか、反体制派の人間がでっち上げたものなどという、政府や軍隊のプロパガンダを信じていたのだろうか。

自分が封印していたトラウマ的な出来事の記憶がよみがえったのだろうか。少女の話を聞いて、自身の子どものことを考えたのだろうか。おそらく、自分の所属する軍隊組織が安全を提供できなかったことに、圧倒的な敗北感を感じたのだろう。あるいは、大人である私たちが子どもを守ることができなかったという、もっと大きな問題かもしれない。

推測することしかできないが、これまでで最も忘れられない訪問となったこの経験は、私個人の探求の旅の大きな節目となった。軍事司法制度に対する私たちの活動が、影響力を持っていることを意味するものだった。この男性はきっとこの経験で変わり、被害者をもっと信じるようになり、医療報告書を重要な証拠として扱うようになるだろうと、私は確信した。

また、患者の自信回復を支援し、声を上げ告発するよう励ます私たちの活動の正しさも実証した。病院の環境が支えとなり、ウィツラは自分の苦しみを存分に表現することができた。彼女をはじめ、常に最も積極的に発言するシャブンダの女性たちは、羞恥心を乗り越えようと葛藤する他の女性たちの励ましとなった。

何よりも、私を含めその部屋にいた全員が、言葉の力を目の当たりにした。それはゴリアテに立ち向かうダビデのようだった。ウィツラは、人里離れた農村出身の貧しい「被害者」という立場など顧みず、証言の力によってその巨大な人物を倒れさせた。彼女に恥の意識がなかったのは――恥じる必要などあるだろうか？――社会がまだ彼女に「名誉」というお粗末な考えを植えつけていなかったからだ。

その後もさまざまな場面でその力に遭遇することになるのだが、当時の私には、女性の持つ特殊な力を目撃したように感じられた。女性は、力強さと無敵さを売りにした男性の脆い外見を切り裂く力を持っている。威圧感を与えようとするマッチョな仮面にも、穴があくのだ。真の内なる強さにかなうものではない。

将官とのこの経験から、私は自分自身に対する考え方に疑問を持つようになった。自分は何よりもまず医師であると、私は考えていた。自分の居場所は常に白衣と手術着とともにあり、ほぼすべての時間を病院ですごしていた。しかし、その恐れを知らない少女の発言が刺激となった。もっとやれと言われたようだった。

私は機会をとらえては、コンゴの危機への注意を喚起しようと努めてきた。ブカヴでジャーナリストから問い合わせを受ければ、いつでも対応した。地元の国連職員には、現地の状況を説明した。ヒューマン・ライツ・ウォッチの研究員が、コンゴの過激な性暴力に関する初の主要な国際的な報告書「The War Within the War」(「戦争内の戦争」)を２００２年に作成した際も支援した。また重要な公務として、患者や外傷に関する詳細なデータを匿名化してまとめた。

しかし私は、医師としてだけではなく、患者の大使として活動する必要があるという結論に至った。病院長という立場を利用して、患者の体験をできる限り遠くへ伝えるのだ。将官が病院で気を失ったのと同じ年の２００６年、別の有力な訪問者が、私にその機会を与えてくれた。

当時、人道問題担当国連事務次長だったヤン・エグランドが、コンゴ東部への訪問を計画し、準備のための協力を要請してきた。私たちの活動に関心を示した国連高官のなかで最高位だった。

暴力による甚大な被害を受けた村と病院の両方で、私たちはヤン・エグランドがサバイバーと直接話す一連の行事開催に協力した。将官との経験から、サバイバーとの会合は一対一か、小グループで持つのが安全だと考えた。相当な労力を必要としたが、私たちは認識を広めるめったにない機会としてとりくんだ。コンゴの苦しみを終わらせることができる有力者への仲介役となってくれるのではという期待から、数百人の女性たちがヤンに話をしたいと申し出てくれた。

訪問も終わりに近づいたころ、私のオフィスでおこなったある女性との会合に、ヤンは深い感銘を受けることとなった。家族の夕食を準備するための薪を探しに森へ入っていったと、その女性はヤンに語った。夫と子どもたちが帰りを待っていたが、彼女は戻ってこなかった。多くの証言に共通する悲痛な始まりだった。

女性は、ルワンダ出身の民兵およそ30人に捕まり、連れ去られた。彼らは女性を軍キャンプに連れて行き、2本の木に縄で、手足を開いた状態で縛りつけた。きつく縛られた縄が血流を遮断し、手足の神経を切断した。

やっと夫と子どもたちのもとに戻ったときには、歩けない状態だった。二度と歩けなくなってしまったその女性は、車椅子に座り、体験をヤンに語った。

その影響は、一目瞭然だった。私はすでにかなりの時間をヤンとすごしており、彼のエネルギー、献身、思いやりに好感を持っていた。彼女が帰り、私たちは再びふたりきりになったが、彼は困惑していた。倒れ込むように、茶色いソファに腰を下ろした。

ほほを膨らませ、ため息を漏らした。しばらく目を閉じ、手で顎をこすった。彼が天然の輝きの持ち主であることはコンゴ到着後に明らかだったが、その魅力を一時的に失っていた。

「30日間も、そんな状態で……」。手足を広げながら、信じられない様子で彼は言った。「なんてことだ……そんなことが、いまだに起きているなんて」

嫌悪、理解不能な感覚、怒りといった感情を表現できずに言葉に窮する、彼のような人々の反応を、私は長年見てきた。これが、コンゴ東部での私たちの日常なのだ。

パンジ病院のサバイバーたちの回復力、自分の体験を伝えようとする情熱、争いを終わらせてほしいという願望は、ヤンに消えない跡を残した。ニューヨークに戻った彼は、車椅子の女性との出会いを記者会見で語った。

サバイバーたちの話に深い感銘を受け、コンゴ人女性の状況が国際的な優先事項でないことに憤慨したヤンは、ニューヨークに来て国連で演説してはどうかと、私に提案した。

その招待は、まさに青天の霹靂だった。物事の展開が早すぎて不安になるような、人生が加速度的に動き出した瞬間だった。もしその年の初めに、年末には国連で演説することになるだろうと誰かに言われていても、私はまったく信じなかっただろう。

しかし数か月後の9月、私はニューヨークへ向かった。ヤンに体験を語った女性たちの代理として、発言する機会が与えられたのだ。身に余る役割であり、不安もあった。あの少女が将官に向けて発した言葉の力のわずかでも表現できれば、各国政府代表に強い印象を与え、残虐行為を終わらせるよう迫ることができると確信していた。

2000年以降、国連はコンゴでの平和維持活動を活発化させ、徐々に拡大させていた。当初MONUC（国連コンゴ民主共和国ミッション）と呼ばれていたこの組織はその後、国連の委任を受け活動する最大の部隊となった。しかし総じて言えば、世界のほとんどの指導者が関心を示さないもとで、戦闘と拷問は続いていた。

国際的な大手メディアの特派員が時折やってきては1週間ほど取材するが、明らかに不可解な殺戮が続く遠い戦場からのニュースに、関心は薄かった。どの大国も、コンゴで自国の利益が脅かされるとは考えていなかった。ルワンダは、特にアメリカとイギリスから強力な財政・外交支援を受け続けていた。コンゴの紛争終結を外交上の優先事項とする有力指導者はいなかった。

演説の数日前にニューヨークに到着した私は、まず国連コンゴ政府代表部に連絡をとった。助言と援助を期待してのことだった。母国の苦難を終わらせるための解決策を求めている仲間だと、今にして思えば無邪気にも考えていたのだ。私はブカヴで演説を準備し、飛行機のなかで微調整していた。まず大使に提出するつもりだった。

その年、コンゴでは41年ぶりに民主的な大統領選挙が実施された。欧州連合などから資金援助を受け、予想に反して、数百万人が生まれて初めて一票を投じた。刺激的で感動的な出来事だった。

彼は、父親のローラン＝デジレが暗殺された２００1年に権力を掌握した。選挙戦では、戦闘終結を目的とした２００2年の「包括的和平合意（プレトリア協定）」の調印者としての実績を中心に訴えた。民兵とルワンダが戦闘を続ける東部では暴力が続発していたが、南・北キヴ州の人々は彼を平和と安定のための最良の希望であると考え、圧倒的に支持した。

投票の結果、当時35歳だったジョゼフ・カビラが当選した。

ジョゼフの支持者に加わらなかった私は、同僚の多くと対立することになった。和平努力が本物か確信できなかったし、彼にビジョンがないことも心配だったのだ。腐敗、栄養失調、インフラの欠如など、国が抱える他の問題にとりくむための真の計画があるようにも思えなかった。私は自分の考えがまちがっていて、初の民主的信任を得た彼が効果的な指導者であると証明されることを望む、とみなに言った。

そんな疑いを持ってはいたが、ニューヨークに到着した私は、コンゴ市民の生活を改善し戦闘を終結するための、カビラ政府のあらゆる努力を支援するつもりだった。レイプ危機を認め、それを終わらせるために国際社会の資源と影響力を駆使することは、私たちの共通の関心事だと信じていたのだ。私はコンゴ大使館に電話をかけ、大使と話ができないか尋ねた。

最初、大使は出張中だと言われた。電話をかけ直すと面談を設定されたが、その場に大使は現れなかった。

次の日、私はホテルからタクシーで、東42丁目にある国連本部に向かった。紛争地での性暴力に関するセッションで演説することになっていた。コフィ・アナン国連事務総長が議長を務め、ヨルダンのハヤ・ビント・アル゠フセイン王女とヤン・エグランドが出席予定だった。

席に着く前、私はコフィ・アナンと少し話をした。コンゴ特使には会ったかと聞かれたので、「いいえ」と答えた。「会えていないのです」。彼は困惑したようだった。

大講堂に入っていくと、緊張で鼓動が速まった。ブカヴの教会をはじめ、それまで何度も人前で話してきたが、世界の外交官を前にしての演説はまったく次元が違う。私は深呼吸をして、スーツの上着を軽く叩き、演説原稿と眼鏡が内ポケットにあることをいま一度確認した。

国連の193の加盟国が招待されていた。私は壇上の席に座ると、目の前の巨大な半円に並ぶ彼らを見わたした。各国の机の前列に大使が、その後方には顧問が座っていた。

私は国名のプレートを見ながら、頭のなかで国を確認した。オーストラリア、中国、フランス、ドイツ、アメリカ、イギリス……それぞれの代表団の席は埋まっていた。彼らはヘッドホンをして無表情に座り、国連の6つの公用語に訳される演説を待っていた。

コンゴの机を探して、私はそわそわと会場を見まわした。見つけたとき、電撃が走ったように失望した。机は空っぽだった。大使も顧問もいなかった。

演説をするあいだ、顔を上げて聴衆に目を向けるたび、私の視線はまぶしい光に引き寄せられるように、その場所に戻っていった。目も眩《くら》むほどの空虚だった。その席は最後まで空のままだった。なぜ大使が電話をかけ直さず、面会にも現れなかったのか、突然納得できた。

すでに述べた通り、パンジ病院は開業当初から、公的資金の欠如、腐敗、恐喝など、行政上の問題に悩まされていた。私はこのとき初めて、カビラ新政権は自分をどう見ているのかを悟った。私はボイコットされたのだ。最も重大なのは、病院の患者がボイコットされたということだ。私は患者の特使としてニューヨークにやってきた。コンゴの女性を代弁し、彼女たちの苦境に注目を集めることは歓迎されないのだと、空っぽの席がはっきり示していた。

さらに悪いことに、演説後に声をかけてきたスーダン大使は、スーダン政府が支援する民兵組織ジャンジャウィードによるダルフールでの大量レイプに私が触れたことに異議を唱えた。

「どうして断言できるのですか?」大使は憤慨して言った。「証拠はあるのですか?」私は、国連やスーダンで活動する人権団体による多数の報告書を彼に示した。

この経験はある意味、ためになるものだった。女性であること、そして性暴力のサバイバーであることがどれほど困難なのか、より明確に理解を深めていく旅の途上にいる、と私はことあるごとに感じてきた。「はじめに」でも触れた通りだ。

勇気をふり絞って加害者を糾弾する女性がどんな扱いを受けるのか、私は国連での経験から学んだ。恥やスキャンダルを招かないよう、黙っていろと言われるのだ。ここ数十年で進歩が見られる国もあるが、声を上げる人々を覆い隠し、無視し、疑い、萎縮させようとする衝動は、悲しくなるほど日常的で、深く根づいている。

ハラスメント、レイプ、近親相姦など、あらゆる形態の性暴力についての沈黙を破ることは、この問題にとりくむうえで欠かせない最初のステップだ。3章で述べたように、パンジ病院が初期に受け入れた患者の多くは、ありそうもない話をつくって外傷を説明しようとした。暴行を受けたことを自分のせいにした。黙って苦しむか、汚名や嘲笑を浴びることを強いる、社会的圧力に苦しめられていた。

このタブーを打ち砕くことは、いくつかの理由で不可欠だ。第一に、性暴力は沈黙のなかではびこる。黙っていることで、男性が虐待を続けても罰せられない環境がつくられる。沈黙は男性にとって都合がよいのだ。問題が隠蔽される限り、破壊的な行動パターンは継続する。

第二に、自己検閲は、女性が互いの力を引き出すことを阻むものだ。コンゴで私たちは、体験の共有を奨励するグループセラピーを非常に重視している。シティ・オブ・ジョイでは、4章で紹介した、人の心を鼓舞できるジャンヌがこのプロセスを助けている。

共有することで、サバイバーは自分ひとりが苦しんでいるのではなく、他者も同じ痛み、拒絶、罪悪感と闘っていることに気がつく。ジャンヌのような手本となる人物は、未来には望みも可能性もあることを証明している。

第三に、声を上げることは、すべての人、特に男性にとっての教育となる。それによって初めて、公共政策を変え、少年への教育を改め、深い心理的苦痛を残す性的虐待の被害を男性に理解させるためのプロセスを開始することができる。

誤解のないように言うと、私は、体験を共有しないという女性の決断も理解し、尊重している。パンジでは、グループセラピーへの参加を義務づけることも、迫ることもない。すべての人に適した方法というわけではないからだ。自分のなかで対処しようと思わせる理由はいくつもある。誰も、加害者を非難しないと決めたことに罪悪感を感じて、さらなる苦痛を味わうべきではない。

しかし、必要とされる社会的・文化的変化は、集団的努力によってのみつくり出せることも事実だ。そのためには、性暴力を経験していない人々も、こうした残虐さに対して非難の声を上げる必要がある。私たちは全員このシステムの一部であり、それを正すための重要な役割を担っている。だからこそ、２０１７年の#MeToo運動は重大な転機となった。多くの女性が初めて公の場で発言するようになったその進展を、私はブカヴで歓喜とともに見守った。

性暴力にとりくむ活動家たちは、レイプなど虐待の蔓延についてのよりオープンな議論を求めて、何十年も活動してきた。２００６年にニューヨークでVと出会ってから、私は彼女とともに「ブレイキング・ザ・サイレンス」運動を支援し、また性的虐待の周知のために著名人を起用した２０１０年の国連キャンペーン「ストップ・レイプ・ナウ」を支援した。

これまでのあらゆる運動が、その土台を築いてきた。レイプなど女性に対する暴力を非難する「テイク・バック・ザ・ナイト」運動は、1970年代にアメリカで始まった。もう少し新しい運動では、2005年にニューヨークで立ち上げられた「ホラバック！」、さらに最近では、2014年にバラク・オバマとジョー・バイデン政権が始めた「イッツ・オン・アス」などがある。2018年の「タイムズ・アップ」運動はこのとりくみに基づくものだ。世界中のフェミニスト団体による多くの国内キャンペーンが、それぞれ力を尽くしてきた。

しかし、タブーを壊そうとするそれまでの運動よりも、はるかに多くの女性たちに手を差し伸べたのが、#MeToo運動だった。ソーシャルメディアの効果も大きかったが、有名人たちが、女性への暴力を批判する用意されたメッセージを読み上げるのではなく、私的な体験を共有したことが運動を過熱させた。

これほど多くの性的虐待の被害者が同時に声を上げることは、かつてなかった。新たに声を上げる被害者に目を開かれるたび、自分も体験を言葉にしてみようと他の被害者が勇気づけられる様子は、まるで世界的なグループセラピーのようだった。その過程で、多くの男性が、会社で、職場で、路上で、寝室での攻撃的な性行為の蔓延に気づいた。

ソーシャルメディアには投稿する気になれない女性も多かったが、告発が噴出したことは、プライベートな空間での重要な会話を引き出した。妻同士、女友だち同士で、それまで明かしてこなかった体験を共有した。Vが指摘したように、男性が謝罪し、過去の悪行の償いを約束することにはつながらなかった。しかし多くの人が、自身の良心を問い直した。

とはいえ、かつての衝動が再発するのに長くはかからなかった。２００６年に#MeToo運動を構想し始めたタラナ・バークは、この運動は実際に分岐点となったのかという疑問を公然と口にした。彼女の懸念のひとつは、人種的マイノリティの女性が、この運動が自分たちを代弁していると感じていないことだった。当初、ハーヴェイ・ワインスタインのような影響力のある白人虐待者に対するハリウッド女優の告発に、報道が集中したためだ。また、反動も大きかった。

反撃がいつ始まるかと思っていたが、反対派はすぐに、さまざまな偽りの議論を展開した。どれも目的は同じで、親戚の集まりで伏せられる家族の恥のように、性的虐待というテーマにふたをし、かつてのように素知らぬふりをすることだった。

それらは2つの主張のどちらかに基づいていた。性的虐待が誇張されており、ここまで注目するに値しない、あるいは、告発が深刻すぎて、自らを防護できない男性に対してずけずけと言い立てるべきではないというものだ。

男性はみな捕食者のように描かれ不当に中傷されていると、一部の批評家は主張した。女性は誇張しているか、単につくり話をしていると言う者もいた。性的暴行を執念深くでっち上げるのが女性だという、決まり文句のくり返しだった。途上国の保守派や一部の政治家は、豊かなブルジョア社会、あるいは退廃したリベラルな西洋の性的堕落の表れとして、運動を否定した。

最も悪名高い反撃のひとつは、恵まれた有名なフランス人女性たちによるものだった。女優カトリーヌ・ドヌーヴは、#MeTooは誘惑のゲームを台無しにしかねないと主張した。セクハラはデートのプロセスには必須で、起こっても気にするほどのことではない、と言いたいのだろう。女性を守れという議論は「女性を永遠の被害者として、男性優位主義的な悪魔に翻弄されるかわいそうな存在として閉じ込めるため」に利用されていると、その女性たちは書いている。

反対派によるこうしたメッセージはすべて、国連コンゴ代表団の空っぽの席が私に訴えたものと同じで、「黙っていたほうがいい」というものだ。沈黙を拒んだ性暴力の被害者や活動家が脅迫にさらされることはしょっちゅうある。

2019年、私はノルウェーでの会議に参加した。首都オスロのホテルに、女性団体や援助機関の代表、各国の関係者など数百人が集まった。スピーカーのひとりは、私たちがかかわっているサバイバーのための国際プラットフォームにも加わっているウクライナ人女性のイリーナ・ドヴガンだった。

ロシアが支援し武器を提供する分離派が2014年から支配するウクライナ東部で、女性へのレイプや虐待が蔓延していることを、イリーナは聴衆に語った。初めて人前で話したときは自信がなさそうに見えたが、オスロでは堂々と能弁な語り口だった。

当時52歳だったイリーナは、美容院を経営していた故郷のヤシノヴァタヤで分離派に拘束された。反政府勢力から支配権を奪還しようと地域を砲撃していたウクライナ軍のスパイである、と濡れ衣を着せられたのだ。

彼女は尋問中に殴られ、拷問され、集団レイプの脅しを受けた。その後、何時間も街灯柱に縛りつけられ、そそのかされた通行人に侮辱され暴行された。国連ウクライナ人権監視団による2017年の調査では、政府と反政府勢力が運営する拘置所での性的虐待の相当な数の証拠が見つかっている。

オスロでの会議の後、ビュッフェ形式の昼食に集まった参加者は、互いの自己紹介など雑談をしていた。イリーナは、ロシアの外交官だという男性に声をかけられた。まわりの人々はおしゃべりに余念がなく、彼と向かい合ったイリーナはひとりきりだった。

「あなたの演説を興味深く聞きました」。彼は切り出した。「あなたの言うことが真実だと、果たして確信できるでしょうか」

イリーナは驚いた。「私自身が実際に体験したことです」と返した。「私がつくり話をしにやって来たとでもいうのですか?」

「私たちロシア人とあなた方ウクライナ人は同じ民族だということをお忘れなく」。彼の声は威圧的になっていった。「人前であのような発言をすることは恥だとわかっていますか?」彼は最後に、ロシアを中傷するのは止めるべきだと告げた。

その後イリーナは私のところに来て、起こったことを話した。明らかな脅しを受けた彼女の体は震えていた。こうしたイベントに参加し、人前で発言するには勇気が必要だ。彼女の覚悟が試されていた。

ウクライナ東部での問題の深刻さについての認識を高めようと、イリーナは会議への参加を続け、自身の体験を力強く語っている。しかし、家族や仲間、サバイバーの国際的ネットワークなどの支援がなければ、活動を断念しようと考えていたかもしれない。

沈黙を破ろうと決心する際だけでなく、その後も数か月、数年にわたって継続的な支援を得ることは、女性にとってきわめて重要だ。イリーナよりもっとあからさまな脅迫を受ける例もあるが、目的は常に同じで、被害者を沈黙させることにある。

ハーヴェイ・ワインスタインによる虐待を受けた複数の女性は、法廷で証言した。ワインスタインは映画業界での影響力と権力をふりかざし、訴えようとすれば、「業界にいられなくなるぞ」あるいは「二度と働けないぞ」などと、恐ろしい脅迫をおこなった。

そうした脅迫が効かないとわかると、ワインスタインをはじめとした権力者や組織は、弁護士を使って被害者に沈黙を強いていたことにも、報道を通じて注目が集まった。性的不正行為の和解の一環として交わされることの多い秘密保持契約(NDA)は、被害者が体験を他者と共有することを禁じ、加害者が罰を受けずに虐待を続けることを可能にしている。

オリンピック金メダリストの体操選手マッケイラ・マロニーは、エリートのスポーツドクターであるラリー・ナサールに虐待を受けたと訴えたところ、アメリカ体操連盟からNDAへの署名を迫られたことが明らかになった。アメリカのエリート体操界における虐待の疑惑隠蔽の文化は、被害者を黙らせ、ナサールによる虐待継続を許した。数十年にもわたる小児性愛の末、彼は2018年に逮捕され終身刑に処された。150人以上の被害者が名乗り出て、法廷で証言した。

#MeToo運動が盛り上がってから、雇用主が雇用条件として、あるいはハラスメントや性的虐待の和解として、従業員にNDAに署名させることを制限、または禁止する法律が、アメリカの10以上の州で成立している。そのひとつ、ニュージャージー州は、NDAの法的強制力を無効にした。*2

極端な家父長制の社会では、脅迫ははるかに露骨で、社会的に容認されている。レイプを受けた女性が親族に攻撃され、殺されることもある、いわゆる名誉の犯罪は、女性を恐怖に陥れ、無言で従わせようとする謀略だ。こうした地域社会では、レイプは恥ずべきことで、姦通とさえ見なされている。

２０００年の国連人口基金の推定によると、毎年５０００人の女性や少女が「名誉の犯罪」で殺害されている。殺害理由はレイプだけでなく、両親が選んだ男性以外の人をパートナーに選ぼうとしただけ、といったものも多い。自殺や事故に見せかけた殺害はもっと多いため、低く見積もった数字である可能性が高い。女性への暴力に関してよく起こることだ。

世界全体の女性の殺害数からもわかることがある。世界全体の殺人被害者の圧倒的多数は男性だ。そのほとんどは見知らぬ人に殺害されている。しかし女性は通常、身近な人に殺されている。

国連薬物犯罪事務所が２０１９年に発表した報告書「殺人に関する世界的調査（Global Study on Homicide）」によると、故意に殺害された８万７０００人の女性のうち、58％は親密なパートナーか家族に殺害されている。女性にとって最も危険な大陸はアフリカで、次いで南北アメリカ大陸だ。[*3]

いわゆる名誉の犯罪をはじめ、女性に対するあらゆるドメスティック・バイオレンスや脅迫は、加害者を糾弾し声を上げようとするサバイバーを萎縮させるものだ。

インド北部のウッタル・プラデーシュ州で２０17年に起きた17歳の少女へのレイプ事件は、ウナオ・スキャンダルとして知られるようになったが、この気の滅入る実話もまた、公表することがいかに甚大な個人的犠牲を招くかを伝えている。

インドは、女性にとって最も危険な場所のひとつとなっているこの国特有の問題にとりくみ始めている。2012年、理学療法を学ぶ23歳の学生がバスで集団レイプされ殺害された事件をきっかけに、ニューデリーなどの都市で大規模な抗議行動が起こった。これは、女性が直面する問題とその困難さが一般的に認知されたという点で、インドにとって画期的な動きだった。とはいえ、その進展は断片的だ。

都市部の、比較的豊かで特権的な中流階級の地域以外は、家父長制がいまだ支配的で、女性の「名誉」が重んじられている。カースト制度によって、特に低い身分の女性が弱い立場に置かれている。治安維持・司法制度が十分に機能せず、腐敗していることも多いため、法的手段を求めることは非常に難しい。

ニューデリーでの抗議行動から5年後に起きたウナオ事件は、課題がまだ山積みであることを示した。その年の6月、インド最大の州ウッタル・プラデーシュの村に住む低カーストの少女は、地元の皮革製造の町カーンプルに誘われた。仕事を見つけられると村の隣人からは言われたが、実際

*2 Harris, Elizabeth A. "Despite #MeToo Glare, Efforts to Ban Secret Settlements Stop Short." *New York Times*, June 14, 2019.
https://www.nytimes.com/2019/06/14/arts/metoo-movement-nda.html#:~:text=the%20main%20story-,Despite%20%23MeToo%20Glare%2C%20Efforts%20to%20Ban%20Secret%20Settlements%20Stop%20Short,only%20one%20effectively%20neutralizes%20them

*3 アフリカではざっと10万人に3人、アメリカでは10万人に1・6人、アジアでは10万人に0・9人が親密なパートナーや家族によって殺されている。特にアジアでは、アフガニスタン、パキスタン、インドなどで女性の危険度が著しく高く、大きな開きがある。
United Nations Office on Drugs and Crime. *Global Study on Homicide 2019*. Vienna: UNODC, 2019.
https://www.unodc.org/unodc/en/data-and-analysis/global-study-on-homicide.html

は投獄され、集団レイプを受け、人身売買された。彼女をレイプしたひとりは、同じ村出身のカースト上位の政治家で、20年のキャリアを経て州議会議員に上り詰めたクルディープ・シン・センガルだった。

加害者から逃れて家族のもとに戻った少女は、報復の恐れや、家族による口止めの圧力から、同じ立場の女性がめったにとったりはしない行動に出た。センガルを警察に訴えたのだ。

2012年にニューデリーで起きたレイプ事件によって、インドの警察が性的暴行事件を無視したり、追跡を怠ったりすることがいかに多いかが注目された。それから国は変わったという主張を、少女は信じたのだろう。しかし警察は、政治家に対する彼女の申立てを拒否し、彼女を診察した医師は、正義を求める彼女の訴えを取り下げるよう勧告した。

勇敢にも、その少女は諦めなかった。村の警察が動かないとわかると、彼らを飛び越えて地元の裁判所へ、州警察へ、さらには他の政治家にまで訴えた。そのあいだずっと、家族は脅迫を受け続けた。地元警察はでっち上げの罪で父親を逮捕した。父親はひどく殴られ、その傷がもとで拘留中に死亡した。

父親の逮捕から数日後、少女はあまりの絶望感から、州首相のオフィス前で自分の体に火をつけようとした。警察が止めに入ったが、この焼身自殺未遂によって彼女の苦境に全国メディアの注目が集まった。連邦警察が捜査に乗り出し、センガルはついに尋問され逮捕された。

しかし、これが試練の終わりでも、権力者に逆らったことの最終的な代償でもなかった。数か月後、少女が弁護士と叔母2人と乗っていた車に、トラックが車線を越えて正面から突っ込んだ。

2人の叔母は死亡した。うちひとりは事件の重要な目撃者だった。少女は集中治療を受け、一命をとりとめた。

事件から2年以上経った2019年末、センガルはついに有罪判決を受け、終身刑を言い渡された。被害者は何年も脅迫を受け、嘘つきとののしられた。父親を失い、自分も重傷を負った。彼女が並々ならぬ力を発揮したことは確かだ。しかし、彼女の払った犠牲について読んだり聞いたりした多くの女性は、黙っていたほうがましだった、ということを教訓として受けとったのではないか。沈黙はこのようにして維持される。世界の多くの場所で、女性は常に恐怖のなかに置かれている。女性らしさの本質と自分の価値は、性的な純潔を意味する「名誉」にあるのだと、生まれたときから教えられる。それを失えば、悲惨な恥を着せられ、場合によっては死の宣告にもなることを知っているのだ。

暴力から解放された生活を送る権利ではなく、自分の「名誉」を第一に考えるよう女性に強いることは、世界中の性暴力被害者を黙らせる、最も広範で強力な手段だ。勇気を持って声を上げた女性への脅迫、殴打、嘲笑、ときには殺害は、このルールの強化に役立っている。簡単に言えば、性暴力を糾弾することは男性の既得権益に異議を申し立てることになるため、世界の多くの地域で危険なのだ。

自分の役割を、単に医師だけではなく、病院の女性たちの代弁者にまで広げようと決めてから、私はさまざまな脅迫にさらされるようになった。2006年、国連で初のスピーチをおこなったときに受けた冷遇はそのひとつだ。

脅迫は長年にわたってさまざまな形をとってきた。夜中の脅しの電話もあれば、匿名のショートメッセージもある。最悪なものは、妻や娘の危険を警告されたときだ。家の外で自動小銃を発砲されたこともある。2019年12月の母の葬儀の際も、故郷のカジバ村に向かう車中で襲撃の脅しを受けた。

誰がやったのかを知ることは不可能だ。脅迫はしょっちゅうあり、分散しているため、防衛するのが非常に難しい。コンゴ東部の紛争の真実を覆い隠し、女性を黙らせようとする者はみな、私を敵視している。

政府とつながりのある人間とは限らない。私を敵と見なす者のなかには、病院で治療を受けた女性から訴えられた個人もいる。パンジ病院は無料の法律支援を提供し、患者による加害者の告発を奨励している。被告人のなかには、ビジネス・政治界の大物など、自らの評判を傷つけたくないと考えている者もいる。

鉱物や貴金属の略奪や密輸の隠《かく》れ蓑《みの》として、コンゴ東部での暴力継続を望む軍閥、政治家、軍隊幹部などにとっては、彼らの策動をあばく私のロビー活動は、自分の儲けを脅かすものだ。

第一次・第二次コンゴ戦争がもたらした推定500万人の死者と行方不明者、戦争犯罪、何十万件ものレイプ被害に対する正義がいつかは果たされなければならないという私の訴えは、ルワンダ、ウガンダ、ブルンジの隣人を含む、手を血に染めた人物を脅かしている。

レメラ病院の襲撃以降も、私は何度か命を狙われている。ブカヴを反乱軍の将軍が占領していたころの2004年、街の中心部にある私の個人事務所に、武装集団が銃を乱射した。私の椅子を弾丸が貫通していた。その数分前、国際人道支援組織で働く友人から電話がかかってきて、お茶を飲みに行こうと強く誘われていなかったら、私はその席に座っていただろう。

24時間体制での自宅前の警備を手配してくれた国連平和維持軍や国連高官にも感謝しなければならない。2013年からほぼ継続的に私を防衛し、まれな外出にも同行してくれる彼らなしでは、私はコンゴを去らざるを得なかっただろう。

常に不安な気持ちを抱えて生活しているが、自分は恵まれていることも自覚している。支えてくれる複数の非政府組織（NGO）、同情を寄せてくれる数人の国連職員や、海外の友人を当てにすることができる。仕事を通じ、政府や軍の人たちにも知り合いができた。インドのウナオの女性にはいっさいなかったことだ。たったひとりで権力者に立ち向かったのだ。世界中で女性が声を上げるとき、多くの場合は無防備で孤独だ。

同胞の尊厳と安全のための闘いにおいて、ジョゼフ・カビラ新政権が私を味方ではなく敵と見なしていることが、2006年に国連で受けた冷遇ではっきりした。このメッセージはその後ますますはっきりと威圧的に示されるようになった。

国連での初のスピーチ後も、私はほとんどの時間を病院で、医師、外科医としてすごしていたが、意識的に出かけていってより広く発言するよう努めていた。自国の政府、隣国、私たちの苦境を搾取する企業、働きかけを強めようとしない国際社会に対して、私はますます嫌悪感と憤りを覚えるようになった。治療した女性一人ひとりの後ろには、病院にたどり着けない女性が何千人もいることを知っていた。

私は、ルワンダをかばい続けるアメリカやイギリスなど欧米の大国だけではなく、アフリカ諸国の地域グループであるアフリカ連合にも失望していた。その沈黙と弱腰は、互いの利益に気を配る指導者たちの利益擁護クラブのようで、組織の汚点となっている。アフリカ人の虐殺を終わらせようと努力するのではなく、互いを保護しあっていたのだ。

私のロビー活動は実を結び始め、私は海外で認知されるようになった。2008年には国連人権賞と、スウェーデンの人権賞であるオロフ・パルメ賞を受賞したが、どちらも私の患者の代理として受けとった。彼女たちの声が届き始めたことが、唯一の喜びだった。

その年から私は、ベルギーのゲント大学、その後ブリュッセル自由大学（ULB）で、博士課程に進んだ。苦い経験を通じて学んだことを共有することで、世界のどこかで起きる苦しみを防ぎ、医療界の意識向上に役立てば、と思ってのことだった。博士論文のテーマに選んだ、低外傷性泌尿生殖器瘻および腸性生殖器瘻の治療は、長年かけて習得した技術の悲しいまとめであると言ってもよいだろう。

2011年、自分のやっていることはまだまだ足りないと断定するほどの嫌悪と憤りを感じる出来事があった。それは医師から活動家への転身が加速した転換点だった。コンゴの問題を訴えるという私の使命が、新たな緊急性を帯びるようになった。

母親と11歳前後の子どもが来院した。その母親はどこか見覚えがあった。足を引きずって歩いていた。幼少期に患ったポリオが原因だろう。ブカヴの南西にあるムウェンガの出身だった。おそれ通り、母親は2000年にパンジで治療を受けたことがあると言った。開院後の数年間に私たちが最初に受け入れた大人数の、レイプによる傷を負った患者のひとりだったのだ。自宅で襲われ、その後夫に見捨てられていた。

外傷（性器の損傷と感染症）の治療のために病院にやってきたその女性は、加害者のひとりの子どもを妊娠していた。極度のトラウマを抱えており、当時の私たちが提供できる最善の心理的サポートを必要としていた。

同じ境遇の多くの女性同様、苦しみを日々思い出させるような子どもを産むことに、彼女は恐怖を感じていた。娘が生まれると、ワクベンガ（「蔑まれる者」という意味）と名づけ、拒絶し、母乳を与えることを拒否した。

彼女のような母親の多くは、わが子をけっして受け入れることができない。どのように身ごもったかを思い出し、相反する感情のねじれに苦しめられる日々の苦痛は、耐えがたいものだ。さらに、限られた資源を子どもが圧迫することになる、という思いもある。社会に汚名を着せられ排除されるその子が、良い結婚や良い仕事に恵まれることなどありえないだろう。

退院していった患者のなかには、私のオフィスのドアの前に赤ん坊を置いていく者もいた。病院の防犯ゲートの前に、乳児が置き去りにされることもしょっちゅうだった。川の土手に子どもを連れていって投げ捨てようとしたと、泣きながらやって来て告白する母親もいた。

病院は今では、こうした状況の母親や子どもを支援する専門チームを備えている。看護師からソーシャルワーカーに転じた、類まれなるママン・シェリがそのほとんどを担い、患者一人ひとりに寄り添っている。母親のサポートはもちろん、患者の家族とも連携し、ときには夫や両親との緊張をほぐすために直接訪問することもある。

病院では、1年に平均３０００人の子どもが生まれている。そのうち15％の約４５０人がレイプによって生まれた子どもたちだった年もある。専門センターのメゾン・ドルカスはこうした新米の母親に、宿泊、ケア、心理サポートを提供している。

時間の経過とスタッフの働きかけによって、ワクベンガの母親は、自分と同様に子どもにも罪はなく、ふたりとも被害者であることを理解できるようになった。娘を拒絶しても、苦しみが増すだけなのだ。こうした考えに到達するには、並々ならぬ強さ、つまり無条件に愛する力が必要だ。レイプによって妊娠した子どもをパンジで出産した女性の大半は、子どもを受け入れられるようになっている。

しかし、そうでない女性もたくさんいる。単に立ち去ってしまうか、あるいは受け入れても、その子が成長する過程で意図的に無視するようになる。子どもは親やきょうだい、仲間から疎まれる。教育を奪われ、人前で罵倒されることも多い。ある女性は自分の息子を、本人がいる前で、ルワンダ過激派を表す言葉として広く使われる「インテラハムウェ」と呼んでいた。

こうした運命をたどる子どもが一体何人いるのかはわからないが、私は彼らを「時限爆弾」と呼んでいる。暴力がもとで生まれ、愛情やぬくもりをいっさい知らないまま大人になっていくのだ。２００８年にシャブンダの町に限っておこなわれた調査は、人口50万人のうち、３０００人の子どもがレイプがもとで生まれたと結論づけた。

ワクベンガとその母親がパンジ病院を退院してから10年ほどたって、ふたりは戻ってきた。ワクベンガは10代前半になっていた。恐ろしいことに、彼女もレイプされ、しかも妊娠していたのだ。レイプによって生まれた子どもが、自分もレイプされ、妊娠したというのは、あまりにも野蛮で歪んでいて、私には理解しがたいことだった。問題は多世代におよんでいたのだ。

その年2011年の暮れ、私は再びニューヨークの国連に招かれた。今回は、世界のリーダーが集まる年に一度の国連総会に合わせておこなわれる、性暴力に関する会議での演説だった。2009年に確定した国連の委任事項で、勇敢で行動的なスウェーデン人のマルゴット・ヴァルストロームが指揮する「紛争下の性的暴力に関する事務総長特別代表事務所」からの招待だった。ワクベンガを思いつつ、私はニューヨークへ旅立った。

2006年と比べれば、今回は違う。5年前の私は、支援を期待してコンゴ大使と連絡をとろうとした。しかし今や、自国の政府からは妨害を受けるだけだとわかっていた。だからこそ、閣僚から連絡を受けたのは驚きだった。

ニューヨークに到着してまもなく、私は、数年前にコンゴを離れ国連で上級職に就いていた古い友人と再会した。ミッドタウンの私のホテルで一緒に飲み、近況を交換した。私はワクベンガのこと、国際社会の消極的な態度に失望していることを話した。彼は、私の演説の成功を祈って帰っていった。

しかしその日の夜、友人からまた電話がかかってきた。カビラ大統領の盟友である保健大臣が友人と私を夕食に招待したいとの連絡を、大臣のスタッフから受けた、と言うのだ。招待を受けるかどうか、友人に尋ねられた。

その連絡は控えめに言っても驚きだったが、政府との関係がぎくしゃくしていることを考え、私は受けることにした。職務から考えて、閣僚のなかでもこの問題に同情を寄せる大臣なのだろう、誤解を解く機会になるかもしれない、と考えた。私は喜んで受けると返答し、翌日の夜、友人とふたり、彼のホテルに招かれた。

国連総会に参加する多くの政府代表団と同じように、大臣は5つ星ホテルのウォルドーフ・アストリアに滞在していた。ホテルに到着すると、エントランスホールはあらゆる方向に行き交う人々でにぎやかだった。スタッフ、外交官、ビジネスマンがドアからせわしなく出入りし、制服のスタッフが外で待つ黒いリムジンに人々を案内していた。

私は、食事をともにすることになっている個室のダイニングルームへ向かった。テーブルに案内されると、大臣と友人がすでに座っていた。私たち3人だけの、非常にプライベートな空間だった。最初に形式的な挨拶を交わした。私はホテルのフロントの印象的な雰囲気と、この個室の大変贅沢な雰囲気に言及した。大臣にとってはそんなことは当たり前らしかった。上階のスイートにいるだろうカビラ大統領の姿を、私は想像した。

ウェイターが注文をとると、大臣は本題に入った。

「さて、先生、ニューヨークにいらした目的は？」彼は尋ねた。

「クリントン財団から賞を贈られまして」と私は答えた。事実だが、それがすべてではなかった。総会後の式典で、クリントン財団が私にグローバル・シチズン賞を私に贈ることを決めていた。国連で演説する話をすぐに持ち出すのは賢明ではないと思ったのだ。

「それはすばらしい。それだけですか？　国連でも演説されると聞きましたが」。無知を装いつつ、彼は言った。「いつの予定でしょう？」

「明日、南キヴの状況について話すよう特別代表から招待されました」。私は答えた。「私が話すのは……」

私は演説の内容を、大臣に説明しようとした。パンジ病院の最新の入院者数や、ワクベンガのことも伝えたかった。私が何を語るのか、政府を攻撃するつもりはないのか、大臣は確認したかったのだろうと思ったのだ。彼は私を途中で遮った。

「大統領は明日、総会で演説する予定です。あなたをお呼びしたのは、助言するためです」。大臣はそう言うと、いったん止まり、テーブル越しに私のほうに身を乗り出した。「私があなたなら、演説をとりやめるでしょう」

冷静な、しかし意図を持った口調だった。言わんとすることを完全に理解しようと、私は彼の顔を上下に見たが、深刻さと脅威しか受けとれなかった。

「演説をすれば、コンゴでの安全は保証できなくなることはおわかりでしょう」。高価なカーペットが敷かれたダイニングルームとは別世界の、何千キロも離れた私たちの国を示すかのように、空中に手をふりながら、彼は陰気に続けた。

何かが突然喉に引っかかったような、息苦しさを感じた。彼は本当に私を脅しているのだろうか。ウォルドーフ・アストリアでの、静かな夕食の席で？

「しかし大臣、私が演説することはすでに決まっています」と私は言い淀んだ。「複数の国家元首が出席を予定しています。もっと知ってもらう必要があるのです。これは私たちがとりくむべきことで……」

「もう少しはっきり言いましょう。演説をすれば、あなたはある選択をすることになります。その後コンゴに帰国できなくなりますよ。非常に危険な事態になります」。彼はつけ加えた。「わかりますか？」

壁に包囲されていくように感じた。自分が国連に戻り、ヘッドホンをつけた外交官や政治家が目の前に並ぶ様子を、私は何日も想像していた。今回はより大胆に、自信を持って、不満や怒りを表明できると感じていた。そのすべてが、引きちぎられるような感覚を覚えた。

「ご心配はお察しします」。私は返答した。「事前に私の演説原稿をお見せしましょうか？　変更もできますし、合意できる術がきっとあるはずです」

妥協していることはわかっていたが、交渉を試みるしかなかった。彼は興味を示さなかった。

大臣がメッセージを伝えるために送られたことは明らかだった。納得は得られそうになく、良心に訴えようとするどんな議論や訴えも聞き入れられなかった。地方病院の生意気な町医者を前にした大臣とでもいう優越感を持って私に話していた大臣は、私をまさにそのように見ていたのだろう。

料理が運ばれてきて、私の前にそっと置かれた。突然食欲を失った私は、この場を離れてどうすればいいか考えたいという衝動にかられながら、自分のサラダを見つめていた。

食事の時間はぼんやりすぎていった。大臣は食前の温和な雰囲気に戻り、たった今おこなった脅迫を恥じることも、私に不快感を与えたことを気に病むふうでもなかった。メインコースを食べ終え、ミッションを達成すると、彼はこれで失礼と立ち去った。

ホテルへと歩いて帰るあいだ、頭のなかには疑問が執拗に駆けめぐっていた。彼に逆らうべきだろうか、逆らうことなどできるのだろうか？　あんな脅迫は常軌を逸している。しかし、ではどうやってコンゴで生活し、仕事を続けていけるのか。マドレーヌや子どもたちはどうなる？　家族も危険にさらすことになるだろう。

ホテルに戻り、私は決断した。この警告は、真剣に受け止めなければならないものだ。夜中にかかってくる死の脅迫の電話とは違う。マフィアのようにふるまう大臣が、自分の立場も意図も隠そうともせず、行動しているのだ。

私はマルゴット・ヴァルストロームに電話して、事情を話した。このような状況では、演説を中止せざるをえないと説明した。彼女は私の決断を理解すると言い、ホテルで安全が確保できているかと尋ねた。潘基文《パンギムン》事務総長に報告するとも言った。

翌日、米国務省の職員たちが訪ねて来て、昨夜の出来事の供述を録取した。保護が必要かと聞かれたが、私はその申し出を断った。もう演説をキャンセルした、帰国するつもりだと説明した。

私は、ヒルトンホテルでおこなわれたクリントン財団の授賞式に出席するまではニューヨークに滞在した。裕福な寄付者や有名人でいっぱいの会場で、ビル・クリントン元大統領が賞を贈呈した。私は短いスピーチをおこない、私たちの活動について説明し、コンゴでの紛争に目を開くよう訴えた。しかし、心は別のところにあった。

自宅に帰ってマドレーヌに会いたかった。心はひりひりと痛み、震えていた。帰国の日、私は飛行機の座席で、ウォルドーフ・アストリアでの会話を何度も頭のなかでくり返した。家までの旅は永遠に思えた。

性暴力サバイバーに対する脅迫や威嚇は、加害者から、加害者の家族から、コミュニティの指導者や著名人から、さらには自身の家族からと、さまざまな形でおこなわれる。こうした圧力を受けてもなお声を上げる女性たちは、私たちのサポートを必要としている。私たちに尊重されて当然であり、脅しに屈せず発揮したその力は、評価されてしかるべきものだ。

やっとブカヴに戻ってくると、マドレーヌが待っていた。彼女を危険にさらしてしまったことに、私は罪悪感を覚えた。怒りでまわりが見えなくなり、ニューヨークで発言できることを期待するあまり、軽率になり、自信過剰になっていたのだろう。

マドレーヌは、いつも通り穏やかで賢明な態度で、私を安心させた。海外で話す機会はきっとまたある、と彼女は言った。今回は諦めたけれど、それはあくまで仕事を続けるためだと。

実際、別の機会はやってきた。将官を気絶させた少女と、ヤン・エグランドに体験を語った女性への敬意を、私は押し殺した。ワクベンガの人生に感じた憤りをため込んだ。

翌年、私は再び国連に招かれた。チリ初の女性大統領ミシェル・バチェレと、イギリスの外務大臣ウィリアム・ヘイグも参加する会議への招待だった。私はためらわず参加した。

その後、また暗殺未遂が起きた。銃声、暗闇での悲鳴、私を救おうと犠牲になった友人の崩れ落ちた遺体が、今でもフラッシュバックする。またしても性暴力を闇に葬ろうとした犯罪だった。

7

正義を求める闘い

2014年初期、私はもはや耐えられなくなった。それまでの2年間で、すさまじい怪我を負った子どもたちを相次いで受け入れていたのだ。みな、ブカヴから12キロほど離れたカヴムという村の住民で、最初は数も少なく単発的だったが、その後何十人と続くようになった。

子どもたちの拉致の状況は共通していた。真夜中に男たちが家に押し入り、強力な睡眠剤を被害者に投与する。誘拐された子どもはレイプされ、血まみれで混乱したまま翌朝戻される。どの例も無残で、子どもたちの子ども時代はぶち壊される。怪我と傷跡の大きさから、ほとんどは大人になっても、通常の性的関係を持つことも子どもを産むこともできなくなる。

2014年の最初の5か月で、私たちは15人の幼い少女を治療した。最後の一撃は、直腸から膣に重傷を負って運ばれて来た4歳の少女だった。受け入れがたく、痛ましく、ただただ理解を超えていた。

私とともにこの少女を手術したのは、腹部鍵穴手術の一種である腹腔鏡下手術とフィスチュラの治療を専門とするベルギー人外科医で、友人であり長年のパートナーでもあるギー＝ベルナール・カディエールだった。彼は、ブリュッセルのＵＬＢ大学医学部のチームとともにブカヴを定期的に訪問している。病院のために資金を集め、常に助言をくれるだけでなく、外科医への非侵襲的手技の訓練も協力してくれた。

外科医がショックを受けることはまれだ。身体の内部を知りつくした私たちでさえ、その少女の手術は、涙をこらえながらのものとなった。傷を調べながら、どうやって負わせたのかと疑問を声にせずにはいられなかった。混乱して黙り込み、怒りに駆り立てられながら、交代で作業をした。手術後、私は手袋をかなぐり捨て、白衣に着替え、怒りに悶々とし、吐き気と嫌悪を感じながらオフィスに戻った。これが終わるまでに、一体何人の少女が同じ目に合うのだろうか。

落ち着きをとり戻した私は、実際にカヴムに行ってみようと決めた。何が起きているのか、現地を自分で見て、住民から聞く必要があった。なぜ家族は子どもたちを守れないのか。子どもたちがさらわれ、これほどまで虐待されるなか、親たちは何をしているのだろうか。

私はまたもや、無力感に苛《さいな》まれた。常に破片を拾い集め、粉々になった体を縫い合わせ、その過程で私自身トラウマを負いながらも、暴力の終結を予想することができない、そんな思いだった。母親や父親から、直接話を聞かなくてはならなかった。

複数の人道支援組織と協力し、私たちは1週間後に地元のコミュニティ・センターでの会合を持つことになった。私は国連平和維持軍に護衛されて現地に向かった。招待したブカヴの検察官トップは出席することに同意し、コンゴ軍の幹部と警察の代表も出席した。州知事と地域の内務大臣も参加に同意したが、直前で取り下げた。

集まった人々の数が、関心の高さを示していた。総勢500人ほどで埋め尽くされた会場は、息苦しかった。ひとつの椅子にふたりで座る人、後ろに立っている人、なかに入れず外をうろうろしている人もいた。

冒頭から緊迫した雰囲気だった。集まった人々はほとんど女性で、鬱陶しい暑さから多くが扇いでいた。彼女たちは互いに大声で話し、私たちが席に着くと、検察官と警察官に非難の視線を送る人もいた。

マイクをわたされ話をするよう促された住民たちは、長年鬱積した不満を吐き出した。みな、常に恐怖を抱えて生活していた。目が覚めたら子どもがいないのではないか、新たな犠牲者を探す武装した男たちが、家の薄っぺらいドアを開ける音に飛び起きるのではないかと恐れながら、眠りについていた。

女性の権利を求める活動家たちは、対応の強化を検察と警察に切願した。「気の毒だと思わないのですか?」ひとりが訴えた。「ことはレイプではなく、子どもたちが虐殺されているのですよ!」検察官が発言し、親が刑事告訴しない限り手出しができないのだ、と群衆に語った。「何が起きているかを訴えてください」。彼は求めた。「告訴がなければ、私ができることはほぼありません」。憤りのざわめきが広がった。私の近くにいた母親たちは目を丸くしていた。

発言を終えた検察官は、聴衆の攻撃の的になった。賄賂を受けとるという噂から、彼は「ムッシュ100ドル」と揶揄《やゆ》された。犯罪者はいっさい逮捕されていないと地域のまとめ役が言うと、拍手が起こった。逮捕されても、金銭で自由の身となっていた。

「逃げられるから、問題にならないと知っているから、悪行を続けるのです」。まとめ役は言った。

カヴムでは、相次ぐレイプだけでなく、殺人、放火、殴打などの事件も起きていた。レイプ事件の調査を始めた地元の活動家は、自宅で娘の目の前で射殺された。治安の悪さを示すように、近隣の軍事キャンプまで攻撃された。

一連の残虐行為の背後にいる人物を知っている、と何人かがほのめかしたが、誰も名前を挙げようとしなかった。「何か言えば、私たちも殺されます」と言った地域のまとめ役は、「今日ここで発言しただけで、明日は命がないかもしれない」とつけ加えた。

検察官と警察官は、自分たちを守ろうとして、しまいには現地の民兵のせいにした。民兵を逮捕しようと努めていると言うが、彼らの言葉は虚ろに響いた。保身から弁明しようとするたびに、聴衆は彼らをあざ笑った。

住民に勇気がないわけでも、ましてや保護者が警戒を怠っているわけでもないことが明らかになった。母親や父親は一晩中起きているのだと語った。子どもたちを守るため、交代で寝起きすることに疲れ果てている親もいた。多くの母親の力強い発言に、私は感銘を受けた。

問題は、司法制度がまったく機能していないことにあった。そして、ブカヴの郊外にあるこの村は、私たちの世界の縮図だった。木造の掘っ立て小屋と泥道から、一見遠く離れた場所に思えるかもしれない。しかし、カヴムの少女の母親たちが直面している問題は、世界中の女性が直面している問題だった。犯罪に対して声を上げ告発しても、刑事司法制度が女性たちを見捨てるのだ。

性的虐待は沈黙のうちに増殖するものだが、男性がなんのとがめも受けない場合も増殖する。西洋哲学の父アリストテレスは、「人間は、完成されれば動物のうちで最善のものとなるが、法と正義から離れれば最悪のものとなる」と書き残した。あらゆるものを見てきた私も、まったく同感だ。

カヴムでは法律は機能せず、男性のふるまいは最悪だった。しかし、十分な資源と決意があれば司法制度はいかに強力に機能しうるかを、私は最終的に目の当たりにすることとなった。

会合が終わると、女性数人と、発言をした地域のまとめ役が私のところに来た。彼らは、近くの人たちに聞こえないような小さな声で、最終的な責任は誰にあるのかを私に告げた。

この地域で活動する民兵は、南キヴ州議会の議員によって支配されていた。「フレデリック・バトゥミケです。全権を握っている彼に、誰も手を出せません」。ひとりが言った。

それまでで最も不快感を覚える暴行を終わらせるため、会合後に私たちはとりくみを強化した。2012年から2015年までに、カヴムでは生後18か月から10歳までの少なくとも46人の少女がレイプされていた。

私が10年以上ともに活動してきたニューヨークに拠点を持つ「人権のための医師団」や、司法手続きを通じた被害者支援にとりくむジュネーブの「トライアル・インターナショナル」などの組織でつくる幅広い連合に、私たちは加わった。私たちの法律専門チームと医師の存在は不可欠だった。

2009年、パンジ財団は、サバイバーのための「ホリスティック・ケア」プログラムの一環として、新たな法律サービスを創設した。シティ・オブ・ジョイとメゾン・ドルカスによる医療ケア、心理サポート、社会経済適応プログラムに続く、活動の自然な発展だった。

こうしたプログラムを受けた多くのサバイバーが、傷を乗り越え、自信をとり戻し、周囲の人々からの非難に立ち向かえるようになっていった。自尊心をとり戻した彼女たちは、自分のためだけでなく、他の人々が同じ運命をたどらないために、どうやって救済と正義を求められるのかを知りたいと望んだ。

成功の可能性は低く、脅迫のリスクもあるなか、それでも告発することをいとわない女性が現れるたび、私たちのチームの活動が効果を上げていると実感する。彼女たちが身につけた強さ、自分の権利に対する信念、自尊心は、私たちが常に奨励してきたものだからだ。

病院の法律部門は「司法クリニック」と呼ばれ、気鋭の弁護士であるテレーズ・クルングによって設立された。テレーズはコンゴ西部の出身だが、私たちの活動を新聞で読み、それまで訪れたことのなかったブカヴまで1600キロもの距離を飛行機で移動してきてくれた。

テレーズの献身的な姿勢は、法的権利についてサバイバーに助言する6人の弁護士チームを統括する彼女の後継者たちにも受け継がれている。彼らはサバイバーの告訴を支援し、裁判にも同行する。また、州内各地の弁護士や地域リーダーと協力し、市民、特に女性に、刑事司法制度についての教育もおこなっている。

不可欠だが危険も伴う活動であり、俳優ベン・アフレックとホイットニー・ウィリアムズが設立した「コンゴ東部イニシアティブ」など、複数の海外パートナーからの支援を得ている。

司法クリニックと、「人権のための医師団」から法廷用の医療報告書の作成の訓練を受けた病院医師との連携は、カヴムの加害者に対する証拠を構築するうえで必須だった。私たちは被害者とその家族から詳細な供述をとり、インタビュー映像を収録し、写真を撮影した。

私はまた、コンゴ内外の報道を後押しする手助けもした。ベルギー人記者コレット・ブラックマンはヨーロッパで影響力を持っており、アメリカ人ジャーナリストのローレン・ウルフは、「コンゴの悲惨なミステリー」と題して、カヴムについての詳細で感動的な記事を『フォーリン・ポリシー』誌に掲載した。

コンゴ当局に対し、目に見える行動を求める圧力が高まった。カビラ政府は性暴力に関する特別代表を任命してはいたが、外見をとり繕うだけの行為にすぎず、問題にとりくむ真のステップとは言えなかった。私たちは特別代表にカヴムの件を問い合わせたが、カヴムを地盤とする南キヴ州議員であるバトゥミケは不逮捕特権を有するために何もできないと言われた。

文民検察庁と警察は2016年初頭、いい加減だった捜査を強化するよう命じられたが、その努力も長くは続かなかった。彼らもバトゥミケを起訴できないと結論づけたため、勢いはすぐに失速した。

幸運にも、軍事司法制度はより有能な味方で、汚職の傾向も少ないことがわかった。3月、ブカヴの軍事裁判所の調査官が、連続レイプは人道に対する犯罪であり、起訴する権限を持つと主張して、事件の管轄権を取得したのだ。

3か月後、バトゥミケは数十人の男とともに逮捕された。彼が拘束された自宅から、警察は「米陸軍」と印のついた、旧式だが使用可能な半自動式コルト銃を発見した。使われなくなった武器を扱う巨大な闇市場で購入したものにちがいない。これによって、戦争兵器の所有で起訴される可能性も出てきた。

調査官はまた、少女をレイプし現行犯逮捕された民兵組織の凶悪犯数名とバトゥミケがくり返し連絡をとっていたことを示す電話記録も発見した。ジェシ・ラ・イエス（イエスの軍）を名乗る武装グループの作戦指揮者たちとのつながりも明らかになった。これらの証拠によって、バトゥミケがこうした男たちを掌握していたことが示された。

２０１７年12月、バトゥミケとほか17人を裁いた高等軍事裁判所で、彼らの恐怖支配の全貌が明らかになった。その発端は、カヴムでプランテーションを所有していたドイツ人駐在員の殺害をバトゥミケが命じたことだった。バトゥミケ議員はその後、駐在員の土地を押収しようとしたが失敗した。土地の権利書の引き渡たしを拒否された彼は、カラシニコフ銃で武装した男たちの集団を手配し、土地を占拠させた。

民兵組織はその後、調査を始めた地域のまとめ役の殺害をはじめとして、ボスの政治的な敵対者と思われる者を攻撃し、黙らせるため使われた。バトゥミケは自身の立場、影響力、資金を使って、子分に対する警察・司法の捜査を阻止した。

捜査によって、子どもたちへの攻撃が明らかになった。民兵らは、呪術的な薬を処方する呪医の影響下にあった、と裁判所は結論づけた。敵から身を守るとされるその調合薬には、処女の処女膜からの血液が必要だった。

そうした儀式的いかさま療法や迷信的慣習はコンゴで長い歴史を持つが、通常は性暴力を伴うものではない。有名なものは、１９６０年代のモブツに対するシンバの反乱の際のもので、ライオンやゴリラの骨を砕いた黒い粉や、敵の弾丸を水に変えるという魔法のお守りを、若い戦士たちに与えていた。

３週間の公判で、軍事裁判所はカヴムでの尋問をおこない、何十人もの目撃者や被害者が証言した。身元保護のため、多くはつい立ての後ろで音声変更技術を使用した。悲しいことだが、コンゴにはめったにない設備だ。母親の証言は決定的だった。大多数の母親が自ら恐怖と心の傷を語り、加害者の断罪を強く求めた。最終判決でバトゥミケは終身刑を受け、民兵のメンバー11人は人道に対する罪で有罪とされた。自身の民兵が犯した罪によってコンゴの現職議員が有罪となった初の判決で、国内の裁判所が性暴力を人道に対する罪であるとして断罪したのも初めてだった。この判決はその後、上訴審で支持された。

私たちは歓喜にわいた。カヴムの住民たちの恐怖の5年間はついに終結した。子どもたちの隣で、親たちは安心して眠れるようになった。始まったときと同じように、レイプは突然終わった。

それ以来、私はカヴムの子どもたちを手術していない。司法の影響力をこれほど強く実証するものはないだろう。

病院の弁護士、医師、心理士は、コンゴ東部の大量レイプの被害地域で、目撃証言をとり刑事告訴を準備する危険な任務を担い続けている。道中は困難を伴い、危ないことも多い。

あるときは、チームの車が故障してしまったため、ジャングルで数日間、救援を待たなければならなかった。人里離れた村に行くために、ボートで川を上り、ジャングルの道を丸一日かけて歩くこともある。加害者に対する裁きを夢見ながらも、その可能性に疑いを抱き、身の危険を感じているサバイバーはどこにでもいる。

2019年末に、チームはまたもや大きな成功を収めた。ココディココと呼ばれるシャブンダ地域の軍閥の起訴に協力したのだ。ルワンダ武装勢力から地元住民を守るという建前で、実際は採掘や強奪をおこなっている残忍なマフィアであるマイマイ民兵組織が地域に10以上あったが、そのひとつを率いていたのがココディココだった。

国連の援助を受け、軍の調査官がヘリコプターで現地に向かい、地元の教会や公共施設を臨時の法廷として使い、多くの犯罪現場でココディココを裁判にかけた。この地域で175件のレイプ事件が記録された。NGOのパートナーや国連とともに私たちは、女性たちが安心して証言できるために必須となる証人保護措置の徹底に貢献した。

民兵組織に拉致され、洞窟で性奴隷にされた8人を含む、50人の被害者が果敢に証言をおこなった。女性たちは、万が一身元が判明すれば、報復の危険があることを知っていた。しかし、自分の正義よりももっと大きなもののために闘っていることも認識していた。正義のため、過去を追体験することもいとわないという意思が、他者を守ることにつながったのだ。

警察官からギャングに転身したココディココは、当初は裁判に対して横柄で軽蔑的な態度をとっていた。ふんぞり返って歩き、裁判によってコンゴ全土だけでなく海外でも有名になると豪語していた。メディアの注目に得意げな様子だったが、不利な証拠が増えるにつれ次第に冷静さを失っていった。

法廷では、彼が男性を蹴り殺したことや、拉致した女性を最初にレイプし、その後部下に引き渡していたことなどが証言された。あるとき、ココディココは裁判官に怒鳴り始めた。怒りで飛び出すかと思うほど目を剝《む》き、顔は歪んでいた。

パンジチームが裏づけた、目撃者やサバイバーによる証言は、人道に対する罪としてココディココと兵士2人に終身刑を科すうえで、ここでも不可欠な役割を果たした。有罪判決を受けた彼は、手錠で連行されながら、こらえきれずむせび泣いていた。

この判決はこれも初めて、助けを求める市民を保護する義務を怠ったとして、コンゴ国家を非難した。政府は被害者への賠償金を支払うよう命じられた。

これらは成功事例だ。医療、法律、行政など意欲的なパートナーの連携と、有能で反応の良い司法当局の協力があれば、正義は実現できることを実証している。どちらの裁判も、過去の行為の報いを受ける日は訪れうるのだとのメッセージを、司令官、政治家、下級兵士たちに送った。勇敢なサバイバーがいなければ、けっして達成できない勝利だっただろう。

しかし、悲しいことに、これらは例外だ。

虐殺、拷問、強姦、略奪を続けても、法律や制裁を恐れる必要などないというメッセージが、コンゴの戦争犯罪者に20年以上にわたって伝えられてきた。多くの場合、そうした行為が権力への道となる。軍隊の将軍になるには1000人を殺す必要がある、という言葉がコンゴにはある。刑罰の執行は依然としてほとんど見られない国なのだ。

司法クリニックは常に膨大な案件を抱えており、結果は落胆させられるものが多い。最近の事例では、ブカヴの公務員幹部がパーティに出席した後、車のなかで少女をレイプした。圧倒的証拠にもかかわらず無罪放免となった彼は、1万ドルを支払ったと報じられている。

ブカヴのような都市であっても、個別の事件を扱う際、文民司法制度はこのような腐敗に満ちている。有罪判決は貧しい者に下され、権力者はほとんどいつも自由を金で買うことができる。コンゴ東部の僻地では、政府が統治する地域であっても、警察や司法制度はほとんど機能していないことが多い。反政府勢力が支配する地域では、訴訟は不可能だ。

当初、レイプ危機の存在を否定していた政府は、私をウォルドーフ・アストリアで脅迫したように、危機にとりくもうとする私たちを敵視するようになった。性暴力問題に関する発表、議会調査、ワーキンググループなどが実施されてきたが、国内司法制度への資金提供と関与、機能不全に陥っている治安部隊の改善などといった必要とされる改革は、いっさいおこなわれてこなかった。

軍事司法制度の例外的な対応と、過去25年間で劇的な進歩を遂げた国際人道法の異例の適用がなければ、バトゥミケとココディココに対する2つの有罪判決は実現しなかった。

その進歩のおかげで、国際法は全世界の紛争地域の女性に理論上の保護を提供するようになった。これは前進と言えるが、問題はやはり、その実施にある。最近の世界的なナショナリズムの高まりは、こうした大事な成果を台無しにするものだ。

第二次世界大戦後、戦争犯罪を裁くための国際法廷――ヨーロッパでのナチスによる残虐行為についてはドイツのニュルンベルクで、アジアでの暴力については東京で――では、レイプの組織的使用に関する膨大な証拠が提出されたが、人道に対する犯罪として起訴されることはなかった。ニュルンベルク裁判では、レイプ事件はいっさい起訴されなかった。

ニュルンベルク裁判と東京裁判後初となった、１９９０年代の国際法廷は、大きな飛躍をもたらした。１９９３年にオランダのハーグに設置された旧ユーゴスラビア国際刑事裁判所で、検察官は、レイプが戦争犯罪や人道に対する罪と見なされる可能性を初めて示した。

2001年2月、この法廷は、現在のボスニア・ヘルツェゴビナの町フォチャで非セルビア人のイスラム教徒の女性をレイプした3人のセルビア軍・準軍事組織関係者を有罪とする画期的な判決を下した。彼らは、人道に対する罪としてのレイプと性的奴隷化の罪で、12年から28年の懲役に処された。

東アフリカのタンザニアに1995年に設置されたルワンダ国際刑事裁判所もまた、国際法のもとでレイプ事件がどのように起訴されるかについて、新たな判例を確立した。最大2000人の殺害を指示したフツの市長ジャン＝ポール・アカイェスの訴訟は、レイプがジェノサイド行為に相当する可能性があることを初めて立証した。

注目すべきは、アカイェスに対する告訴に当初、レイプが含まれていなかったことだ。検察は広範なレイプの発生を特定できなかったか、見落としていた。この事件を担当した裁判官でただひとりの女性だった南アフリカ出身のナビ・ピレイは、アカイェスの地域でのツチ女性に対する集団レイプと虐待について、サバイバーが証人台で耐えがたい証言をおこなった後、アカイェスの犯罪を示す新たな証拠を採用するために尽力した。ピレイは罪状の変更を命じたが、これは、男性裁判官が見落としていた性犯罪の被害について、女性がより敏感であることを示す重要な事例だ。

アカイェスは1998年に終身刑を言い渡された。

軍事戦術としての計画的なレイプは人道に対する犯罪かつ戦争犯罪であり、ジェノサイドの方法であると認められるとしたこれらの画期的判決は、国際刑事裁判所（ICC）の設立条約に盛り込まれた。オランダのハーグに本部を置くICCの設立は、これも国際人道法の発展における頂点となった。人類にとっての画期的な出来事であり、世界的協力の成果であり、この最も卑劣な戦争行為はもはや許されないという宣言となった。

ICCは、2002年の発効以降に起きた残虐行為を、戦争犯罪、人道に対する犯罪、ジェノサイドといった世界で最も深刻な犯罪として訴追を可能にすることを目的として設立された。そうした犯罪を訴追する気がない、あるいはできない国での捜査を開始する権限が与えられたのだ。軍閥、独裁者をはじめとする人権侵害者に、安全な場所などないというメッセージを送ったことになる。破綻した国家でさえ、無法地帯ではなくなった。

コンゴはICC設立条約の120を超える締約国に加わった。これが、軍事裁判所がバトゥミケとココディココを起訴する法的根拠となった。国際人道法がなければ、私はいまだにカヴムの幼い子どもたちを手術していたかもしれない。

2004年、政府はコンゴ東部の紛争をICCに付託し、主任検察官のルイス・モレノ＝オカンポが、正式に捜査を開始した。国の司法制度は犯罪者を罰せられなかったが、国際検察官はもっとうまくやれるだろうか？

コンゴは、ICCが最初の10年間で調査を開始した8か国のうちのひとつであり、その8か国はすべてアフリカだった。他の地域ではなくアフリカを重視するというモレノ＝オカンポの決定は、一部の批評家――ほとんどは彼の仕事を批判しようとするイデオロギー的あるいは個人的利害を持つ者――から誤った判断だと見なされた。

単発的な成功もあった。2012年、コンゴ東部のイトゥリ州で活動し、ウガンダとつながりを持つ民兵指導者トマ・ルバンガが、最年少で11歳の子どもを徴募したことを人道に対する罪とされ、有罪となった。これはＩＣＣによる最初の有罪判決であり、祝うべきものだ。しかし、検察官が見落としていたのは、性犯罪の広範な証拠だった。これによって、禁錮14年という比較的寛大な刑がより重くなっていたかもしれない。ルバンガはその後釈放されている。

２０１４年、イトゥリ州で活動していた別の民兵指導者ジェルマン・カタンガは、村で虐殺をおこなったことで禁錮12年を言い渡された。残念なことにレイプと性奴隷の罪には問われなかった。

２０１９年７月、３度目の勝利があった。ＩＣＣは、コンゴ軍将軍から反政府勢力に転身し、ルワンダが支援する２つのツチ系民兵組織を率いていたボスコ・ンタガンダに有罪判決を下した。裁判では、彼の部下たちが妊婦の腹を裂いて赤ん坊を引きずり出したり、女性を性奴隷としたり、市民を斬首していたことが明らかになった。ンタガンダはレイプを含め18件の戦争犯罪で有罪とされ、30年の禁錮刑を言い渡された。

しかしこうした成功は、私たちが地域の軍事裁判所で勝ちとったものと大して変わらない。考え方の正しさを証明し、制度が結果をつくり出せることを実証したが、必要な抑止力を生み出すにはまったく不十分だったのだ。

コンゴ東部の男性、女性、子どもたちに恐怖をもたらした男は、この注目を浴びた受刑者３人の他にも何百人といる。コンゴ軍の兵士だったり、ビジネスマンとして働く者もいれば、法律など意に介さずルワンダで暮らしているローラン・ンクンダのような者もいる。

そしてＩＣＣは設立以来しつこく攻撃を受けており、攻撃元のひとつであるアメリカは、中国やイスラエルとともに、この重要な超国家的司法機関の設立に公然と反対票を投じた。

世界で最も強大な民主主義国家であるアメリカは、常に法の支配の擁護者であるべきだ。第二次世界大戦後に設立された多国間国際機関の立役者だったアメリカだが、西側のパートナーとは異なり、ICCには加盟していない。透明性や自らの行動に責任を負わされることを恐れてICCに反対した、多くの独裁主義国家の仲間入りをしたのだ。

ICCの主任検察官が2019年、ICC加盟国のアフガニスタンでおこなわれた戦争犯罪の捜査を開始しようとしたが、アメリカのドナルド・トランプ政権による猛反発にあった。この捜査は、アフガニスタン政府とタリバンによる犯罪だけでなく、2003年のアフガニスタン侵攻時とその後に米軍がおこなったことが十分裏づけられている拷問や性的虐待の疑惑にも重点を置くものだ。トランプ大統領は、主任検察官と別の高官を標的とする制裁を発表した。

ICCはまた、ウガンダ、ガンビア、南アフリカなどのアフリカ諸国から離脱の脅しを受けている。こうした国々は、ICCによる当初のアフリカ重視をあげて、ICCはアフリカ大陸に対する陰謀であるかのように主張している。

ICCの有効性や手法に疑問がわく根拠があることを、私は否定しない。10億ドル以上の予算規模がありながら、2002年から有罪判決を下したのはわずか9件、逮捕状を発行したのは本書を執筆している時点で35件にすぎない。注目を浴びた複数の起訴にはぶざまに失敗している。しかし、こうした失敗は、この機関をどう修正し改善していくかを考える機会となるべきで、悲観的になったり絶望したり、不毛な努力であったと結論づけるべきではない。ICCのような多国間機構の重要性を理解できない人は少なくない。遠く離れた、複雑な組織という印象があるのだ。国粋主義的な政治家からは常に攻撃を受けている。

多国間機構は完璧なものではなく、更新と改善が常に求められる。しかしその規則と規制は保護を提供する。資金豊かな司法制度を持つ欧米人には無意味に思えるかもしれないが、密林のキャンプで毎日レイプされ、目の前で子どもを虐殺されたコンゴの母親にとって、ＩＣＣは救済のための唯一の希望となりえるものだ。ハーグの法廷での面倒な法的議論や、遅々として進まない裁判の背後には、そうした数多くの人間の顔が存在する。

自身の行為に対し報いを受ける恐れがない限り、男性は、女性の体を紛争地域で拉致し、虐待し、廃棄してかまわない物として扱うことをけっして躊躇《ちゅうちょ》しないだろう。反政府勢力や軍の司令官が、兵士に教育やしつけをおこなうことは期待できない。身体を引き裂かれ切断されて、パンジ病院にやってくる被害者が絶えることもないだろう。

コンゴで今でも犯罪が後を絶たないのは、犯罪がいっさい断罪されないからだ。私のオフィスで自分の過去を臆面もなく語った元子ども兵が、自分の罪を告白するのになんの恐れも感じなかったのもそれが理由だ。

それゆえ私は、虐待されたコンゴ人女性の代理として賞を受けるたび、すべての演説で、行動を起こしてほしいと国際社会に訴え続けている。なぜ、コンゴの苦しみをつくり出した者たちを裁くための真剣なとりくみが皆無なのか、私には理解しがたい。

旧ユーゴスラビアとルワンダでのジェノサイドは、特別国際法廷の開催を促し、合わせて250

人を超える凶悪な加害者が起訴された。２００２年に設置されたシエラレオネ特別法廷は、西アフリカの同国で１９９０年代に起きた内戦を捜査し、２０１２年にチャールズ・テイラー元リベリア大統領を戦争犯罪で有罪とした。

１９７０年代の４年間で１５０万人以上の死者を出したカンボジアのクメール・ルージュの指導者たちを起訴するため、国際支援のもと刑事法廷が２００３年に設置された。

コンゴにおける20年間の死者数は巨大だ。しかしここでもまた、正確なデータが不足している。非営利団体の国際救済委員会が超過死亡者数を使っておこなった計算によると、１９９８年から２００８年の最初の10年間だけで、戦闘自体で、あるいは戦争による病気や栄養失調によって、およそ５００万人の命が失われた。にもかかわらず、ＩＣＣによる限定的な捜査と、コンゴでたまにおこなわれる軍事裁判を除けば、この国の不幸の原因をつくった者を裁こうとする真剣な試みはない。

その理由は、証拠がないからではない。国連人権高等弁務官事務所は、ルワンダ軍、ウガンダ軍、ブルンジ軍が支援する反政府勢力による2度のコンゴ侵攻があった１９９３年から２００３年までのあいだに起こった戦争犯罪の詳細な調査をおこなった。20人以上の人権専門家チームが、１２００人以上の目撃者にインタビューをおこなった。

その結果、「マッピング・レポート」と呼ばれる、５００ページ以上におよぶ徹底した調査報告書が完成した。[*1] 人道に対する犯罪やジェノサイドの可能性もある深刻な人権侵害が６１７件詳述されている。報告者たちが表現に窮するあまり、「言いようのない残酷さ」と記している箇所も多い。

報告書は、私自身に影響をおよぼした事件にも触れている。レメラの病院への襲撃は75ページ目に記載があり、故郷カジバ村での虐殺はその60ページ後に登場する。その数ページ後には、反政府組織とルワンダ将校に対する攻撃の報復として1998年8月に起こった、カシカ村での虐殺、大量レイプ、身体切断が記されている。

殺された女性のひとりは、部族長の身重の妻だった。私はその数週間前に彼女を診察し、双子を妊娠していることを告げたばかりだった。彼女は腹を切られて、子宮から赤ん坊が抜きとられた。同じ地域にあるムウェンガという街の中心部では、15人の女性がレイプされ、裸で通りを引きまわされ、生き埋めにされたことを調査官が発見した。どのページも恐怖に満ちている。

マッピング・レポートを担当した国連弁務官は、ルワンダ・ジェノサイドの法廷の裁判官として、レイプを戦争犯罪と定義することに多大な貢献をした南アフリカ出身のナビ・ピレイだ。彼女は、私を奮い立たせてくれた多くのパワフルな女性のひとりである。

ピレイは、ダーバンのインド系移民の家庭に生まれ、貧困のなかで育ち、反アパルトヘイト闘争に参加した。その決意と鋭い知性によって、南アフリカ初の非白人の高等法院判事となった。謙虚でありながら、妥協せず真実を追求し、恐れもひいきもなく仕事を遂行する彼女は、その過程で多くの敵をつくることになった。

マッピング・レポートは、コンゴでの暴力の責任を追及する最初の試みだった。2010年に発

＊1 https://www.asil.org/insights/volume/14/issue/38/un-mapping-report-documenting-serious-crimes-democratic-republic-congo

表したこの報告書のなかで、ピレイは、今も起きている大量レイプや暴力と、司法の不備を明確に関連づけた。「現在も続くコンゴの不処罰文化は、紛争解決と天然資源の支配のため、武装集団の形成と展開、暴力の行使を助長してきた」と述べている。

こうした恥辱に光を当てようとしたことで、ピレイは弁務官としての2期目の任期途中で退任を余儀なくされ、報告書を敵視する国々、とりわけルワンダから責め立てられた。発表前の草稿がマスコミにリークされたが、残虐行為におけるルワンダ軍の役割と、コンゴ領土内でのフツ系難民の殺戮がジェノサイドに相当しうるとの提言に、報道は注目した。

ルワンダ政府はレポートを「断固として否定」し、コンゴ国内のフツに対して2度目のジェノサイドが起きたとする「ダブル・ジェノサイド論を認める」試みであると批判した。元軍司令官のポール・カガメ大統領は、自国の３０００人の平和維持軍兵士を国連の活動から撤退させると脅迫した。潘基文《パンギムン》事務総長は、関係を修復しようと急遽ルワンダを訪問した。

結局、最終的に発表された報告書は、骨抜きにされたものだった。不確かさを暗示する「……したとされる」という言葉がより頻繁に登場した。発表された後、報告書は国連本部のどこかの棚か引き出しにしまい込まれ、10年以上たった今日でも、この膨大な調査は意味がないと非難されたままとなっている。

報告書は、過去と向き合い傷を癒すために信頼できる「真実と和解」メカニズムをコンゴ政府が設置することなど、一連の勧告を盛り込んでいた。最も深刻な人権侵害を起こした者を裁くため、コンゴと諸外国の裁判官で構成される特別法廷の設置も提案していた。当時、ルワンダ国際刑事裁判所の権限をコンゴでの犯罪の訴追に拡大すべきだとの意見もあった。

これらの勧告で実行に移されたものはない。ジョゼフ・カビラ大統領が無視した理由は明らかだ。彼は犯罪行為が記録されているルワンダ兵士とともに、父親の反政府組織で活動していたのだ。世界の大国のなかにも、マッピング・レポートによる調査を進めようという意欲は見られなかった。特にアメリカとイギリスは、ルワンダの支援と保護を続けていた。ジェノサイドの予見・防止ができなかったと批判されたアメリカは、1994年以降、復興資金としてルワンダに数千万ドルの人道支援をつぎ込んできた。

報告書とその勧告を国際的に提起することは、今でも多大な注意を要し、危険でさえある。2020年後半、発表から10周年の折に、報告書について発言したことで、私はルワンダの国営メディアから悪質な中傷攻撃の標的にされ、殺害予告も相次いだ。

国際社会は、コンゴから目をそらし続けている。コンゴの原材料の搾取に関するものなど他にも国連報告書が数多く発表されたが、暴力が世界の目にさらされないよう国連維持軍の数を最大化する以外、意味ある行動はほとんどとられてこなかった。1999年にコンゴに配備された国連平和維持軍は、紛争が悪化するにつれて着実に規模を拡大してきた。現在の人員数は約1万6000人で、年間10億ドル以上の費用がかかっており、アメリカが最大の拠出国である国連基金から支出されている。これは史上最大の国連平和維持活動となっている。

コンゴで活動する警察官や兵士はプロ意識と勇気をもって最善を尽くしている。私自身の防護活動にも感謝している。しかし、彼らはコンゴで勝ち目のない戦いに従事している。影響をつくり出すには人数が少なすぎるし、交戦規定のために反政府勢力と戦うことができないのだ。

法の正義で責任をとらせることだけが、コンゴに永続的安定をもたらすことができる。国際社会は、平和維持軍に資金を投入するよりも、加害者を裁くため、あらゆる影響力を行使できるはずだ。平和維持活動の年間予算は、複数の国で捜査を実施しているICCの予算の8倍以上にもなる。優先順位を見誤った深刻な事例と言えるだろう。

国際社会は、コンゴでの紛争に終止符を打つために、法律、経済、外交といった自在に使えるはずのあらゆる手段を適切に動員することはいっさいなかった。私たちの国は、証言する意欲を持ち、権威の基盤として法が銃を圧倒する日を待ち望む人々であふれている。パンジ病院で治療を受けた女性たちは、体に負わされた傷害によって沈黙を強いられている、打ちひしがれた被害者でもなければ、無言の犠牲者でもない。他者を守るために声を上げることをためらわない、勇敢で力強いサバイバーなのだ。

必要なのは、彼女たちに耳を傾け、加害者を投獄し、他の加害者たちに不処罰の時代は終わったのだというメッセージを発することのできる司法制度だ。コンゴ政府が先導的な役割を担うべきであることは、言うまでもない。2019年に選ばれた新たな大統領は改革を約束している。しかし、コンゴが行動できない場合に介入して目的を果たす組織として、ICCが創設されている。

国家がレイプ犯を裁く手段を持たないことが多い紛争地帯で加害者を裁くためのメカニズムについて、これまで考察してきた。では、平和な国では性暴力はどのように訴追されているかを考えてみよう。裁判所や警察が機能している国では、女性はより保護されているだろうか。

残念だが、実際には大した違いはない。

アメリカの非営利組織であるレイプ・虐待・近親相姦全米ネットワーク（RAINN）は、性的暴行事件1000件のうち、警察に通報されるのはたった230件であると推定する。[*2] 女性4万人のインタビューに基づく大規模な調査をおこなった欧州基本権機関は、圏内28か国の性犯罪のうち、警察に届けられたのはわずか14％だったと、2014年に結論づけた。[*3] 同年におこなわれた、カナダでの被害に関する総合的社会調査では、通報された事件はわずか5％という結論だった。[*4]

性犯罪は、あらゆる犯罪のなかで最も通報されない犯罪であり、他の形態の暴力とは異なり、先進国でも減少していないことが、調査によってくり返し示されている。さらに、警察に通報されたごく少数の事件のうち、有罪判決に至るのはほんのわずかだ。これは「attrition」（減少の意）と呼ばれ、司法取引による有罪答弁や有罪判決に至らなかった事件の数だ。

何十年ものあいだ、フェミニスト団体や政府は、勇気を出して犯罪を通報するよう、性暴力被害者に働きかけてきた。これは前章のテーマでもあった。レイプにまともにとりくむためには、沈黙を破り、タブーを打ち砕くことが不可欠だ。

悲劇的なのは、この助言に耳を傾ける女性はほとんどの国で増えているのに、訴追の成功例がそ

*2 Rape, Abuse & Incest National Network. "The Criminal Justice System: Statistics." Washington, DC: RAINN, 2021. https://www.rainn.org/statistics/criminal-justice-system
*3 https://fra.europa.eu/sites/default/files/fra-2014-vaw-survey-at-a-glance-oct14_en.pdf
*4 Research and Statistics Division. "JustFacts." Ottawa: Department of Justice, Government of Canada. April 2019. https://www.justice.gc.ca/eng/rp-pr/jr/jf-pf/2019/apr01.html

れに追いついていないということだ。ますます多くの人々が、訴える決意を固めるようになってい
る。#MeToo 運動は、その流れを大きく後押しした。

イェール大学の2人の研究者は、ハーヴェイ・ワインスタインに対する告発が初めて報道されてから6か月間の、世界の先進30か国での通報件数を調査した。そのデータによると、性的暴行事件の通報件数はすべての国で平均13%増加していた。[*5]

しかし、イギリスでは近年、起訴件数が絶対的には減少している。イングランドとウェールズの検察庁が2018年に起訴したレイプ事件はわずか1758件で、前年から38%の減少となった。[*6]

フランスでは、#MeTooをきっかけに申立て件数が急増し、内務省の数字によると、2017年は前年比で11%増、2018年は19%増、2019年は12%増となった。しかし有罪判決の数は、過去10年間で減少している。2007年から2017年のあいだ、レイプで有罪判決を受けた人の数は40%減少した。[*7]

アメリカで警察に通報されるレイプ事件は、1000件のうち230件にすぎない、とRAINNは推定する。通報された事件のうち、逮捕につながるのは46件で、有罪判決に至るのはわずか5件だ。つまり、1000件のうち995件のレイプ事件で、加害者は処罰を免れているということになる。

2017年10月に#MeTooが爆発的に広がってから1年後にニューヨーク・タイムズがおこなった分析では、著名な地位にある201人の男性が、告発が明るみに出てから辞任に追い込まれたことが判明した。そのうち半数以上(124人)は女性が後任となり、注目度の高い仕事における大き

なジェンダー不均衡の是正に貢献した。これは進歩だが、起訴された数はまだわずかだ。ワインスタイン、俳優ビル・コスビー、歌手Ｒ・ケリーといった一握りの有名人以外、法の手にかかった者はほとんどおらず、２０２０年３月のニュースサイト「Axios」の分析によればわずか11人であった。

もっと多くの女性が声を上げ、被害を警察に通報するためには、やってよかったと思える自信を持てなくてはならない。問題は通常、法律自体にあるのではない。性犯罪に関する国内法の進歩は、近年の国際法の改正より前にさかのぼるが、理論上の保護しか提供できないという欠点は共通している。

問題は、刑事司法制度の隅々にはびこる偏見が女性に不利に働いていることだ。歴史的にレイプがどのように起訴されてきたかをさかのぼれば、山のように例がある。

最古の文明では、レイプは姦通罪や姦淫罪として扱われていた。中世ヨーロッパの法律では、レ

＊5　Levy, Ro'ee, and Martin Mattsson. "The Effects of Social Movements: Evidence from #MeToo." SSRN, March 2020. https://conference.nber.org/conf_papers/f138191.pdf

＊6　Barr, Caelainn, Alexandra Topping, and Owen Bowcott. "Rape Prosecutions in England and Wales at Lowest Level in a Decade." *Guardian*, September 12, 2019. https://www.theguardian.com/law/2019/sep/12/prosecutions-in-england-and-wales-at-lowest-level-in-a-decade#:~:text=Rape%20charges%2C%20prosecutions%20and%20convictions,years%20to%2058%2C657%20in%202018.

＊7　Franceinfo. "Les condamnations pour viol ont chuté de 40% en dix ans." France Télévisions, September 14, 2018. https://www.francetvinfo.fr/societe/harcelement-sexuel/les-condamnations-pour-viol-ont-chute-de-40-en-dix-ans_2940491.html

イプ自体を女性に対する犯罪と見なすように発展したが、それは女性の「名誉」が侵害された場合に限られた。ほとんどすべての法制度が、この概念を中心に置いていた。

そもそも名誉を持った女性のみ――例えば貧困層、売春婦、マイノリティは排除された――が、レイプ被害者となることができた。そして男性のみで構成された法廷は、自分が名誉に値することを証明するよう女性に要求した。

女性がなんらかの形で攻撃を助長したという兆候と同様、女性の性的履歴は関連証拠とされた。「名誉ある」女性はみな、自らの名声を守るために攻撃者を撃退しようとするだろうという前提から、攻撃に抵抗していたことが期待された。そのため、外傷が見られない、あるいは助けを求めて叫んだ形跡がなければ、疑われ、失格とされた。

未婚の女性は、攻撃を受ける前は処女であったことを証明しなければならなかった。過去に性的経験があれば、被害者となる資格を失った。指2本を膣に挿入して弾力性を調べるという、まったく信頼性のないいわゆる処女検査は、18世紀から19世紀にかけてほとんどのヨーロッパ諸国で一般的だった。

そして、すべての告訴人が、初めから疑いの目で見られた。女性は、結婚を強要したり、妊娠の理由とするために、あるいは単に頭が弱くヒステリックであるため、性的暴行をでっち上げる傾向があると、男性法律家は広く思い込んでいたからだ。

17世紀のイギリスでは、レイプは訴えるのは簡単だが防御するのは難しい、という説明を、裁判の審理の前に陪審員に読み上げる「注意事項の説示」と呼ばれるものが制度化されていた。大英帝国全体に広がったこの制度は、オーストラリア、アメリカ、カナダ、多くのアフリカ諸国、アイルランドなど、遠く離れた国の法制度に、最近まで根づいていた。1970年代から1980年代まで、裁判官が陪審員に対して、レイプは「告発は簡単だが、そうなれば防御することは困難」と告げていたのだ。

このように、レイプがどう見なされ訴追されてきたのか、ごく簡単にでも歴史を知っておくことは、西側諸国の法制度に今日も見られる偏見や問題を理解するために不可欠なものだ。今とは違う時代の露骨で使い古された偏見である、名誉という概念は今も残っている。女性が「不適格」な点のない「完璧な被害者」でない限り検察官が事件を引き受けたがらず、陪審員が有罪の判断を下したがらないのはこのためだ。

近年でも、被害者を非難し、加害された責任が女性にあるとした事件が注目を集め、古い習慣や考え方がなかなか消えないことを思い知らせるものとなった。スタンフォード大学の水泳選手ブロック・ターナーの2016年の裁判では、被害者のシャネル・ミラーは、彼の弁護人から服装、恋人との関係、性的履歴について尋問を浴びた。

2018年初頭の北アイルランドの裁判所でのラグビー選手2人によるレイプ裁判では、告訴人のTバックスタイルの下着が法廷で公開された。彼女の信用を傷つける戦術であり、人格に疑いの目を向けさせる方法だと、活動家たちは見なした。帰宅する彼女が号泣していたという目撃証言や、膣に裂傷を負ったという医師の診断書にもかかわらず、選手2人は無罪となった。

2018年、スペインでは、「狼の群れ」を名乗る4人の男性が起訴された事件の際、被告人のひとりが雇った私立探偵が提出し、下級裁判所の裁判官が「証拠」として認めた写真は、10代の被害者が暴行を受けた後に友人たちと微笑むものだった。トラウマがない証拠だとでも言うかのようだ。

これらの事件はすべて、事件の処理の仕方、被害者の扱われ方、最終判決に対する抗議を引き起こした。最も保護的な法律がある国でさえ、性的暴行の被害者に対する何世紀も続く差別的扱いに根差した性差別や偏見が、影響を与え続けていることを示した事件だった。

また、性的純潔さなくしては証人として信頼されないという理由から、サバイバーが依然として「処女検査」を強要されている国もある。国連女性機関によれば、今でも20か国以上で、医療的根拠はないのに、告訴人はそのような検査を受けなければならない。インドでは、最高裁判所が2013年に禁止するまで、「指2本」検査はレイプ捜査の一部だった。

虚偽のレイプ告発が蔓延していることを示す証拠がないにもかかわらず、女性は嘘をつく傾向があるという考えは根強く残っている。これは、フェミニストたちが何十年も闘ってきたいくつかの「神話」のひとつだ。しかし、警察官から、検察官、裁判官、陪審員に至るまで誰もが、女性は二枚舌であるとして疑いの目を光らせている。

虚偽の訴えがたまに証明されたり認められたりすると、メディアは過熱報道をおこなうが、そうしたケースはごく少数であることはあらゆる調査が示している。全米性暴力調査センターによると、アメリカでおこなわれた3つの研究に基づく、最も一般的に引用されている数字は、「虚偽」の件数は2％から10％であるとしている。２００５年にイギリスの内務省がおこなった大規模な調査では、法執行機関に申し立てられた３５２７件のレイプ事件を調べ、「虚偽であると判断された」のはわずか9％だったと結論づけている。[*8]

なぜ、半世紀にわたって法律が大きく拡大し改善したにもかかわらず、通報や有罪判決が衝撃的に少ないままなのかを理解するためには、性的暴行のサバイバーに対するこうした歴史的偏見を認識しなければならない。

フェミニスト団体による努力の甲斐あって、性的暴力やハラスメントに対する法律は１９７０年代以降に大きく拡充した。女性の名誉、貞節、慎みなどを指す性差別的な言葉は排除された。婚姻契約は永続的な性的同意の付与であるという考えは覆され、夫婦間のレイプは犯罪となった。

何をもってレイプとするかの解釈も拡大し、膣だけでなくあらゆる開口部への望まない挿入を含むようになったことで、男性被害者も理論的に保護されるようになった。指や物による望まない挿入も、ペニスによる挿入と同様に訴追される可能性が加えられた。

いわゆるレイプシールド法は、性的履歴を利用して被害者の信用を傷つけることを厳しく制限している。多くの被害者が恐怖のあまり硬直したり、自分の意思に反してセックスを強要されること

*8　Kelly, Liz, Jo Lovett, and Linda Regan. "A Gap or a Chasm? Attrition in Reported Rape Cases." London: Great Britain Home Office Research Development and Statistics Directorate, February 2005.
https://webarchive.nationalarchives.gov.uk/ukgwa/20110218141141/http://rds.homeoffice.gov.uk/rds/pdfs05/hors293.pdf

もあるということが認識され、訴えを証明するための身体的外傷の必要性はもはや重視されていない。被害者が暴行を受けた直後に当局に届け出ることも、もはや必須とされない。これも、初期のレイプ法の差別的な内容だった。

現在、世界で最も先進的な法律は、同意に基づくものだ。身体的暴力があったかどうかを裁判官や陪審員が検討する必要性を排除している。同意はパートナー双方が自由に与えるものでなければならず、特定の個人——例えば意識のない人や弱い立場にある人、脅迫または強制されている人——は与えることができないとしている。

スウェーデンは2018年、他国よりさらに踏み込んで、パートナー双方が言葉や態度で明確に性行為に同意することを必要とする新たなレイプ法を制定し、注目を集めた。これは「yes means yes（積極的な同意）」モデルであり、同意を拒否した場合でなければ、挿入がレイプと見なされない法律（「no means no」）とは異なる。

一部の保守層からは、スウェーデンの恋人たちはベッドに入る前に契約書を交わさなくてはならないとか、互いの同意の有無を話しあうために情熱をいったん脇に置かなくてはならない、などと大げさに報道され、嘲笑された。この法律の重要かつ賞賛すべき点は、パートナー双方、特に女性が、すべての段階で、自らの同意を積極的に行動か言葉で示す必要がある、というメッセージを発していることだ。問題は、「同意」がいまだに多くの人々に誤解されていることだ。

女性の権利の進歩は停滞しているか、まったく起こっていない国もある。これは、後進の途上国と先進の西側諸国という、単純な図式ではない。例えば、地中海に位置する、小さいながらも裕福なEU加盟国のマルタは、レイプは「家族の良好な秩序に影響を与える」犯罪であると、2018年まで考えていた。コンゴでは2006年にレイプに関する優れた法律ができたが、他の多くの法律と同様、問題はその実施にある。

アメリカの運動団体「イクオリティ・ナウ」は、82の法域における性的暴行の関連法についての大規模な調査結果を2018年に発表し、イラク、クウェート、フィリピンを含む少なくとも9か国で、加害者が被害者と結婚すればレイプの刑罰を逃れることがいまだに可能であることを強調した。レバノン、ヨルダン、チュニジアにも同様の法律があり、やっと改正されたのは2017年のことだ。

シンガポール、インド、スリランカなど、さまざまな国に住む既婚女性は、夫婦間のレイプが犯罪として認められていなかったため、夫によるレイプ被害を訴えることができなかった。他の多くの国でも、時代遅れの言葉使いや、法廷での証拠提出が必要だったせいで、有罪判決を得ることがほとんど不可能だった。西アフリカのセネガルでは、2020年1月に軽罪から重罪に分類し直されるまで、レイプは重大な犯罪と見なされていなかった。

世界的なレイプの蔓延にとりくむ最初のステップは、女性を自律的で独立した個人として十分に認識する、同意の概念をとり入れた明確な法律を制定することだ。レイプ行為に長期の実刑を科す厳格な性的暴行法は、抑止力として機能するだけでなく、起草の段階から、権利や責任について男性や女性を教育する機会にもなる。

しかし、これは始まりにすぎないことは、２００６年に制定されたコンゴの法律も示している。リソースや教育を必要とする、もっと幅広い改革の一部であると認識されない限り、法律だけで意義ある影響はつくり出せないだろう。

できることはたくさんある。最も急進的な活動家は、性的暴行事件の「推定無罪」の原則を覆すことを提案している。そうすれば、被告人は無実を証明できない限り有罪と見なされることになる。誤審を招くことは確実だが、ほとんどのレイプ犯が無罪となっている現在よりも、その確率は低くなるだろう。

この提案の意義は理解できるが、私は同意はできない。基本的な法原則を覆すのではなく、レイプの訴えへの対応がより公平でバランスのとれたものとなるよう、現行のシステムを改善する方法を検討しなければならない。

最も重視すべきは、支援や助言を求める被害者に方向性を示して援助できる、訓練を受けたスタッフの配置だ。被害者との最初の接触は、通常は病院か警察署でおこなわれるが、女性が告訴するかどうかを決める上で決定的に重要となる。

看護師、医師、警察官は、起訴の際に使用できる証拠を探し、保存する方法を知っておかなければならない。爪や皮膚、体内に含まれるＤＮＡを検査し、レイプと一致する損傷の形跡がないかどうか調べるのだ。詳細な書面と、裁判で認められるような診断書を作成する必要がある。

パンジ病院では、新たな患者を受け入れるたび、これらすべてをおこなうことが習慣となっている。しかし、性的暴行犯罪をとり扱うとき特有の要件の重大性に気づいていない医療機関や警察署では、これらの手順や業務は一般的ではない。特に、無知、性差別、女性嫌悪《ミソジニー》がありふれている職場では、大きな文化的転換が必要となる。業務は手続き的で事務的なものだが、心理的、社会的な側面も重要だ。

警察官や看護師は、性的暴行の被害者が自分の身に起こったことについての脆弱感、場合によっては恥を感じていることを理解することが不可欠だ。

不適切な質問（「……は本当ですか？」）や思いやりのない態度（「なぜ彼と会うことに同意したのですか？」）は、被った犯罪について自分もなんらかの責任を負っているという、被害者に共通する感情を強める可能性がある。

医療従事者や警察官は、被害者が詳細を思い出し、起きたことを時系列で語る能力に影響を与えることの多いトラウマの重要性についても理解する必要がある。多くの患者が、意識を失ったり、凍りついたり、体外離脱のような感覚を味わったりして、加害者のことをぼんやりとしか覚えていないと語っている。これらを根拠に被害者を疑ってはならない。

性的暴行の対応策の訓練を受けた女性警察官の配置は、性犯罪の通報や有罪判決の改善に役立つ。女性は一般的に、個人的な性体験について、他の女性により話しやすさを感じるが、これは世界的に男性が支配的な警察組織にとって課題となっている。

警察官、医療従事者、心理カウンセラーが24時間体制で対応する、性的暴行の被害者のための「ワンストップセンター」構想は、はずみがついてきた。こうした施設は1970年代にアメリカで初めて開設され、以来拡大している。イギリスとカナダにも公的資金による同様のとりくみがあり、ベルギーとフランスでも、同じ構想を独自の形で拡大させているところだ。インド政府もまた、2012年にニューデリーで発生し、抗議行動を引き起こした集団レイプへの対応の一環として、レイプ危機管理センターを設置した。

こうした施設は、利用者にとって必須の資源であり、市民や警察関係者に知識を広めるうえで重要な役割を果たしうる。しかし、その存在が広く知らされない限り、これらの利点は失われる。規模についても問題がある。通常、人口の多い中心地でしか成立せず、人員も資源も不足していることが多い。

より長期的な解決策は、僻地から都市部に至るまで、すべての警察・医療機関の意識を高め、性的暴行を訴えようとやって来る女性をそれと認識し、対処できるようにすることだ。女性は復讐的に性的暴行の訴えをでっち上げる傾向があるという神話が非常に広く浸透しているため、警察当局は行動を起こさなかったり、粗雑な捜査で証拠を見逃すことが多い。これは今でも、ほぼどこでも起きていることだ。あまりにも多くの警察官が、女性に対する暴力の文化を気にかけていないか、そんなものだと擁護している。

専門技術を持つ私は、特に複雑な再建手術を必要とする症例について、海外から助言を求められることがあり、数年前にベルギーの患者に手術をおこなった。その患者は集団レイプの際に負った外傷性フィスチュラを患っており、複数の手術を受けたが再発していた。

女性の治療には成功したが、私はその後、彼女が警察で受けた対応を聞き衝撃を受けた。深いショック状態で地元の警察署に被害届を出しにいったところ、まるで酔っぱらいのように扱われ、酔い覚ましのために独房に連れて行かれたというのだ。その後、警察官が彼女の出血に気づき、病院に連れて行った。

アメリカのデトロイト市では、警察が性犯罪の捜査に真剣にとりくまなかった場合に起きうる事態について、悲劇的な事例が起きた。２００９年、老朽化した市の倉庫で、事件後にＤＮＡを採取するために使用されたレイプキットが１万１０００個以上見つかった。検査はいっさいされていなかった。

法医学的証拠を収集するための、小型容器と綿棒でできたレイプキットの発明は、「ニューヨーク・タイムズ」紙の最近の調査によれば、マーティ・ゴダードというシカゴの活動家による１９７０年代の功績とされているが、彼女は完全に見落とされ、忘れられていた。マーティは、レイプ事件の捜査に努力が払われておらず、警察官が日常的に証拠を隠滅していることに愕然とした。当時、シカゴ警察の訓練マニュアルは、「多くのレイプの訴えは筋が通っていない」「実際のレイプ被害者は一般的に、名誉を汚された人間という印象を与える」と新米警官に教えていた。*9

デトロイトで放置されていたキットの発見はスキャンダルを引き起こし、過去10年間で数百件の捜査が開始された。ＦＢＩの法医学データベースには、数千件の一致があった。その結果、８００

*9 Kennedy, Pagan. "The Rape Kit's Secret History." *New York Times*, June 17, 2020. https://www.nytimes.com/interactive/2020/06/17/opinion/rape-kit-history.html

人以上のレイプ容疑者が特定され、２０１９年末までに２００人近くが有罪判決を受けた。[*10] うち数人のレイプ犯は、彼らのＤＮＡを含むレイプキットが未検査のまま放置されていたあいだに、他の被害者に暴行を加えていたのだ。

刑事司法制度の「全面的」変化の必要性を、活動家が訴えるのは理由がある。すべての部分が機能するようシステム全体を変えない限り、結果は得られないのだ。連鎖のなかにひとつでも弱いつなぎ目があれば、女性が正義を勝ちとるチャンスは失われ、将来の被害者を生み出すことになる。デトロイトの例を見てみよう。デトロイトのあるミシガン州では、同意に基づく厳格なレイプ法が適用され、性的暴行を最高で終身刑としていた。警察には、証拠をとるためのレイプキットの備えがあった。数千人の女性が活動家の助言を聞き入れて、申立てやＤＮＡ鑑定をおこなっていた。

そこに到達するまでに、どれだけの労力が必要だったか。議員や市民団体が、文字通り何十年もかけて活動した成果なのだ。しかし、現場の警察官に、証拠の処理や適切な捜査をおこなう気がなかったせいで、その努力は無駄になってしまった。

悲しいことに、世界中のほとんどの女性はレイプキットを入手できず、レイプ事件の証拠保全の訓練を受けていない、あるいはそれをおこなうことを敵視する警察官とやり取りをしなければならない。また、被害者が性的暴行を受けてから72時間以内に医学的検査を受けない限り、収集できる物的証拠が失われる可能性は高い。

多くの被害者に共通する、レイプ犯にかかわるあらゆる記憶を消し去りたいという衝動は、理解できるものだ。衣服を燃やした被害者もいれば、加害者の臭いを消し去ろうと何度もシャワーを浴びたという被害者もいる。

性的暴行事件の公訴時効についても注意が必要だ。国によって異なり、国内で異なる場合もある。犯罪の発生後に起訴できる期間に制限を設けるという考え方は、法律を維持する必要性と、時間の経過とともに薄れ変化する記憶に基づいて誰かを告発する危険性とのバランスをとることを目的としている。

しかし、ほとんどの国では、最も重い犯罪とされる殺人に時効はない。レイプの破壊的な影響は明らかなのに、なぜ異なる扱いをするのか？　例えばアメリカでは、アラスカ州ではレイプの起訴に期限はないが、マサチューセッツ州では15年の期限がある。[*11]

性犯罪は、他の重罪とは異なる。被害者が安心して、自信を持って行動を起こせるようになるまで何年もかかることがある。子どものころに虐待を受けたり、加害者が家族の一員であった場合は特にそうだ。こうした要素は、長期間の公訴時効を必要とする根拠となる。

DNAが後になって採取される場合もある。一致する証拠が20年後、30年後に見つかったからといって、期限切れなどとは言えないではないか。

*10　Brand-Williams, Oralandar, and Kim Kozlowski. "10 Years In, Detroit Rape Kit Crisis Vanquished." *Detroit News*, August 13, 2019.
https://www.detroitnews.com/story/news/local/wayne-county/2019/08/13/detroit-touts-success-rape-kits-crisis/3770362002/
*11　Rape, Abuse & Incest National Network. "Understanding Statutes of Limitations for Sex Crimes." Washington, DC: RAINN, n.d.
https://www.rainn.org/articles/statutes-limitations-sex-crimes

紛争下でも平時でも性的虐待の規模は大きく、証拠収集の難しさや目撃者の少なさもあいまって、この問題はけっして根絶できないと考えたくなる人もいるだろう。性犯罪の起訴は不可能で、通常は密室で起こる犯罪について「彼女があぁ言った」「彼がそう言った」などと、ある人の言葉を他者の言葉と闘わせているにすぎないと、多くの悲観論者は考えるだろう。

彼らはまちがっている。証拠収集や捜査方法を改善するため、政府にできることはたくさんある。継続的な投資とリソースを必要とすることは否定できない。

しかし、圧倒的に女性が男性を標的にする犯罪を想像してみよう。仮定上の話として、男性に深刻な精神的苦痛を与え、肉体的な傷を負わせることもある、耐えがたく暴力的なペニス攻撃の惨劇が発生したとしよう。

問題は深刻化し、何千人もの男性が訴えたが、警察は捜査に関心を示さなかった。何件かは裁判になったが、被告人となった女性はみな、無罪となった。男たちは自分で自分を傷つけたのだと、裁判官や陪審員は結論づけた。同様の事件が相次いで報じられ、男性はみな、不安を感じるようになった。

これがスキャンダルとして扱われないなどとは、考えられないだろう。路上ではデモが起きるだろう。政治家は、罪人に対する「懲罰的な司法」、より厳しい判決、教育や捜査のための特別なリソースを約束し、互いに競い合うだろう。新聞は行動を促すキャンペーンを展開するだろう。3章で、2008年にペニスを切断された若い男性患者に触れた。病棟は負傷した女性でいっぱいだったにもかかわらず、この男性に対するマスコミの異常なまでの関心は、メディア報道におけるジェェンダーバイアスをこれ以上ないほど明確に示している。

世界中の女性に対する性犯罪のレベルは、想像上のものではなく、真のスキャンダルであり、まさに今、起きているのだ。性差別と、女性の命に価値が置かれていないために続いているのだ。どの国でも、国家安全保障の優先事項とされて当然である。

正義は実現するのだろうかと疑う人には、カヴムでのバトゥミケの事件を紹介したい。検察と警察は、バトゥミケに手を出すことはできないし、できることは何もないと言った。彼は今、刑務所のなかにいて、事情が許せば、一生そこにいることになる。

コンゴ、ミャンマー、スーダン、シリア、イラク、イエメン、アフガニスタンで、こうした勝利がもっと必要だ。法の支配を支えるため、より多くの国際的な法の正義と国家間の協力が必要だ。ワインスタインのような男をもっと投獄する必要がある。

レイプ犯や性的虐待者を罰することは、性的暴行は容認できないというメッセージを送ることになる。有罪判決は、教育になり、抑止となる。戦場であれ寝室であれ、男性が「最悪の」動物として行動するあらゆる場所で、法廷に立たされるリスクがあることを、彼らは知らなければならない。

8
認識と記憶

性暴力の告発に対処するコンゴの刑事司法制度や国際司法制度を改善する重要性は、いくら強調してもしすぎることはない。より迅速に対応し、被害者により配慮し、より効果的にレイプ犯を投獄できる制度となるよう、やるべきことはたくさんある。しかし、例えば紛争地帯など、加害者の特定がほぼ不可能だったり、証拠を収集できないといった場合、女性たちの被害を公の機関が認識し補償する他の術を検討しなければならない。

2010年、私は、それまで何度となく耳にしながら、一度も訪れたことのなかった場所に向かった。病院のベッドの脇や診察室で、涙にくれる患者からその話を聞かされてきた。私の頭のなかで、その場所は、コンゴ東部の生活の特徴である最悪の虐待、貧困、公的機関による放置といったものと関連づけられるようになった。

1999年にパンジに病院を開設して以来、シャブンダ地域から少女や女性が絶え間なくやって来た。320キロの道のりを自力でたどり着く者もいれば、意識を失った、あるいは瀕死の状態で、親戚や援助団体に連れてこられる者もいた。なかでも4章で紹介したワムジラや、6章に登場する病院で将官を卒倒させた少女など、シャブンダの女性たちは、病院にも私にも影響を残していった。

コンゴ東部全土がそうであるように、シャブンダの地域社会は、絶え間ない恐怖と苦痛の原因である武装集団を根絶できないコンゴ軍に見捨てられている。司法制度にも見捨てられているため、レイプ犯や殺人犯は法を恐れず犯罪を続けている。また、水や電気といった基本的サービスを供給できず、地域と外の世界をつなぐ唯一の道路の整備も怠っている国からも見放されている。

地域全体の大きさはアメリカのバーモント州とほぼ同じで、ベルギーよりわずかに小さく、人口は推定100万人だ。コンゴの大部分を覆う赤道直下の密林に覆われている。ブカヴから国連のヘリコプターで現地に向かった私は、その林冠を見て感嘆した。

上空から眺めると、ジャングルは、ブロッコリーの頭がぎっしりつまった巨大な畑のようで、見わたす限り、地面を覆い隠す広大な緑が続いていた。葉と枝の分厚い層の下で光を奪い合う下草、まだらの木陰、つるを切り開いた小道、鳥のさえずりを、私は想像した。それは、かつては好んで歩いていたが、今ではほとんど味わうことができない大自然の姿だった。

1990年代後半から地域住民を恐怖に陥れてきたゲリラ集団にとって、シャブンダが非常に優れた要塞となった理由が、容易に想像できた。人を寄せつけない森、洞窟、むき出しの岩場は、貧しい食事、蚊や蛇の攻撃に耐える覚悟のある者にとっては、絶好の隠れ家だ。

緑の下には反政府勢力のキャンプが存在し、男たちが動きまわり、新たな犠牲を生もうと夜襲を企んでいるかもしれない。私が上空を通過したその瞬間、何人の女性が銃を突きつけられていただろうか。

シャブンダの中心の町へ向かって飛ぶあいだ、戦闘を煽っている違法行為の痕跡も見えた。密集した群葉が途切れるたび、まるで巨大な動物の足が大自然を削りとったかのように、深紅の泥の傷跡と土の山が現れるのだ。木々は、一度にではなく、何千回ものののこぎりの手挽きによって伐採され、古代からの森林がロープで引き倒されるたびに唸り声が上がっていた。

むき出しになった地面では、大人の男性や少年が働いているのが下方に見えた。ほぼ裸の小さな姿が、シャベルやプラスチックの容器を手に、コルタン、金、スズなどを求めて、狭苦しい坑道に入ったり、地表を切り刻んだりしている。彼らの労働は、世界のどこで、どのような製品として、実を結ぶのだろうか。男たちは顔を上げ、ぼんやりと上を見つめていた。

また、河川の浅瀬では、茶色の泥水に足首まで浸かり、前かがみになって砂金をえり分けている少人数の集団の姿も見られた。私はローター（回転部）の騒音に負けないよう、手ぶりを交えながら同行団に指差しで示し、声を張り上げて説明した。

私は、国連人権高等弁務官事務所から資金を受けた調査団に参加していた。韓国の康京和《カンギョンファ》副高等弁務官に率いられ、エリサベト・レーン元フィンランド国防大臣や、活動をともにするなかで固い友情で結ばれることになった、ニューヨークの国連高官であり女性の権利活動家のジェシカ・ニューワースなどが参加していた。コンゴの性暴力被害者に会い、補償に関する当事者のニーズを調べることが目的だった。

私たちは司法制度の実績を評価する任務を負っていたが、存在しないに等しいことが明らかだった。それ以上に重要な任務は、被害者の苦しみを他の方法でどのように補償できるかを調査することだった。

胸が痛むことも多かったが、この任務から重要な真実を学んだ。司法制度が性暴力サバイバーを見捨てているだけではなく、苦しみを軽減するためにとりうる、司法とは違った方法でサバイバーの存在を認めることをしない政府が、事態を深刻化させているのだ。

同じくシャブンダと呼ばれる、シャブンダ地方の中心の町にある滑走路に、私たちは降り立った。地元の人が必要とする物資のほとんどがここに届く。飲食物、台所用品、電池、薬などを積んだ小型飛行機がやっと着陸できるほどの長さしかない、でこぼこの滑走路だった。物不足のため、シャブンダでは水やコーラのボトルが欧米の首都並みの値段になる。

ヘリコプターのエンジンが停止に向かうと、集まっていた多数の人々による歓迎の歌声がかすかに聞こえてきた。そのほとんどが女性で、私たちがヘリコプターから降りると、機体の回転翼が止まろうとして頭上でゆっくりと円を描くなか、私たちのほうに押し寄せてきた。

私はできる限り多くの女性たちと抱き合った。病院に入院していた患者たちとの感動的な再会だった。多くは私が手術し、見覚えのある顔もあった。一度も来たことのない場所だったが、満面の笑顔と抱擁が、故郷に帰ってきたような気分にさせてくれた。

出迎えには地元の高官と、国連平和維持軍の大隊指揮官も来ていた。治安の最新状況について説明した2人は、約2万人が住む町の周辺は安全だが、その外側の住民には軍も国連も安全を保証できないと述べた。

先月、域内では攻撃が急増したと言う。可能な限り現地に行く平和維持軍でさえ、たどり着けない村もあった。道路ではアクセスできず、空路で行くには危険すぎる地域は広大だった。

大勢の現地の女性たちや高官に付き添われ、国連平和維持軍に護衛されて、私たちは村の中心部にある、この地域のサバイバーに敬意を表して建てられた像に案内された。予期していなかった、感動的な出来事だった。

それはブロンズ製の、コンクリートの台座の上に腰を下ろしている女性だった。片方の腕を後ろに伸ばし、地面に手をついて体重を支え、もう片方の手は額に当てている。頭を後ろに倒して顔を空に向け、突然の予期せぬ痛みを受け入れるような、打ちひしがれた表情を浮かべている。肉体的な苦痛に圧倒されているようなポーズのなかにも、立ち上がる十分な強さが備わっていると、私には感じられた。

見る者を不安にさせるような姿だったが、それが表現し、象徴しているものはとても力強かった。ガイドの説明によれば、この像はコンゴの隣国、特にルワンダに向かって東向きに設置されている。地元の人々が、自分たちの不幸と恐怖の元凶と考えている場所だ。

その後、町のなかの建物に案内された。私たちに自分の体験を語ることに同意してくれたサバイバーとの懇談が予定されていた。国内の7か所でそうした懇談をおこなったが、それぞれから、紛争の野蛮さと被害者の勇気を学ぶこととなった。

体験を語ることは強制ではなく、女性のニーズを学ぶことが私たちの目的だと一人ひとりに伝えたが、すべての女性が自発的に自分の体験を話し、多くが何が起こっているのかを世界に知ってほしいと訴えた。

2005年に村でマイマイ武装勢力に襲われた夫婦とも会った。妻は集団レイプされ、火をつけられた脚に濃いピンク色のひどい傷跡が残っていた。彼女を助けようとした夫は、瀕死の状態になるまで殴られ、12本の歯と聴力のほとんどを失った。

夫はその後、妻を見限るよう友人や家族から勧められたが、妻と6人の子どもたちを支えることを決めた。妻に責任はないことを理解していたのだ。一緒に逆境に立ち向かう夫婦として、非常にまれだが、救いとなる例だった。配偶者の支えが得られない人がほとんどなのだ。

7人のサバイバー全員が、自分たちの苦しみに対する最も重要な対応は、他の人々が同じ運命をたどらなくて済むよう、平和と安全を地域にもたらすことだと強調した。「一番の悩みは、敵がまだいることです」。ひとりが言った。「私たちがそれぞれ助けを得たとしても、敵が残っているなら、問題は解決しません」。少女たちが危険を冒して遠くの井戸や小川まで水を汲みにいかなくて済むよう、水場を村の近くに設置するなどの、具体的な提案もあった。加害者が裁判にかけられることを望む声は少なかったが、正義もまた重要だった。

私に深い印象を残したのは、その日の最後の出会いだった。紛争における性暴力を公式に認めないことが、被害者にどのような影響を与えるのか、実感させるものとなった。私たちが最後にインタビューしたのは、シャブンダで出会った最高齢の女性で、61歳だった。夫を亡くしており、ジャングルに拉致され6日間にわたり集団レイプされていた。

その女性はたくましい体格で、活発だった。美しい柄のパーニャに身を包み、私たちと一緒に座り、高く上げた頭は挑戦的だった。まず女性が自分の体験を語り、終えたところで、私は何を求めているか、彼女に尋ねた。

「何もいりません」。そう答えた女性の目は、憤りに燃えていた。「ただ、ひとつだけほしいものがあります。私たち女性は尊敬されるべきです」

「女性は子どもを産み、育て、働きます。それなのに屈辱を受けています。私は、自分の孫と同じ年齢の子どもに辱《はずかし》めを受けました。何をもってもこの恥をぬぐい去ることはできません。それでも私が望むのは、大統領がここに来て公衆の面前で謝罪することです」

「大統領にここで、私たちが受けた苦しみと犯罪を認めてほしいのです。そうすれば私は癒され、ここの人々に尊敬されていると、また感じられるようになるでしょう」。彼女は言った。

私は深い感嘆とともに女性を見た。その言葉には絶大な知恵と力があった。私たちが出会ったほぼすべてのサバイバーと同様に、彼女は報復を求めなかった。圧倒的多数のサバイバーが求めるものは、平和、子どもを教育するための学校、あるいは地域社会を再び結束させるための教会だった。

しかし、その夫に先立たれた高齢の女性が言い当てたのは、性暴力に苦しむ女性が尻込みしがちな「認識」という本質的要素だった。自分が認識されることとともに、保護を怠ったことへの謝罪を聞きたいという願いだった。自分のためだけではない。自分のように黙って苦しみ続けている人々のためにも、それを望んだのだ。

とはいえ、そうした認識が示されることはめったにない。2001年から2019年の任期中に、コンゴのカビラ大統領がおこなったことは、その逆の否定とごまかしだった。危機への注意を喚起しようとする私のような人々を脅迫した。女性たちに賠償金を支払うことができたであろう公的補償制度への資金提供を拒否した。

村の中心に立つ、腰を下ろしたサバイバーの像は、シャブンダの女性を認めるプロセスの一環だった。コンゴの戦争で犠牲となった女性たちへの敬意の公式表明を見たのは、これが初めてだった。ブカヴにはまったくないものだ。

私たちがインタビューした女性たちは、すばらしい像だと語った。何人かがまだ抱えていた羞恥心をとり払う効果があった。その存在は、汚名に苦しむ必要などなく、賞賛や同情に値するのだとのメッセージを発信していた。

紛争のレイプ被害者に捧げられた像や敬意の証が、世界中にどれだけ建てられているのだろうか、と私は考えるようになった。フランスとイギリスのほとんどの村には、第一次、第二次世界大戦の壮絶な戦いで命を落とし、あるいは負傷した兵士を記憶する、なんらかの記念碑がある。毎年の式典で、政治家たちは兵士の勇敢さに敬意を表す。彼らの犠牲をけっして忘れてはならないと人々は言う。その通りだ。

しかし、ドイツ軍、ロシア軍、連合国軍兵に銃を突きつけられレイプされた、あるいは自分や家族を救うためにセックスを強要された、何十万、何百万という女性もまた被害者であったことを、誰が覚えているのだろう。そうした強制された関係から生まれた子どもたちを覚えている者はいるだろうか。

虐待を隠そうとする衝動は、自分の体験を恥じ、騒ぎ立てないよう女性に強要するものだが、これは個人レベルだけでなく、制度や政府レベルでも働いている。戦争や紛争における女性の経験は男性とは違うものだ。戦闘員になることはまれだし、戦争の首謀者になることはまずないが、だからと言って女性の負う被害が男性に劣ることはない。

武力紛争をどのように記録するかに、問題の一端があると私は思う。それが武力紛争をどのように想起し追悼するかに、影響をおよぼすからだ。歴史を最初に起草するのはジャーナリストだが、それが世界のメディアのジェンダー不均衡をつくり出しており、女性が歴史から排除される理由のひとつだ。

「グローバル・メディア・モニタリング・プロジェクト」は、1995年以降、世界の印刷・放送メディアによる女性の登用を調査している。これまでに5回の調査を実施し、最後のものは2015年におこなわれた。それによると、この20年間に貴重な変化はほとんど見られない。ニュースの主題（インタビューを受ける人、ニュースの対象となる人）のうち、女性はわずか24％となっている。

世界のジャーナリストの大半は男性で、特にニュースの議題設定をする上級編集者での優位性は際立っている。男性はまた、戦争報道という専門分野をほぼ独占している。女性記者は取材中、ハラスメントや暴行の危険に直面するが、女性の視点や、他の女性と話し信頼を得る能力は、女性の体験を記録するうえで不可欠となることも少なくない。

ジャーナリストの仕事が終わった後に、歴史の草稿を次々と書き上げていく責任を持つ者も、男性であることが多い。ほとんどの大学の歴史学科は男性に偏っており、紛争に関する画期的研究やベストセラーを執筆する名の知れた歴史家も、ほとんどが男性だ。

戦争に関する記述は、戦略的意思決定者、戦闘行為、技術の進歩、部隊の損失や負傷、個々の勇敢な行動などを重視する傾向がある。どの段階でも、政治家、戦術家、司令官、兵士は男性だ。映画や子ども向けの教科書でも、戦争はこのように描かれている。巻き添え被害を除けば、女性はほとんど見向きもされない。

数年前、「リメンバー・ザ・ウィメン・インスティテュート」の創設者であるアメリカの学者、ロシェル・G・サイデルの共著を読んで、第二次世界大戦に対する私の見方は変わった。サイデルは1970年代後半、当時住んでいたニューヨーク州アルバニーでおこなわれたナチス戦犯の公聴会をきっかけに、ホロコーストのなかで起きた性的虐待に関心を持つようになった。

サイデルが出会った女性の証人たちは、アドルフ・ヒトラーの武装親衛隊の将校だったラトビア人男性ヴィリス・ハーズネルスに対する国外追放の審問で証言するため、アメリカ政府の手配でイスラエルから訪米していた。女性たちの話を聞いたサイデルは、ほとんど語られることのなかったホロコーストにおける性暴力を調べたいと思うようになった。

調査を開始した彼女は、記録文書や資料を調べ、サバイバーへのインタビューをおこなった。ドイツ東部にあったナチスの女性強制収容所ラーフェンスブリュックを訪れた。また、同じ関心を持つ学者仲間のソーニャ・ヘドゲペス博士とチームを組んだ。

ホロコーストにおける性犯罪に関する記録は不足していた。起こらなかったからではない。ナチスの人種法は、ユダヤ人との関係や身体的接触を厳しく禁じていたため、ほとんど何も記録されなかったのだ。しかし、売春宿や性奴隷のシステムは、仮収容所や強制労働キャンプにはびこっていた。広範囲にわたる性的虐待の証拠を掘り起こしながら、サイデルとヘドゲペスは、ユダヤ人女性の体験についての認識を広げるワークショップを企画するようになった。エルサレムにあるホロコースト記念館ヤド・ヴァシェムで開催した際に、聴衆のなかにイスラエルの高名な学者がいた。サイデルが大量レイプについて言及すると、その学者は立ち上がって、見るからに怒りながら発言を遮った。「ホロコーストでユダヤ人女性はレイプされていません。証拠はあるのですか!?」彼は怒鳴った。*1 20世紀における最も悪名高い時代の最後のタブーに挑んでいるのだと、ふたりは悟った。

本を執筆し、ホロコーストにおける性暴力被害はとるに足らないものだったという一般的な見解に異議を唱えるときが来たと、ふたりの教授は判断した。性暴力被害の事実を否定し、あるいは無視することで、歴史家は正当な評価を受ける機会を女性から奪っていた。ふたりの研究の成果は、この種のものとしては初の本として、２０１０年に『Sexual Violence against Jewish Women during the Holocaust』(『ホロコーストにおけるユダヤ人女性に対する性暴力』未邦訳)という書名で出版された。

ユダヤ人女性の性的虐待に関して、なぜほとんど執筆されてこなかったのか。それは、世界中の性暴力がほとんど知られていない理由と同じだ。サバイバーは、声を上げれば地域社会から汚名を着せられるという、個人的代償を恐れていたのだ。

虐待を受けた多くの女性は当時若く、終戦後にレイプサバイバーとして結婚できる可能性を心配した。加えて、ホロコースト特有の圧力もあった。気の遠くなるような規模の殺戮や拷問が起こったため、性暴力を訴えれば、他の人々が被った喪失が軽く捉えられることになりかねないと感じたのだ。生き延びて、ナチスの兵士や囚人仲間による性犯罪を告発しうる立場は、殺害された600万人の同胞ユダヤ人よりも幸運なことだった。

多くのサバイバーが口を開かなかったもうひとつの理由は、メディアと歴史学の分野における女性の割合についての私の指摘と大いに関係がある。ロシェル・サイデルとソーニャ・ヘドゲペスが現れるまで、誰もサバイバーを探し出したり、記憶を共有するよう説得したりすることに、時間を割かなかったのだ。

強制収容所の実態や国家による殺戮の全容を明らかにするのに貢献した――ほとんどが男性の――記者、歴史家、検察官のうち誰ひとりとして、性暴力の証拠を見つけ出そうとはしなかった。尋ねることすらしなかった、あるいは非常に個人的な告白を引き出すような方法で尋ねなかったため、見つけられなかったのだ。前章で述べたように、ナチス戦犯のニュルンベルク裁判では、レイプや性犯罪で起訴された者はいなかった。

サバイバーにとって、記憶を抑圧することの精神的負担はどんなものか。ホロコーストのサバイバーをケアするトロントの介護施設で働くソーシャルワーカーに、サイデルがおこなったインタビューから、うかがい知ることができる。死の床で、息を引きとる前に、心につかえているものを吐

*1 Ungar-Sargon, Batya. "Can We Talk About Rape in the Holocaust Yet?" *Forward magazine*, April 25, 2018. https://forward.com/opinion/399538/can-we-talk-about-rape-in-the-holocaust-yet/

き出そうとする女性が非常に多いと、ソーシャルワーカーは語っている。
「お伝えしたいことがあります」。亡くなる前、女性たちは言う。「私はレイプされました。でも家族には言わないで[*2]」

そうした女性たちのことを読むと、胸が張り裂けそうになる。彼女たちは生涯を通じて、恥の意識を持ったり、注目や同情には値しないと感じたりして、苦しみや心の傷を隠してきた。死の間際にして初めて、秘密にしてきたことの重荷から自分自身を解放することができたのだ。

サイデルとヘドゲペスの努力は、意識の変化をもたらした。男性学者がふたりの講演やセミナーを中断することもなくなった。2018年、ふたりはニューヨークのロナルド・フェルドマン・ギャラリーで先駆的な展覧会「VIOLATED：Women in Holocaust and Genocide」（犯された――ホロコーストやジェノサイドにおける女性たち）を開催し、第二次世界大戦と、ルワンダ、ボスニアでの性的虐待を生々しく描いたアート作品を展示した。

性暴力の存在を認めることで、ゲットーやガス室の忌まわしい事実が少しも損なわれることはない。何が起こったのかをより包括的に明らかにするために役立ったのだ。トロントの介護施設で、最後にささやくような告白を残して旅立った哀れな女性たちにとっては、遅きに失した認識だった。そうした女性たちの体験は、私たちが共有する人類の歴史に流れるジェンダーバイアスを突きつけている。

2018年、私は地球を半周し、認識を勝ちとるための闘いで、自国だけでなく世界でも英雄となったある団体の女性たちに会いに行った。その女性たちは、紛争における性暴力の被害と、反省の意を表明することの重要性を世界に教えたという点で、誰よりも大きな成果を上げている。彼女たちから聞いたことは、カビラ大統領による謝罪を一番に願っていたシャブンダの女性から言われたことと重なった。

その女性たちは、韓国の「慰安婦」だ。20世紀初頭から日本が敗戦する1945年まで、大日本帝国軍によって性奴隷として強制的に徴用されたり売買された推定20万人の少女や若い女性たちを代表している。私は、韓国語で「おばあさん」を意味する「ハルモニ」という呼び方が好きだ。人生を破壊され、数十年間沈黙を強いられてきた女性たちの体験は、同情を抱かせるものだ。同時に、日本政府による正式な謝罪と責任の受け入れを求める彼女たちの運動は、大きな賞賛を受けるにふさわしい。静かな尊厳と鋼のような決意を持って、晩年まで闘い続ける女性たちの原動力は、自身を癒したいという望みだけでなく、他者の助けにもなっているという確信だ。

日本と韓国との大きな外交的緊張を引き起こした彼女たちの運動の結果、韓国はおそらく、世界で最も戦時性暴力の問題に敏感な国のひとつとなっている。女性たちの苦しみは自国の政府にくり返し認められ、その人生に捧げられた像や博物館も建てられている。

私のソウルでの最初の訪問地のひとつ、「戦争と女性の人権博物館」は、この種の博物館として私が初めて訪れた場所でもある。住宅街の裏通りにある簡素な建物で、立地をめぐる論争が起きたため建設に何年もかかったという。一部の韓国退役軍人会が、解放運動の記憶をレイプされた女性

＊2　＊1に同じ。

が汚すとでも言わんばかりに、独立闘争の「殉教者」を称えるソウルの公園内に建てるという当初の計画に反対したのだ。

規模は小さいが、その分インパクトのある博物館だ。2階建てに加え、地下室は薄暗いコンクリートの空間で、多くの女性が収容されていた、方向感覚を失わせるような過酷な状況を再現している。拉致され、国が認可した売春宿に監禁された人々が味わった真の恐怖を学ぶことができる。

ハルモニたちの顔と手がコンクリートで型取りされた壁に、私は強い印象を受けた。表面を突き破ろうとするかのようなその姿は、沈黙のベールを破って自らの体験を公表することの難しさを象徴している。別の壁には、一つひとつのレンガに、サバイバーたちの写真とメッセージが記され、名乗り出ることができなかった人々のためのスペースが残されている。

私は立ち止まって、白衣を着た日本人医師の検査を受ける、棒のように細い惨めな姿の若い女性の写真を見つめた。この医師はどうして、自分の受けた教育と医師としての倫理に背いて、このような忌まわしい残虐行為に手を染めることができたのだろうか、と私は考えた。拉致された女性はみな、屈辱的な性病検査を定期的に受けなければならなかった。

憤りを感じながら博物館を後にした私は、数少なくなったハルモニたちがともに暮らしケアを受けているソウルの住宅に向かいながら、気を引きしめた。迎えてくれたのは、白髪が穏やかな顔を縁取る、優雅だが病弱な当時91歳のサバイバー、金福童《キムボクトン》だった。自分の体験と、残されたわずかな人生への希望を、静かに、そして厳粛に語ってくれた。

日本による朝鮮占領時代、南部の梁山《ヤンサン》にあった自宅に日本兵が現れたとき、金福童は14歳だった。

戦争協力の一環として、娘が工場で働かなければならないと告げられた両親は、拒否できない要求であることを悟った。日本は当時、中国と戦争中で、朝鮮人は強制的に徴兵されていた。

自宅から連れ出された金福童は、18歳から20歳位の女性たちのなかで最年少だった。トラックにつめこまれた一行は、近くの港に運ばれ、そこからいくつかの船を乗り継いで、同じく日本統治下にあった中国南部の広東省へ家畜のように連れて行かれた。道中、自分がどこに向かっているのかまったくわからなかった金福童は、14歳なら誰でもそうであるように、不安とホームシックに駆られた。自分を拘束した者たちの意図など知る由もなかった。

広東に上陸すると、占領された元工場の日本軍施設に連れて行かれ、そこで身体検査を受け、そして働かされた。最初にレイプされた兵士に殴られた。耐えがたい体験だった。

他の女性2人とともに、金福童は自殺を図った。出発の贈り物として母から持たされたお金を、中国に着くまで隠し持っていた。それをキャンプの清掃員に渡し、代わりに強化アルコールを手に入れた。無理やり飲み込むと口のなかが焼け、気絶した。

目を覚ますと、軍病院にいて、医師に胃を洗浄されていた。この経験で、彼女は消化器系の病気を生涯抱えることとなった。

「自分の部屋にいると、彼らはひとりずつ入ってきた。ほとんど目を合わせず、私が痛がっても気にもとめなかった」。金福童は体験を語った。「終わるとすぐに、次の男がやってきた」。22歳になるまでの8年間、そのような生活を送った。

広東の後は、香港をはじめ太平洋各地の基地に連れて行かれた。最後はシンガポールで、米英軍による解放後に自由の身となり、ようやく船で故郷に戻ることができた。

家族の前では工場で働いていたふりを続け、真実をけっして明かさなかった。何度も結婚を拒否した後、しつこく聞いてきた母親にだけ、勇気を出して告白した。母親はその後、心臓発作で亡くなったが、その死は自分の告白を聞いた苦悩と関係があると金福童は考えている。

金福童は独身を貫き、戦争体験を誰にも話さなかった。孤独で、酒や煙草に溺れた。40年経ち、60代になってようやく沈黙を破ったのは、運動を立ち上げた韓国の女性の権利団体に触発されてのことだった。

韓国で「慰安婦」が初めて公の場で発言したのは、第二次世界大戦が公式に終結してから46年後の、1991年のことだった。長年の沈黙を破った女性、金学順《キムハクスン》は、日本政府が性奴隷制度の存在を否定するのを聞くたびに激しい怒りを感じ、抑え切れないほど号泣するという経験から、公に証言することを決断した。

名乗り出て日本政府を訴えるという彼女の決断は、自分の体験を語るよう、韓国、フィリピン、中国、オーストラリア、オランダの大勢の女性たちを駆り立てた。ネット時代以前の#MeToo運動とも言えるだろう。新たな証言者が現れるたびに、背中を押され、足を踏み出す人が増えていった。その数は200人を超えたが、全体のほんの一部だった。

そのひとりが金福童だった。彼女は1992年に名乗り出たが、同年、ソウルの日本大使館前で毎週水曜日の正午におこなわれる、日本政府による全面的な公式謝罪と補償を求める抗議行動に参加した。

この抗議行動は今も続いていて、サバイバーの子や孫世代が運動を支えている。横断幕と、暴力からの自由の象徴である黄色いチョウが掲げられる。大使館の向かいには、朝鮮の伝統的衣装を身にまとい、椅子にひとりで背筋を伸ばして座り、決意を込めこぶしを握っている少女のブロンズ像がある。少女の視線は、大使館に無表情に注がれている。隣の席は空いていて、ここに座って、私の気持ちになってみてください、と誘いかけている。

「私たちを被害者だと認めてほしい」。眼鏡の奥から見上げて、金福童はそっと私に告げた。「彼らの謝罪を聞くためだけに、私は生きています。私より先に亡くなった人たちに代わって、その言葉を聞きたいのです」

公表から25年以上が経っても、運動を続けなければならず、ジャーナリストや聴衆にレイプ体験を話さなければならないことに疲れた、と彼女は言った。闘いがこれほど長く続くとは思ってもみなかったのだ。

1993年、最初の調査を経て、当時の日本政府の官房長官が「慰安所」が存在したことを認め、「心からのお詫びと反省」を表明した(河野談話)。しかし、金福童をはじめ女性たちはこれを不十分として拒否し、国家による公式の謝罪と補償を求め続けた。

今でも、日本の国粋主義右派の政治家のなかには、女性たちは進んで売春婦になったと主張する者がいる。2007年、40人以上の国会議員が、女性たちが自らの意思に反して売春を強要されたことを示す「歴史的文書は見つかっていない」と、事実に反する主張をする全面広告を、「ワシントン・ポスト」紙に広告料を支払って掲載した。2014年、日本政府は先に表明した謝罪の検証をおこない、ハルモニたちの傷口を再び開いた。

問題はいまだ解決に至っていない。理由のひとつは、収賄と職権乱用で収監されている朴槿恵《パククネ》元大統領によるおこないだ。2015年、彼女は日本政府と協議し「最終的かつ不可逆的」とされる合意を結んだ。日本政府は謝罪することと、サバイバーを支援する財団に10億円（当時で約1000万ドル）を支払うことに同意し、代わりにソウルの大使館前にある少女の像の撤去を要求した。

サバイバーの名において結ばれた合意であるにもかかわらず、その誰ひとりとしてパク大統領から相談を受けていなかった。外交関係の修復という名目で裏切られ、蔑《ないがし》ろにされたと感じた女性たちはこの協定を拒否し、その後朴槿恵の後継者がこれを凍結した。

私と会ってから5か月後の2019年1月、金福童ハルモニはソウルで亡くなった。私が訪問したとき、彼女は癌を患っていた。息を引きとる間際まで、全面謝罪を受けるという夢を手放さず、教育をほとんど受けることができなかったため、受けとった賠償金はすべて女子教育の基金に使いたいと願っていた。彼女の最後の言葉は、自分が受けた仕打ちに対する嫌悪だったという。

戦争時の行為の遺産と責任を受け入れることができないのは、日本だけではない。第二次世界大戦の戦勝国にも盲点がある。

2014年、ロシアのウラジミール・プーチン大統領は、「第二次世界大戦中のソ連の活動に関する虚偽の情報を拡散すること」を犯罪とする法律に署名し施行した。これによって、公式には否定されている、ドイツでの赤軍兵による大量レイプについて取り上げることすら危険な状況となっている。

敗戦国の日本での、連合国軍（アメリカ軍、イギリス連邦占領軍の一部だったイギリス軍、オーストラリア軍、インド軍）による性暴力の歴史も、いまだにほとんど知られていない戦争の一幕だ。1945年8月30日から9月10日までのわずか1週間あまりのあいだに、東京の南に位置する神奈川県だけで、連合国軍による1336件のレイプが起こった。*3

日本政府は、「特殊慰安施設協会」と呼ばれる全国的な売春宿制度を設け、売春婦や人身売買された女性たちに外国兵への「奉仕」を強要した。連合国軍による売春婦の利用は公式には禁じられていたが、司令官たちは見て見ぬふりをした。

フランスでは、1994年に連合国軍がノルマンディーに上陸した後、「わが軍のフランス到着とともに暴力的な性犯罪の数が大幅に増大した」と、ヨーロッパ作戦戦域の法務総監部は結論づけている。

私が言いたいのは、すべての兵士はレイプ魔であるとか、武力紛争で兵士が払った犠牲や勇敢な行為に敬意を払うのはやめるべきだ、ということではない。不合理だし、まちがった主張だ。私たちが忘れてはならないのは、勇敢な兵士もいれば、略奪的な兵士もいるということだ。そして、負傷した退役軍人や戦争捕虜と同じように、暴行を受けた女性もまた記憶され、保護され、補償され

*3 Tanaka, Yuki. "War, Rape and Patriarchy: The Japanese Experience." *Asia-Pacific Journal* 18, no.1 (December 2019): 1-14.
https://apjjf.org/-Yuki-Tanaka/5335/article.pdf
または、Tanaka, *Hidden Horrors: Japanese War Crimes in World War II*. Oxford: Routledge, 2018, 105-10.

てしかるべきだ。目には見えないが、生涯残る傷もあるのだ。

今も生きて運動の炎を受け継いでいるハルモニたちは20人にも満たない。金福童ハルモニが、晩年にどれほど恨めしさと失意を感じていたとしても、その努力はけっして無駄ではなかった。日本政府による数々の抗議をよそに、アメリカでは「慰安婦」に捧げられた像や記念碑が少なくとも10体建てられている。ベトナムやフィリピンにも同様の記念碑がある。

金福童ハルモニの精神は、毎週の抗議行動に、こうした記念碑に、2019年公開の感動的なドキュメンタリー映画『金福童』に、生き続けている。また、彼女の功績を称えてその名を冠し、その跡を継ぐ女性たちに毎年贈られる賞にも、生き続けている。

2019年にこの賞を受賞したヴァスフィエ・クラスニキ＝グッドマンは、コソボの女性権利団体を主宰するすぐれた女性で、私たちが設立した戦時性暴力サバイバーのネットワークSEMAのメンバーとしても力を発揮している。1999年、大家族の末娘で16歳だったヴァスフィエは、イスラム教徒のアルバニア系住民が大半を占めるコソボが、キリスト教徒のセルビア人が支配するユーゴスラビアから離脱することとなる戦争に巻き込まれた。

ある日、セルビア人の警察官が、父親と兄弟を探して自宅に現れた。父親たちは留守だったが、警察官はヴァスフィエを連れて行くと言って母親の腕から彼女を引き剝《は》がし、仲裁しようとした親族を撃つと脅した。

イスラム教徒であるというだけで、ヴァスフィエは標的にされた。警察官はアルバニア民族軍に撃たれたばかりで、片手に包帯を巻いていた。彼と別の年上の男性が、彼女をレイプした。

ヴァスフィエが声を上げるまでに19年を要した。加害者を公に告発した最初のコソボ人女性となった彼女は、以来、同じ運命をたどった推定2万人の女性の代弁者となっている。そのほとんどが体験を恥じたり、汚名を着せられることを恐れたりして、沈黙のうちに苦しみ続けている。

しかし、ヴァスフィエをレイプした警察官ともうひとりの男性は、たいていの加害者がそうであるように、処罰を免れた。彼女の拉致に関する家族の目撃証言にもかかわらず、コソボ最高裁判所は2014年、法律の細かい解釈の問題を理由に、下級裁判所での有罪判決を覆した。コソボやセルビアでの戦争中に起きたレイプで有罪になった者はいない。

ヴァスフィエは、怒りと失望を、運動を進めるための原動力に変えた。国連人権理事会、アメリカ議会下院、また多くの会議で、サバイバーを代表して演説をおこなってきた。現在はコソボの国会議員に選出され、女性の権利向上に専念している。

女性団体のロビイングや、女性大統領アティフェテ・ヤヒヤガによる支持表明の結果、サバイバーのための画期的な補償基金が設立された。コソボの女性の平均給与の約9割に相当する最大275ドルの補償金を、生涯を通じて毎月支給するものだ。受給のための手続きは官僚的で、資格の証明を求められるため、苛立ちを招くだけでなく、トラウマの第二波を引き起こしかねない。申請を却下され絶望する複数の生存者に、私は出会った。

しかし、このプログラムは真の前進を象徴している。レイプによる被害や、サバイバーの存在、そして戦闘で負傷した兵士と並んで、サバイバーが記憶され保護を受ける必要性を、世の中にはっきり見える形で認めたのだ。加害者を起訴できなかった司法制度の失敗を部分的に償うことで、癒しのプロセスにも役立っている。

根強い家父長制文化にもかかわらず、コソボは別の形でも汚名に対抗し、サバイバーを支援している。首都プリシュティナの中心部には、ヒロイナット（ヒロイン）と呼ばれる高さ5メートルの記念碑が建っている。2万個の金属製のピンでできており、そのすべてに、女性の顔をかたどった軍隊仕様のメダルがついている。戦時中のレイプ被害者一人ひとりに捧げられたものだ。2019年に訪問した際、記念碑に献花した私は、観光名所となっている様子を見てうれしく思った。

性暴力サバイバーが声を上げ、自分や他者への認識を要求することへの抵抗が薄まっているようだ。進歩の証であり、地球を破壊し続ける戦争が続くなかでの、希望の兆しではないだろうか。

金福童ハルモニをはじめとする韓国のタブーを打ち砕いた女性たちが、自ら名乗り出て体験を語るまで、第二次大戦の終結から40年以上を要した。コソボの戦争で起きたレイプをとり巻く、息のつまるような沈黙をはねのけ立ち上がるまでに、ヴァスフィエは19年もの歳月を費やした。しかし、イスラム国（ISIS）が2014年に開始した、ヤジディ教徒の女性を標的とする性奴隷制度の場合、女性たちは拘束から逃れた後すぐに声を上げ、イラク北部の難民キャンプから世界へ、ジャーナリストを通じて情報を発信した。

なかでも最も注目を集めたのは、ヤジディの女性たちの苦しみの顔となったナディア・ムラドだ。1年も経たないうちに、ナディアはアメリカのサマンサ・パワー国連大使に招かれ、ニューヨークの国連安全保障理事会で演説をおこなった。彼女がそれほど早く認められたことは、大量の性暴力を特定し糾弾する制度的メカニズムが改善されつつあることの表れだった。

ナディアは国連で、6人の兄弟がISIS戦闘員に撃たれたこと、自分が売り飛ばされ、辱められ、レイプされ、殴られたことを語った。一言一言に力を込めて伝え、震える手は、慣れない環境で見知らぬ人々に個人的体験を打ち明けることの難しさを象徴していた。話し終えると、普段は無表情な外交官たちから拍手がわき起こった。

何度も何度も、金福童ハルモニのように、ナディアもまた、つらい記憶を呼び起こしては、戦争前のイラクでの平穏な家族生活、兄弟や親戚の殺害、ISIS戦闘員から受けた体験の一部始終を、公の場で、あるいはジャーナリストに、くり返し語った。ナディア、ヴァスフィエ、金福童ハルモニ、あるいは私の大切な元患者のタティアナ・ムカニレ、ベルナデット、ジャンヌのように、他者のために声を上げる女性たちが払ってきた犠牲を、私たちはけっして忘れてはならない。

2018年、ノーベル委員会は、ナディアの英雄的な活動を評価してノーベル平和賞を授与し、私を共同受賞者に指名した。この賞は私たちふたりに、性暴力について訴えるためのこれまでで最大の機会を与えてくれた。コンゴからリビア、シリア、ミャンマー、ナイジェリアに至るまでの紛争地域で、性暴力がほとんどなんの処罰もなく起こり続けるなかであっても、私たちの受賞は、この問題の重要性を認める心強い流れの一部であると考えるべきだろう。

ノーベル委員会がその発表をおこなったとき、私はブカヴにいた。その日は金曜日で、私は手術室で会陰の手術をおこなっていて、まわりでは同僚が、いつもの静かな集中力とプロ意識を持って仕事にとりくんでいた。手術が終わりに差しかかったころ、建物の外で騒ぎが起きていることに気づいた。

最初は、火災か警備上の問題が起こったのではないかと思った。しかし、声は次第に大きくなり、歓声と叫びが聞こえてきた。私が最後の縫合をするなか、麻酔科医が外を見に行った。しばらくして戻ってきた彼女は、私の首に腕をまわして私を抱きしめ、そして叫んだ。

「パパ、ノーベル賞を受賞したよ！」

チームの一人ひとりから祝福されながら、私は呆然とした。患者への対応を終え、手術ガウンとマスク姿のまま、よろよろと手術室を出た。廊下では、人々の声が聞こえてきた。外科棟の入口には、サバイバー棟から数十人の患者たちが、スタッフとともに集まっていた。

私は外に出て、日差しに瞬きしながら、集まった人々と挨拶を交わした。みなが歓声を上げ、歌い出した。抱きしめられ祝福されながら、私はこのニュースの意味をなんとか理解しようとした。思い出したのは、2007年にVが初めて病院にやって来たときに、みなで一緒に踊ったことだった。

あのときに感じたことは、緊張からの解放だった。今回は、私の個人的な功績を超えたものへの祝福だった。もっと大きなもの、世界がようやくコンゴの女性たちに目を向けるようになったという事実を喜びあうものだった。20年間見すごされ、とるに足らない存在として扱われてきた患者たちの命が、重要なものだと認められたのだ。

長年にわたり、サバイバーたちは自ら進み出て、ブカヴ在住の外国人ジャーナリスト、国連職員、外交官たちに、自身の悲惨な体験を打ち明けてきた。何が起きているのかを世界に知らせたい一心だったが、その後何も変わっていないことがわかって、落胆することも多かった。私は彼女たちを励まそうと、一つひとつの貢献が変化につながるのだと伝えてきた。

ノーベル賞は、サバイバーたちの努力と犠牲が無駄ではなかったことの証となった。

人だかりはさらに大きくなり、病院の外の道路では、車やバイクがクラクションを鳴らした。多くの涙が流れたこの場所で、喜びに満ちた表情を受け止めながら、私はゆっくりとオフィスに向かった。長年、悲惨な体験談が語られてきた診察室の前を通りすぎた。設置する必要がなければよいのにといつも思っていた、金属製の入口の門と威圧的な有刺鉄線の前を通りすぎた。毎朝仕事に行くときにいつも元気づけてくれた、赤やピンクのバラの前を通りすぎた。

オフィスに到着し、同行してくれたみなに礼を言った。なかに入ってドアを閉め、長年愛用している茶色いひじ掛け椅子に腰を下ろした。幸せで、うれしく、少し混乱していて、誇らしく、驚き、圧倒されていた。まるで感情の万華鏡だった。

すぐに2つの結論に至った。すでに何度か会ったことのあるナディアと賞を分かちあえることに、身の引き締まる思いだった。また、そもそも私の推薦のきっかけとなった、コンゴの悲惨な状況を終わらせる一助となるという限りにおいて、この受賞は意味を持ち、目的を果たす、ということもわかっていた。

長年さまざまな賞を受賞してきたが、その一つひとつを、本書でも論じている考えを推し進めるための機会として活用しようとしてきた。受賞のたび、世間から認められたことに希望を感じたが、その後に待っているのはたいてい、コンゴ東部で悪化し続ける生活環境と、終わりの見えない暴力に対する失望だった。

それからの2か月間、私は、12月にオスロで開催される授賞式での演説準備にとりくんだ。王族や政治家、そして数百万ものテレビ視聴者に向けて演説する機会を、どう活用するべきだろうか。スタッフや患者、訪問者の要求から解放され、最もフレッシュな状態にある夜間や早朝に、書いては直しをくり返した。

本書の執筆と、課題はほぼ同じだった。自分が目撃してきた苦しみを、意図的にショックを与えるようなことをせず、率直に伝える必要があった。挑発しすぎず、聞く人に考えさせるようにしたかった。何より、誰もがコンゴの惨事に集団的責任を負っていることを理解してほしかった。コンゴで採掘された鉱物に依存する製品の消費者としてだけでなく、同じ人間として、どこにいても同じように血を流し、苦しむ家族の一員としての責任だ。

私は自分の演説の映像を一度も見たことはない。録画やテレビで自分の姿を見ることに耐えられないのだ。何時間も練習をし、スピーチはほとんど暗記して臨んだが、すべては一瞬で終わった。授賞式が毎年おこなわれるオスロ市庁舎の巨大で広々とした大広間に、自分の声が反響したのを覚えている。

2006年の国連で目撃した空席のコンゴ代表団のような、卑劣な衝撃はなかった。最前列にマドレーヌが、イブニング・ウェアに身を包んだ見事な装いのゲストのなかに子どもたちが見えた。レメラの病院の襲撃、パンジで最初に診たむごたらしい傷、カヴムから子どもたちが絶えずやってきた恐怖を、私は語った。20年間にわたる数百万人の死、数十万件のレイプを、人々に思い起こさせた。誰もがポケットに入れている携帯電話や、展示されたまばゆい宝石が、問題の一端を担っていることを強調した。

戦争犯罪や人道に対する犯罪を列挙した国連マッピング・レポートが、今では「ニューヨークのオフィスの引き出しのなかでカビが生えている」ことも指摘した。これが新たな関心を呼び起こし、ジャーナリストがその内容をあらためて見直し、行動が見られないことを問い直すきっかけとなることを願った。

コンゴでどれだけの人々が観ていたかはわからない。多くの国際放送局が生中継を行ったが、コンゴで唯一の全国チャンネルである国営テレビは放映せず、代わりにバスケットボールの試合を放映していた。

この受賞がもたらした最も重要な成果は、活動を広げる機会を与えてくれたことだ。この後すぐに私が開始したロビー活動は、10年近く前にシャブンダでサバイバーの聞き取り調査をおこなった後に私たちが提案したアイディアに関するものだった。

認めてほしいという要求と、どんな形で認めてほしいのか具体的な例を女性たちが語ってくれたことを、私はけっして忘れなかった。子どもたちのための学校、起業や土地購入のための資金、心理的ケアや保健施設のための資金、そして公的な認識だ。国連人権高等弁務官事務所に提出した報告書の最後の部分で私たちは、これらの要求に応えるため、寄付者からの資金を基にしたサバイバーのための国際基金の設立を提案した。

このアイディアが実現することはなかった。外国政府でこの構想に賛同したのはブラジルだけで、当時大統領だった女性のディルマ・ルセフは１００万ドルを約束した。それが最後だった。他に反応を示す政府はいなかった。

ノーベル賞の受賞後、また、#MeToo運動がつくり出した好意的な環境のなかで、私はこのアイディアを再燃させる機会を得たと感じた。アンゲラ・メルケル首相のもと、ドイツが国連安全保障理事会で、性暴力サバイバーのための世界的基金設立の提案に出資することに同意した。これは安保理決議2467の一部として、2019年4月に承認された。

6か月後、ナディアと私はグローバル基金を正式に立ち上げた。フランスがすぐに600万ドル以上の寄付を、欧州連合がさらに200万ドルを約束した。日本は数百万ドルを拠出し、イギリスと韓国も資金提供に同意した。いつかアメリカの参加も得られることを、私は期待している。最初のプロジェクトは西アフリカのギニア、コンゴ、イラクでおこなわれている。基金は多くのことをおこなっているが、その目的は常に、サバイバーを認識し補償することにある。常にサバイバーによって、他のサバイバーのために運営・主導されることを、指針にすえている。サバイバーが求めるものを聞き、それに基づいて対応する。

サバイバーが組織し、声を届けることができるよう、各団体に資金を提供することも活動の一部だ。私が説明したコソボの例のような補償制度の創設を検討している各国政府に、技術的アドバイスを提供する計画もある。世界には、政府に見すごされたり意図的に無視されたりして、回復のための孤独な闘いを強いられている女性が大勢いる。

ロヒンギャの女性たちの例を挙げよう。政府軍によるイスラム教徒殺害や大規模レイプ作戦によってミャンマーの故郷を追われ、隣国バングラデシュの不衛生な難民キャンプに身を寄せている。必要な専門ケアを提供したり、ニーズを訴えるために重要なロビー活動をおこなうのは、誰だろうか。

2019年、私はナイジェリアを訪れ、女性と少女を標的にしてきた同国北部のイスラム過激派組織ボコ・ハラムの被害者に会った。2014年、彼らはチボク村のおよそ300人の女子生徒を拉致し、#BringBackOurGirlsとして知られるソーシャルメディア活動が巻き起こった。

拉致されていた女子生徒のうち約200人は解放されたが、2021年の時点でも100人が行方不明のままだ。ある会議で出会ったサバイバー数名は、立ち上がって自分たちが必要としているものを語った。チボクの少女のなかには、解放後に政府の奨学金を受けた子もいれば、支援活動のおかげでアメリカ留学の機会を得た子もいる。しかし、その他の数百人の少女たちは、紛争の影響で学校に行くことができない。

この少女たちに法の正義はほとんど望めず、経済的支援も乏しい。私が話を聞いた少女たちの最大の望みは教育だった。グローバル基金とパンジ財団は、支援方法を検討している。

だからこそ、ノーベル平和賞は私にとって大きな意味を持つものだ。この賞は、ブカヴの病院で治療を受けた何万人もの女性たちを認めた。彼女らの存在は重要である、というメッセージを発信した。コンゴ紛争、正義の追求、世界の大国が影響力を駆使して争いの原因にとりくむ必要性について、声を上げる機会を私に与えてくれた。そして、そうした意思表示や演説にとどまらず、今では実際の行動に変化を遂げつつある。

私が受けとった50万ドルの小切手は有効に使われ、コンゴの首都キンシャサでの物件の購入に充てられた。私たちはそこで、サバイバーのための新たな施設を開設し、ブカヴで学んだことのすべてを、まだ支援を受けられていない人々に提供するつもりだ。

シャブンダの女性たちは、今でもインスピレーションとなっている。いつか、コンゴが世界のレイプの中心地と呼ばれた時代がすぎ去り、そのころの傷を負ったサバイバーたちの回復力を称えて、シャブンダにあるような像が全国に建てられる日が来ることを、私は願っている。地面に腰を下ろしたブロンズ像の女性の苦闘の姿を、今も思い描くことができる。そうした公的認知は、立ち直ろうとするサバイバーを後押ししている。

サバイバーを認め、記憶するための努力は、闘いの一部であり、性暴力について公言し、刑事司法制度を改善するなどの集団的な対応を構成するものだ。しかし、ここまで3つの章にわたって論じてきたこうした重要な課題はすべて、問題の救済手段だ。私が病院の手術室でおこなっていることと同じように、原因ではなく、すでに起こってしまった性暴力の被害に対処しているのだ。女性が立ち直るために援助が必要となることなど、本来あってはならないのだ。

レイプを未然に防ぐためには、そもそもなぜ世界には、まともな教育を受けておらず、素行の悪い男性がこれほど多いのか、そしてなぜ、善良で礼儀をわきまえた男性たちが長いあいだ沈黙を守っているのか、私たちは自らに問わなければならない。

9 男性とマスキュリニティ

男性とマスキュリニティ（男性性）についての私の考察は、自分の自己認識に関する基本的な疑問から始まらなければならない。私はなぜ、今の私のような男性になったのか？ 自分を模範として描くつもりはない。私に多くの欠点があることは、妻のマドレーヌが証言できる。私はフェミニスト男性として育てられたわけではない。両親も私も、その概念を理解できなかっただろう。とはいえ、私の少年時代の教育は他の人たちとは違っていたし、そのことが現在の私、職業上の選択、そして女性に対する考え方に、明らかに影響を与えている。

私は、アフリカに限らず、すべての家父長制社会で支配的な、性差による役割分担に関する厳格な考え方に、一部ではあるが抗う家庭で育った。私は2人の姉に次いで3番目に生まれた子どもで、コンゴの伝統に従って一家の跡取りとなった。

コンゴ家庭での初めての男児の誕生は、祝福の対象となる。家系を継続する保証――次の世代に名前が受け継がれる――となるだけでなく、経済的にも重要な意味を持つものだ。父親から財産を受け継ぐのは男性に限られる。そのため、男児は生まれた瞬間から大事にされ、成長するにつれてその自覚を深めていくのだ。

これはコンゴの家庭で今でも顕著だ。例えば、男児は家事を免除され、家庭生活の日々の雑務を引き受ける必要もない。姉妹たちは十分な年齢に達したら、掃除、料理、洗濯をするよう求められる。さらに悪いことに、姉妹は男兄弟の世話まで求められるため、どんなに幼くても理解できるような、明確な階層が形成されるのだ。

しかし、ムクウェゲ家は例外だった。

理由は定かではないが、私の母は子どもの役割や責任について、かなり進歩的な考えを持っていた。母親の死と父親による拒絶のせいで、困難で不安定な子ども時代を送ったことが主な理由だろうと思う。面倒を見てくれる相手として母が頼りにしていたのは男性で、それはめずらしいことだった。兄が毎日食料を探しに出かけ、母と2人の姉妹の面倒を見ていたのだ。

母の兄は、通常は女性に課せられる家事労働を男性でもこなせることを実証した。そして、幼いうちから自力で生きていくことを経験した母は、自分やきょうだいが生き延びるために役立った技術を伝えたいと考えた。私たち子どもに、自分のことは自分でできるようになってほしかったのだ。「誰かに頼らなくても、自分で自分の面倒を見られるようになりなさい」。母はよく言っていた。

そのため、私が一定の年齢になるとすぐ、母は私に洗い物や洗濯などの「女の子の仕事」を強制した。学校に行く前に寝床を整え、自分の靴を磨くよう義務づけた。伝統的には姉妹に求められる仕事だ。

当初、私は抵抗し、母は不公平で不必要に厳しいと感じた。友人の家に行けば、彼らの姉妹が友人の世話をしている。食事を終えると姉妹が片付けをし、私たちはすぐゲームや宿題を再開できる。

子どもの私は、同じような特権を欲した。

しかし、私は次第に家事に慣れ、やがて自立と役に立っているという感覚を覚えた。思春期に差しかかった12歳ごろ、友人が家に来ると気まずさを感じるようになった。「なんで女の子のやることをやっているの？」と聞かれるのだ。姉の友人たちも、同じように困惑していた。洗濯やアイロンがけをしている私をものめずらしげに見たり、くすくす笑って冗談を言ったりした。

しかしこうしたスキルは、私が成長し、キンシャサ、ブジュンブラ、フランスで一人暮らしをする際に役立った。また、母の平等主義的な手法は、私の女性観に絶大な影響を与えた。小さいころから、自分が姉妹よりも優れているとか、生活の雑用を免除されるなどといった考えは奨励されなかった。それどころか、姉のエリザベスは両親、特に父親からとても敬愛され、それに私も感化された。幼いころから従順な姉妹への権力を与えられた男性に、女性を尊重し、対等に接することなど期待できるだろうか。

私は2つ年上の姉ロダと、非常に親密な関係を築いた。仕事でも遊びでも、私たちはパートナーであり仲間だった。私が初めてビジネスの世界に足を踏み入れた10代のころ、その最大の恩恵を受けたのはロダだ。自宅の庭先で炭酸飲料を売って得た収入で、彼女にドレスと靴を購入した。ロダがそれを着ると、私は誇らしい気持ちになった。姉に喜んでほしくて、家の仕事を手伝ったりもした。私たちはチームだった。

ほとんどの男児は、こうした育てられ方はしない。幼いころから家庭での扱いや、姉妹や同年代の女児との関係を通じて、ジェンダーで定められた特権を自覚するようになる。実際、差別はもっと前に始まる。ほとんどの国では、子どもが生まれる前から始まっているのだ。

病院の妊婦健診で、すでに娘を１人か２人持つ患者はみな、次の子の性別を必死に知りたがる。もうひとり娘を身ごもっていると知らせた後、患者を慰めなければならないことはしょっちゅうだった。そのため私は、赤ん坊の性別を告知するのを数年前にやめた。

母親が息子を重視するのは理解できる。男性の跡継ぎに価値を置くシステムのなかで生きているのだ。母親の地位は、息子を生むかどうかにかかっている。

多くの患者は、超音波検査の後で涙ながらに、また娘だと知った夫に殴られるかもしれず、帰宅するのが怖いと、私に打ち明けた。女児を続けて３、４人生んでいる女性は、夫に離婚されたり、違法だが今も見られる一夫多妻を強要されたりする危険があることを知っている。最初の妻があまりに多くの女児を生んだ場合、夫が別の妻を迎えることが社会的に認められている地域もある。

こうした根強いジェンダー選好は、特にインドや中国の一部の地域において、破壊的な不均衡をつくり出している。両国とも、女児堕胎（女児であることを理由にした中絶）によって、人口が男性に大きく偏っているのだ。それは出生率にはっきりと表れており、両国では女児１００人に対し男児は１０６人から１０８人生まれている。[*1] 何百万人もの「余分な」男性と「行方不明の」女性がおり、「誘拐婚」や暴力の多発など、記録に残されている多くの社会問題の原因になっている。

ジェンダーの階層構造は、幼いころから思春期、さらに成人期まで、女性と男性の生涯を通じて、他にも何千通りもの形で明示され、強化される。胎内から墓場まで続くものだ。メッセージは常に同じで、男性の命は女性の命よりも優れている、というものだ。

父が亡くなったとき、彼の遺産は姉妹ではなく、私と弟たちが相続した。葬儀の最後におこなわれた儀式で、長男である私は、一家の長を象徴的に引き継いだ。

この儀式は、母方の伯父（叔父）が執りおこなうもので――植民地時代以前の母系社会の習慣の名残り――、なたや槍など家族の武器を長男に手渡すのが伝統だ。銅のブレスレットや、豹の皮や歯といった狩猟の獲物を渡すこともあり、これは強さと勇気の証とされた。現代では、スーツの上着や時計などの象徴的な所有物を贈るのが一般的だ。

私の叔父は、父が一番大切にしていた聖書を私に与えた。父が最初に所有した聖書で、黄ばんでいて使い古されていた。鉛筆のメモと、それぞれの箇所を最初に読んだ日付が書かれていた。1940年代、父が巡回伝道者として長距離を歩いたときに使った杖も渡された。残念ながら、聖書は数年前のパリ訪問の際、空港の手荷物受取所でバッグを盗まれ、紛失してしまった。

葬儀の最後に、きょうだいも招かれ弔問をおこなった。コンゴの家父長的伝統に基づき、彼らはそれ以来、私を一家の長と認め、「パパ」とさえ呼ぶようになった。私は彼らの面倒を見ることや、家族の財産を管理することが求められる。姉たちと皿洗いをしていたころとは大違いだ。

私たちのうち誰ひとりとして、伝統から逃れることはできないし、そうしなければならないと思う必要もない。生活上の習慣や儀式は、私たちの存在の骨格を形成し、アイデンティティや自己意

*1　*World Population Prospects: The 2017 Revision, Key Findings and Advance Tables.* Working Paper No. ESA/P/WP/248. New York: United Nations, Department of Economic and Social Affairs, Population Division, 2017. https://population.un.org/wpp/Publications/Files/WPP2017_KeyFindings.pdf

識を育むうえで大切なものだ。しかし、それに疑問を持つことは重要だ。その影響に目を向けなければならない。男児のほうが能力が高く、より価値があり、より貴いというメッセージを強化するたびに、女性に対する不正義、最終的には暴力を永続させることになるのだ。

なぜ暴力の話になるのか？ 家事の分担、相続の伝統や葬儀が、レイプとどんな関係があるのか？ 自分のほうが優れており、自分の命のほうが大事なのだという思い込みを、少年や男性が強めればそれだけ、他人の娘や姉妹を肉体的に支配し虐待しても許されると結論づけるようになるのだ。

ジェンダーバイアスを子どもに植えつけるのは、父親だけではない。母親にも責任がある。母親が息子を甘やかし、王子様のように育て、体力や剛健さを自慢するのは、息子に自分を重ねて生きているからではないか、と私はよく思う。母親は、自分が否定されてきたあらゆる特権や利益を手に入れられるよう、息子を教育する。服従の人生で受けてきた屈辱に対する仕返しのようなものだ。これは、私たちが直面している課題の一部だ。

何世紀も続いてきた文化的条件づけを変えることは、容易《たやす》くはない。しかし、利己的な男性がつくった法律のせいで、何世紀にもわたり堆積物のように積み重なった、女性に対する制度的偏見のいくつかを是正するとりくみは、ほとんどの国で前進している。

2019年、私は、ジェンダー平等を公式議題の中心に据えたフランスのエマニュエル・マクロン大統領主催のG7サミットで、女性の権利に関するワーキンググループの共同議長を務める機会に恵まれた。ビアリッツで開催された会議には、アメリカ、カナダ、イギリス、フランス、ドイツ、イタリア、日本という、世界で最も裕福な民主主義国の首脳が集まった。

私たちは、世界の女性と少女に対する不平等な扱いを調査し、そのうちほぼ半数の25億人が差別的法律のある国に暮らしていると結論づけた。その形態はさまざまだ。一部の国では、女性はいまだに財産を相続したり、商業活動をしたり、夫の許可なく仕事に就いたりすることができない。自分の銀行口座を開設したり、起業のためにローンを組んだりすることを禁じる法律もある。離婚、市民権、子どもの親権に関する差別的法律も多い。

私たちは、女性に対する暴力へのとりくみ、経済的エンパワーメントの向上、教育や健康における差別の軽減において、各国の励ましとなりうるジェンダーニュートラル法の79例をリスト化した。女性に優しいと自認する国でも、課題が山積していることには驚かされる。例えば、アメリカ人の約8割は、合衆国憲法は男女同権を明確に保障していると信じている。実際はそうではない。

アメリカ合衆国建国の父は、男女はともに平等なアメリカ市民であるとは明確に言及しなかった。女性に適用するのは、平等保護条項として知られる憲法修正第14条1項だと考えられている。これは、解放された(男性)奴隷に平等な権利と保護を与えることを目的に、1868年に可決された。以来この条項は、女性を含むすべてのアメリカ人に市民権を拡大するものだというのが、連邦最高裁判所の解釈となっている。つまり、男女が平等であると明言したものではない。

この歴史的な見落としを修正するため、連邦議会は1972年、「法の下における平等の権利は、合衆国も州も、これを性別によって否定したり制限したりしてはならない」と憲法に追加する、いわゆる「男女平等修正条項（Equal Rights Amendment：ＥＲＡ）」を承認した。

各州による批准にかけられたところ、35州が即座に批准したが、修正案の可決に必要な38州にはあと3州足りなかった。その後、社会における女性の役割や中絶の権利をめぐる激しい文化戦争のなかで、成立は難航した。勢いは失速し、法制化には至らなかった。

近年、#MeToo運動後の関心の高まりにより、ネバダ州、イリノイ州、バージニア州が批准したが、トランプ政権による法的手段を用いた異議申立てと共和党が多数を占める上院の反対により、2020年の法制化は阻止された。友人のジェシカ・ニューワースが共同設立したＥＲＡ連合などの団体は、選挙権が女性に初めて与えられてから1世紀が経った今、大きな象徴的勝利を意味するＥＲＡ成立をめざし、運動を続けている。

象徴化は重要だ。私たちは個人として、社会における自分の立場や地位にかかわるメッセージを常に受けとっている。言葉使いや行動に表れるもので、多くは微妙でほとんど気づかれないが、ジェンダーに基づく、そしてもちろん、ブラック・ライブズ・マターが浮き彫りにした、人種に基づく有害な階層構造を強固にするものだ。

しかし、女性に平等の待遇を保障する法律が可決しても、法律の変更と意識の変化とのあいだには、数十年にもわたるタイムラグが生じることが多い。西側諸国における男女の賃金格差を見れば、法整備と進歩とのあいだのギャップは明らかだ。家庭、学校、職場における差別を根絶するための規制措置が半世紀ものあいだとられてきたが、同一の労働をおこなう男女の給与には依然として大きな差がある。
ＯＥＣＤの最新の調査によると、フルタイムで働く男性の賃金は、加盟する36か国の平均で女性より13％高いが、この見出しの数字には大きな格差が隠れている。[*2] その差は、アメリカとカナダで約18％、日本で24％、イギリスでは16％だ。パートタイム雇用者や自営業者の収入は、どの国でも女性のほうが大幅に低い。例えば、アメリカの女性会社経営者の収入は、男性の約半分だ。有色人種の差はさらに大きい。
賃金だけでなく、あらゆる形態の収入を対象とする所得格差の統計は、男女間の隔たりの実態をより鮮明に示している。２００４年から世界の男女格差を追跡調査している世界経済フォーラムは、通貨の違いを考慮した経済指標である購買力平価に換算すると、男性の年収は女性の約2倍で、1万１０００ドルに対し2万１０００ドルであると推定する。また、西側の民主主義国での賃金格差は緩やかに縮小しているようだが、世界のそれ以外の国では逆に拡大している。[*3]
賃金格差、差別的法律、男性優位の社会的慣習、不公平な家事分担、後に詳しく述べる権威的地位における女性の不足などはすべて、女性の命は男性の命ほど価値がないという有害なメッセージを強調するものだ。

*2 Organisation for Economic Co-operation and Development. "Gender Wage Gap." Paris: OECD, 2021. https://data.oecd.org/earnwage/gender-wage-gap.htm（上記リンク先は、最新の2022年度版）
*3 *Global Gender Gap Report 2020*. Geneva: World Economic Forum, 2019. https://www.weforum.org/reports/gender-gap-2020-report-100-years-pay-equality

私たちは、コンゴの女性や少女に対する偏見の是正を目的としたコミュニティ・プログラムを複数運営している。差別的でない法律も重要だが、市民団体による草の根の活動が不可欠だ。地域社会や個人が、自らの行動に疑問を持ったり、メリットを実体験するためには、手助けや後押し、穏やかな説得が必要となることが多い。面倒で時間のかかる活動で、長期間にわたりエネルギーと投資を必要とする。私はその成果をこの目で見てきたが、同時に困難にも直面してきた。

この問題の複雑さと、息子と同じく娘を大事にするよう親に働きかけることの難しさを理解するうえで、重要となった出来事を紹介したい。息子を王子のように育て、娘を奴隷のように扱う親を、単に非難したり決めつけたりできないということが浮き彫りになる経験だった。生活を形成する習慣や伝統に従っていることが多いのだ。

パンジ財団は、少女の就学を奨励するプログラムを実施している。これまでの章でも説明したように私たちは、掘っ立て小屋が立ち並び、泥道や路地が入り組んだブカヴの貧困地区で活動している。コンゴはどこでもそうだが、学校は、教会組織が運営する私立校だ。

最貧困層の親の多くは、子どもたち全員を学校に行かせる余裕がない。コンゴの一家族あたりの子どもの数は平均6人で、最も弱い立場の人々は、教育を受けた裕福な人々よりも大家族になる傾向がある。大家族は長期的な安全保障であると考えられ、貧しい人々にとって子どもは唯一、金を支払わずとも手に入る確実な喜びだ。

そのため、パンジのほとんどの家庭では、学費が家計の大きな部分を占める。私の両親も同じ状況だった。資源に限りがあるため、多くの親は娘より息子を優先して学校に通わせる。

学ぶ機会を与えられないパンジの貧しい少女を支援したいとの思いから、私たち財団は、親が娘を入学させることができるプログラムを立ち上げた。財団が学費を負担し、鞄、鉛筆、ペン、紙など基本的文具をそろえた教育キットを提供する。

２０１５年に私は、このプログラムを利用する保護者を対象とした式典に出席した。事前に保護者と子どものリストに目を通すと、ジェンダーニュートラルな名前の生徒が驚くほど多いことに気づいた。女子であるはずだが、男子の可能性もあり、名前による判別はできなかった。

私の興味は掻き立てられた。不正の蔓延する国では、資金が適正に使われているかどうか、常に注意を払う必要がある。

式典の終了後、私は親たちと話をした。ほとんどはパンジ地区の労働者や行商人で、道端の露店に1日12時間座っていたり、建設現場で荷車を押して働いている人々だ。多くが子どもを連れて来ていた。

私は、ひとりで来ていた母親に声をかけた。娘の名前はバハティだと、母親は言った。入学者名簿に載っていたジェンダーニュートラルな名前のひとつだった。私は尋ねた。「娘さんはどこにいますか？　お会いしたいです」

娘は来られなかったと、母親は言った。不安げで恥ずかしそうだった。私はもう少し聞いてみた。「娘さんはどなたと一緒にいますか？　電話して、来るように伝えてもらえませんか？　子どもたち全員が、財団のスタッフに会うことが大事なんです」

母親は答えられずに、床を見つめた。そして、下を向いたまま、私に自分の話をしてくれた。

その女性は夫を亡くしており、病院の前の路上でバナナを売っていた。車両の煙と、せっかちな運転手が鳴らすクラクションの騒音のなか、道端に座りながらの、長く疲れる労働だった。一日の収入は1ドルにも満たず、子どもたち全員を学校に通わせるのに十分ではなかった。財団の活動を知ったとき、チャンスだと思い、息子を入学させることにした。

「娘のひとりを学校にやっても、卒業すればすぐ結婚し、夫の家族と暮らして家事を手伝うでしょう」。母親は言った。「私を置いていくんです。意味がありますか？」

とり残されている少女を対象とした支援金を、不当に請求していたことになるが、私は女性に同情を覚えた。飢え、病気、極度の貧困による身体的不快感に加えて、子どもたちみなに必要なものを十分に与えられていない罪悪感と、日々闘っていたのだ。

そして、彼女の言ったことは真実だった。私たちの社会で、女児は、父親から夫の姓に変更となる結婚によって、ある家から別の家へと引き継がれる財産だ。女性の娘は、学校でよほど良い成績をとり、キャリアを積んで低い社会的地位を乗り越えない限り、おそらく10代後半で結婚し、母親のもとを出て二度と戻らないだろう。これは女性の行動を正当化するものではないが、その根拠となるものだ。

この教育プログラムは続いており、支援対象の子どもたちを定期的にチェックしている。数十万ドルを投入し、年間3000人から5000人の子どもたちを支援している。

娘の能力を信じるよう親を説得することは、私たちの社会的課題だ。西側諸国では数十年前から見られるように、女性が家庭の外で可能性を発揮し役割を見つける機会が増えれば増えるほど、親は娘の教育に投資するようになる。

数年前、病院で腎臓透析を受けていた男性と会話したことがある。待合室にいた彼の前を通りすぎると、男性はいきなり立ち上がって、家族が助けてもらったと私に礼を伝えた。私の手を強く握りながら、イスラム教徒として差別されなかったことに感動したのだと語った。財団が娘の学費を負担してくれなければ、娘の教育に投資することはなかったと、男性は告白した。娘は結婚し子どもを育てる宿命にあった。男性は息子たちを優先していた。しかし、思い描いた通りにはならなかった。娘は懸命に勉強して高校卒業資格を取得し、地元の企業で経理の職に就いた。結婚していたが、給料のおかげで経済的に自立していた。息子たちはそれほど成功しなかった。

「治療費を支払ってくれているのは、娘なんです」。彼は言った。「私はまちがっていました。娘がいなければ、もう命はなかったでしょう」

私たちはまた、10年前から、「バディリカ（変化）」と名づけたアウトリーチ・プログラムの一環として、「ポジティブ・マスキュリニティ（積極的男性性）」の推進を目的に、コンゴ東部の地域社会と協力してきた。ボランティアが僻地の村々を訪れ、人権や、地方政府の責任を問うことについて、そしてとりわけ重要なことに、世帯主である男性や父親の役割について話をする。

こうした農村地域では、女性は常に料理や掃除をし、子どもを産み、家族の面倒を見る役割を担っている。家族を養うため、キャッサバ、サツマイモ、ヤムイモ、豆、トウモロコシなど作物の種まき、作付け、収穫など、過酷な労働の大部分をおこなっている。畑仕事を終えると、作物を市場まで運ぶ。

コーヒーやナッツなどの換金作物を育てている家庭では、男性がそれらを運搬してやることもある。木の伐採や、家の建築・維持も、男性の仕事と考えられている。男性は家庭の財布を管理することで経済力を握り、それを家庭の優先事項と考えるものに割り当てる。

それぞれの任務を成し遂げるために必要な責任と労力は、大きく異なる。そして、もはや誰も驚かないだろうが、最大の負担は女性が負っている。妻が畑で作業したり、重さによろめきながら荷物を運んでいる脇で、カードゲームに興じる男性の集団をよく見かける。滑稽なほど不公平で、腹立たしくなる光景だ。

とはいえ、男女それぞれの余暇時間に関する多くの調査に表れているように、この状況は世界でもあまり変わらない。異性愛カップルの場合、男性のほうがはるかに多く有償労働をしているが、子どもや高齢の家族の世話、掃除、買い物、その他の家事など、無償労働の負担は、圧倒的に女性が負っている。OECDに加盟する主要な民主主義国37か国では、女性は平均して男性の2倍以上の無償労働をこなしている。そしてどの国でも、余暇は男性のほうが多い。

その差を見ると、アメリカ、イギリス、オーストラリア、ドイツ、スウェーデンなどでは、男性の余暇時間は30分から40分ほど長く、フランス、インド、南アフリカでは1時間程度長くなっている。イタリア、ギリシャ、ポルトガルなどでは、男性の余暇時間は1時間半近く長い。1年間で合計すれば、男性の余暇は数百時間も長いことになる。

新型コロナウイルス危機は、この傾向を浮き彫りにした。何百万ものカップルが同じ屋根の下でロックダウンを経験するなか、男女の日々の仕事量の差はかつてなく鮮明になった。フランスのマルレーヌ・シアパ男女平等問題担当国務長官は、女性が「静かに疲弊」していると警告し、多くの人々の代弁者となった。国際通貨基金のクリスタリナ・ゲオルギエバ専務理事は、2021年4月、幼い子どもの母親が仕事を辞めていることについて、「経済封鎖の最大の犠牲者と言える」と警告した。

問題は、男性がマッチョだと指摘されることを嫌がることだ。生活上のつまらない仕事を同等に負担せずに済んでいる自分の特権に満足している。コンゴの村に行って、妻が働いているあいだにラミーやブラックジャックといったカードゲームをしている男性たちに説教したところで、何世紀も続く伝統を変えることはできない。

2010年に私たちは、ブカヴの東出身のワレガという部族との活動を開始した。総勢数百万人のワレガは、レガ語という独自の言語を話す。彼らの域内各地に武装勢力が存在するため、長年にわたり多くが仕事と安全を求めてブカヴに移住してきた。

私たちは、ワレガの部族長に打診し、女性の地位向上と同時に農作業の改善も目的とした活動を計画していることを伝えた。彼らは私たちのアイディアを受け入れ、病院にやってきて初会合を持ったあと、アウトリーチ活動への支援を約束してくれた。

まず、小規模の任意参加のセミナーを企画した。ワレガの複数の村で開催し、夫や未婚の若者に参加を呼びかけた。応えたのは、より柔軟で変化を求める人だったのはもちろんだが、彼らはみな、伝統的農業を営む労働者だった。

初めに、女性の責任と役割についてディスカッションをおこなった。配偶者のこなしている仕事一つひとつを評価するよう勧め、自分の日々の仕事についても説明してもらう。妻が文句も言わず黙々とこなしている仕事の多さに驚きを示し、軽い恥ずかしさを覚える人もいる。妻がくつろぐ姿はほとんど見たことがないという声も多い。

ボランティアが、6本かそれ以上の腕を持つヒンドゥー教の神ドゥルガーのような女性の絵のまわりに、妻のタスクをすべて書き込んでいく。ドゥルガーは通常、武器を手にした姿で描かれるが、この絵の女性は、料理、掃除、給仕、耕作などを自分の手でこなしている。

会合をくり返すなかで、なぜある仕事は女性に、別の仕事は男性に割り当てられているのかを探っていく。自分の両親も、また祖父母も、そのように働いてきたと、たいていの男性は答える。村の生活はずっとそうだったのだ。

議論は個々の経済状況に移っていく。農業でどれほどの収入があるのか、食料は一年を通じて十分にあるか、など質問をする。地域の家庭は総じて苦労しており、信じられないほど豊かな土壌にもかかわらず栄養失調は大きな問題だった。武装勢力による略奪や畑仕事の危険性が、多くの村人の虚ろな顔に表れていた。

男女混合チームのトレーナーは、月経などのタブーな問題もとり上げ、女性の身体や体力への影響について、また、妊娠による身体的影響や、出産直前・直後に仕事をこなす難しさについて説明する。息子や娘が担う家事や、女子の教育に対する考え方についても議論する。

最後に、自分が手伝える妻の仕事を挙げてもらう。妻と協力して仕事を分担する方法を考えるよう奨励することが目的だ。妻の作物を運んでいるところを見られたら、女性の仕事をしていると笑われるかもしれないと、周囲の反応を心配する男性もいる。

協力すれば農作物の収穫量を増やせるかもしれないと、トレーナーは強調する。あるいは、夫が子どもの面倒をもっと見れば、妻が農作業に割く時間が増えるかもしれない。より効率的だし、幸せも増すではないか。

こうした提案を参加者がみな受け入れたわけではなく、最初はおそらく少数だった。文化を変えるプロセスが数世代にわたることが多いのは、新たなアイディアを進んでとり入れるのはたいてい、若者に限られるからだ。しかし、特に畑仕事の協力で、何人かの男性にやってみようという姿勢が見られた。

彼らは最終的に最大の賛同者となった。初期の実践者である彼らは、その後もセミナーにやってきては、妻と協力したことで生産量が増えた体験を、参加者に伝えてくれた。収入が増え、より頑丈な家を建てることができた。藁《わら》ぶき屋根を金属のものに変えた人もいる。変化をとり入れた結果、妻や子どもたちとの関係がずっと良くなったと話す人もいた。

非常に前向きな結果に、自分の地域にも来てほしいと部族の長老たちから誘いを受け、私は喜んで引き受けた。これが活動を深化させる機会となった。その後、バディリカ・プログラムは3つの地域に拡大し、15の現地パートナー組織と協力してさまざまな問題にとりくんでいる。

その形態は、場所によって異なる。セミナーもあれば、演劇や映画上映もあり、女性の権利と役割、さらには性暴力についての議論を引き出すことを目的としている。夫婦がお互いの役割について話しあう、結婚ワークショップを主宰するパートナー組織もある。あるグループは、少女の勧誘に加担していた地元の売春宿を閉鎖させた。時間を要する地域レベルの活動だが、真の社会変化は常に足元で起こるものだ。

バディリカ・プログラムにおいて、この考え方を仲間同士で伝達することは決定的に重要だった。トレーナーやフェミニストが個々でできることは限られている。全体として、トレーナーが男性だと、男性参加者はより聞き入れる傾向があることもわかった。とはいえ、最終的にはこの活動の成功は、早期に実践した数人が周囲にもたらす影響にかかっている。

つまり、女性に対する意識を変えるためには、模範となる男性の影響が決定的なのだ。とすれば、ここで私自身の子ども時代に話を戻そう。家庭における平等がきわめて重要であると教えてくれたのは、姉にも私にも家事を分担した母だった。同時に、父の影響も認めなければならない。

父は、昔も今も、さまざまな意味で、私の励ましとなっている。少年のころの私は、父の献身、知恵、優しさ、寛大さをとても尊敬し、敬服していた。父と母は多くの点で伝統的関係にあったが――父が料理するのを見たのは、母が重病のときの一度だけで、掃除する姿は見たことがない――ある重要な点で、父は多くの男性と異なっていた。

父が特別だったのは、子どもたちや母にけっして手を上げたり叩いたりしなかったからだ。それでも彼の権威は疑いようがなく、しつけの能力がそれで妨げられることもまったくなかった。父に脇に引っ張られて話をされたり、自分の行動に深く失望する顔を見るほうが、殴られるよりもはるかに怖かった。

あるとき、私は台所のテーブルに上って、天井に落書きをしたことがあった。最初は姉のせいにしようとしたが、明らかな嘘はすぐにばれた。母から平手打ちを受けたが、いつものように午後5時ごろ帰宅した父は、私を座らせ、家の神聖さと敬意の重要性を説いた。私は懸命に自分の行動を説明し、謝罪の言葉をもごもごとつぶやいた。

子どものころに家庭内暴力（DV）を体験すること（母親が殴られるのを目撃する、あるいは自分が殴られる）が、大人になってから暴力行為をおこなう可能性と大いに関係していることは、研究者が明らかにしている。[*4] このことは、子どもは手本となる人物を真似るという、私たちが経験から知っていることを裏づけている。別の言い方をすると、父親が子どもや妻を殴れば、その息子は将来、他人に暴力をふるう可能性が高まるということだ。

アフリカの大部分、アジアの一部、中東と同様に、コンゴでもDVの蔓延はすさまじい。保健省による2014年の調査では、既婚のコンゴ人女性の57％が、現在または前の夫から暴力を受けた経験がある。OECDのデータによると、特定の状況下で夫またはパートナーが妻を殴ることは許容されると答えた女性は、75％にのぼる。

先進国でも、そこまで広まっていないとはいえ、DVは依然として頻繁に起きている。北欧諸国

*4 El Feki, S., B. Heilman, and G. Barker, eds. *Understanding Masculinities: Results from the International Men and Gender Equality Survey (IMAGES)—Middle East and North Africa*. Cairo and Washington, DC: UN Women and Promundo, 2017.
https://www.unwomen.org/sites/default/files/Headquarters/Attachments/Sections/Library/Publications/2017/IMAGES-MENA-Multi-Country-Report-EN.pdf

でさえ、女性の4人に1人が、親密なパートナーによるなんらかの暴力を経験していると回答している。この数字は、イギリス、フランス、ドイツなどヨーロッパの大国でも同じだ。アメリカでは、女性の3人に1人が少なくとも一度は暴行を受けている。[*5]

家庭は、子どもたちにとってさらに暴力的な場所だ。ユニセフのデータによると、コンゴでは10人のうち8、9人の子どもがしつけで暴力をふるわれている。アフリカ、中東、アジアの大部分でも同じ状況だ。

これを完全に禁止する国はほとんどなかった40年前から、法律の整備が進められてきた。現在、家庭を含むあらゆる環境で子どもを殴ることを違法としている国は、ヨーロッパのほとんどの国、南米、南アフリカを含むアフリカの8か国など、58か国にのぼる。しかし、「子どもに対するあらゆる体罰を終わらせるグローバル・イニシアチブ」によると、その数は世界の未成年者のわずか12%しかカバーしていない。

アメリカは、連邦レベルでそうした法律を持たず、欧米の主要国で唯一、一部の学校でいまだに体罰が合法となっている国だ。教育省公民権局によると、2015年と2016年で合計9万2000人の生徒が体罰を受けており、そのほとんどは南部の州で起きている。[*6] 殴られたり、平手打ちされたり、お尻を叩かれた生徒の4分の3は男子だった。

家庭では、主に父親が暴力をふるう。息子たちは、力の行使は男らしさの特徴であり、しつけや支配の手段として許容されるのだという教えを吸収する。大人になって抵抗や反論に遭遇すると、力やいじめに訴える。

自分の命のほうが大事だというメッセージの間断ない強化に加え、「男性」や「男らしさ」とは強くたくましくあることだというメッセージが、親や社会全体によって、少年にあけすけに植えつけられている。泣いてはいけないと言い、弱さや繊細さを見せることは「女性的」だと信じ込ませ、恐怖心を表したり怖がったりしてはいけないと言い聞かせる。

子どもが泣く声に対する親の反応は、赤ん坊であっても、男か女かによって異なることが研究で示されている。おもちゃの選び方、しつけ、励まし、愛情の示し方も、子どもの性別に影響されることが多い。

結果として、男子は感情をため込むようになり、言葉で表現することができず、イライラが爆発する。

こうした教えが実際にもたらす影響を、私は病院で目撃している。男性同士のけんかによる怪我だけでなく、虐待された妻の外傷、そしてもちろん、性暴力被害者が負った精神的・身体的傷害だ。病気を認めることは臆病で弱虫だと考えているのか、医師の診察を受けることを先延ばしにする男性にも、その影響が見られる。病気が体をむしばむ時間を与えてしまう行為であり、前立腺がんの死亡率が高いのはこのためだ。

＊5　ここまでの数値はOECDの〝Violence Against Women〟のデータベースによる。
https://data.oecd.org/inequality/violence-against-women.htm

＊6　アメリカには体罰を禁止する連邦法がなく、19州の公立・私立学校では体罰が認められている。運動団体「エンド・コーポラル・パニッシュメント」によると、近年、連邦法がくり返し提出されているが、成功していない。詳しくは次のサイトを参照のこと。
https://endcorporalpunishment.org/reports-on-every-state-and-territory/usa/

恐れ知らずで勇敢であることが男らしさだというマッチョな条件づけは、2020年の新型コロナウイルスの世界的流行の際、マスク不着用は死亡の可能性が高いという疫学的エビデンスにもかかわらず、男性のマスク着用率が低かったことにも表れている。[*7] ドナルド・トランプやブラジルのジャイル・ボルソナーロ大統領などの政治家は、顔を覆っているところを見られないことを名誉としていた。男性のマスク着用率は、アジアでSARSやH1N1呼吸器疾患が流行した際も低かったことが、別の調査でわかっている。[*8]

こうした有害な男性的特性を子どもたちに投影しているのは、親をはじめ、子どもたちを養育する立場の大人である私たちだ。いわゆる「マスキュリニティ」とは、子どもたちが人生のなかで習得するものだ、と私は考える。生まれつきのものではなく、社会的構築物だ。少年が成長するにつれ、服を重ね着するように身につけていくものだ。その最終結果は、その言葉が示すようにさまざまだ。

問題は、男性はこうあるべきだとの束縛を、私たちが多くの子どもたちに強いていることだ。男性的なファッションを選ぶよう子どもたちに教える。強く、肉体的で、支配的で、成功し、服従させる者のスタイルを強要する。こうしたルールに抵抗すれば、弱いと見なす。少年がこうした男性的特性をあまりに過剰にとり入れても、正そうとはしない。

10代の少年は男性へと成長する過程で、教育と競争のプロセスを通じて、男らしさの外衣をつくり上げる。タフに見えるが脆いため、不快に感じながらも、優れたものだと思い込んでしまう。

姉と私は平等であると主張する母と、非暴力の父という、私が受けた家庭教育の2つの大きな特徴に目を向けることで、私は、なぜ多くの男性が自分の男性性についての有害な考え方を身につけながら育つのか、理解を深めている。彼らが吸収する教えはまったくの正反対で、自分は生まれながらにして優れており、力の行使は許容され、尊敬を得るため必要でさえある、というものだ。

男児と女児に違いが存在することを否定するのは馬鹿げているし、私も自分の子どもたちに見てきたことだ。しかし親は、そこに価値を認めるかどうかで、子どもたちのどの特性を強調したり抑制したりするかを決める。最も寛容な人であっても、私たちはみな、何世紀も続くジェンダーの条件づけの影響を受けているのだ。

強さ、力、支配といった男らしさの先入観をいっさい持たずに、男児を育てる必要がある。思いやり、優しさ、気づかいなど「女性的」とされる感情を抑圧せずに、あらゆる感情を表現する自由を与えなければならない。また、ジェンダー平等や、性別役割分担、女性を尊重することの大切さ、さらに、これは非常に重要だが、セックスについても、もっと語って聞かせる必要がある。

男性は常にセックスのことを考えていると言われるが、それだけに、息子にセックスの話をしようとしない父親が多いのは実に不可解だ。それについての冗談や、女の子についての気楽な会話を

*7 Capraro, Valerio, and Hélène Barcelo. "The Effect of Messaging and Gender on Intentions to Wear a Face Covering to Slow Down COVID-19 Transmission." PsyArXiv. May 11, 2020. https://psyarxiv.com/tg7vz/

*8 Sim, Shin Wei, Kirm Seng Peter Moey, and Ngiap Chuan Tan. "The Use of Facemasks to Prevent Respiratory Infection: A Literature Review in the Context of the Health Belief Model." *Singapore Medical Journal* 55, no.3 (March 2014): 160-67. https://www.ncbi.nlm.nih.gov/pmc/articles/PMC4293989/

指しているのではない。セックスそのものについて話すという意味だ。

コンゴでは、結婚式の前に、花嫁の女性の親族が花嫁を脇へ呼び、婚姻後の夜のことについて話し、彼女にとって初めてか、あるいはそうでないかもしれない性体験にかかわる質問に答える。これは私たちの文化の一部であり、通過儀礼だ。

しかし、新郎にはこうした習慣はない。すべてわかっていると思われているのだ。新郎も質問はいっさいしない。精通していると期待されていることについて、自分の無知を認める屈辱を負うからだ。

これは欧米諸国でも見られる。一般的に母親は、適切な年齢になった娘にセックスについて話すことに抵抗がなく、責任の一部であると考えている。10代のころの自分や仲間の行動を思い出し、娘を守ろうと熱心な父親も、それをサポートする。

娘との会話は必然的に、実践的な助言から、男性や少年の危険性、つまり、妊娠や虐待のリスクにおよぶ。少女や女性に教え込まれる潜在的なメッセージは常に、「レイプされるな」だ。会う相手を選び、危険な場所を避け、服装に注意し、送る合図には慎重になるように伝える。警戒を怠らず、被害に遭いやすくならないよう求める。

しかし、少年たちに何度もくり返し伝えるべきはるかに重要な教えには、時間と注意はほとんど割かれることがない。彼らに「レイプするな！」と伝えなければならないのだ。どれだけの父親が息子を座らせて、同意の本質について話しているだろうか。

２０１６年にスタンフォード大学で、意識不明の女性に性的暴行を加え有罪判決を受けた水泳選手ブロック・ターナーの父親は、息子の行動を懲役刑に相当しない「20分間の行為」だと表現し、悪評を買った。ブロックの大学入学前に、同意についての20分間の会話を持っておけば、この不快極まる〝武勇伝〟を回避できたのでは、と考えずにはいられない。

2015年10月、性の健康とケアに関する慈善団体「全米家族計画連盟」は、同意に関する全国規模の調査に資金提供した。前戯がセックスの同意とみなされるか、以前の性的接触がセックスの同意となるかなど、あらゆる指標において、女性のほうが男性よりも知識があることがわかった。また、親は息子より娘と多く話していることも明らかになった。[*9]

父親は、同意についての会話で終わりにせず、さらに踏み込む必要がある。少年には、実際は無知なのに、どういうわけか知っていると思われていることが非常に多い。良いセックスとは何か？性的虐待がどれほど蔓延しているかを理解しているか？誰かをレイプすることはけっして「20分間の行為」などではなく、生涯にわたる精神的苦痛を強いることになりかねないという事実を、彼らに教えなければならない。レイプとその結果の、被害者と加害者のあいだにある悲劇的な認識の断絶にとりくまなければならない。

仲間のあいだで模範となる、知識豊富な少年がもっと必要だ。目の前で、友人やチームメイト、同僚が女性に不適切なふるまいをする場に遭遇した経験は、男性ならほぼ誰でもある。認めたくはないが、私たちもその行為に加担しているのだ。多くは見て見ぬふりをし、行動しなかったことを

*9 Planned Parenthood. "PPFA Consent Survey Results Summary." New York: Planned Parenthood, 2016. https://www.plannedparenthood.org/files/1414/6117/4323/Consent_Survey.pdf

後から後悔する人もいるだろう。介入し、積極的に行動し、悪いおこないを非難し、仲間に影響を与える少年の新たな世代が求められている。

2005年、ドナルド・トランプが、男性8人とバスで移動中、テレビ番組「アクセス・ハリウッド」の司会者ビリー・ブッシュに、あの悪名高い「pussy（女性器の俗語）をわしづかみする」発言をしたが、これは、ブッシュを含む男性に自分のやり方が賛同されると思っての発言ではない。ただ、ショックを受ける者はいないだろうと、トランプは確信していた。男性たちの笑い声がそれを裏づけている。

その後解雇されたブッシュは、加担したことを後悔し恥じていると語っている。#MeToo運動の真っ最中、虐待の体験が堰を切ったように語られ出したことについて、「反省し認識をあらためているところであり、バスに乗っていた男性全員に届くことを願っている」と書いている。家庭だけでなく学校や大学で、少年への性教育に真剣にとりくんでこそ、実現するだろう。

ここ数十年の新たな展開として気がかりなのは、かつてなく普及し簡単に手に入るようになったポルノの影響だ。ポルノに関する道徳的議論はさておき、誰もが同意できるのは、人気のあるサイトが、総じて従順な女性に対し卑劣でたびたび強制的な行為をおこなう、過激で不健全なコンテンツを配信していることだ。

2019年に420億回のアクセス数を記録した世界最大の無料ポルノサイト「Pornhub」は、未成年の少女がレイプされる動画をポータルサイトに掲載し、性的虐待を通じて収益を上げてきた。また、女性を騙して出演させていたことが判明した、アマチュアポルノ制作会社の動画も配信していた。[*10]

ポルノは性的空想を描いたもので無害なエロティック作品である、とポルノ擁護者は主張する。加害者予備軍がマスターベーションで性欲を発散できるポルノグラフィは、性暴力の減少に役立つ可能性があるとする研究者もいる。しかし、少年に性教育をする責任を私たちが果たせなければ、彼らは成人向けビデオを教材にするようになるという明らかな証拠がある。

インターネットポルノが簡単に手に入る時代に育った若い女性たちが、その影響に直面している。調査会社サバンタ・コムレスがBBCの委託で2019年11月におこなった調査によると、イギリスでは女性の3分の1以上が、同意に基づくセックスの最中に望まない平手打ち、首絞め、猿ぐつわ、あるいは唾吐きを経験している。

2015年12月にアメリカの学者3人が『Journal of Communication』誌に発表したメタ分析は、7か国の22件の研究結果をもとにポルノ視聴の影響を分析している。[*11] その結論は明快だ。「平均すると、ポルノを頻繁に消費する個人は、ポルノを消費しない、あるいはあまり消費しない個人より

*10 Shammas, Brittany. "Judge Awards $13 Million to Women Who Say They Were Tricked into Pornography." *Washington Post*, January 3, 2020.
https://www.washingtonpost.com/business/2020/01/03/judge-awards-million-women-who-say-they-were-tricked-into-pornography/

*11 Wright, Paul J., Robert S. Tokunaga, and Ashley Kraus. "A Meta-Analysis of Pornography Consumption and Actual Acts of Sexual Aggression in General Population Studies." *Journal of Communication* 66, no.1 (February 2016): 183-205.
https://academic.oup.com/joc/article-abstract/66/1/183/4082427?redirectedFrom=fulltext

も、性的攻撃を助長する考え方を持ち、実際の性的攻撃行為におよぶ可能性が高いことは、蓄積されたデータから疑う余地はほとんどない」

より最近の2019年におこなわれた、アメリカの10代を対象とした研究は、暴力的ポルノにさらされることとデートDVとの強力な関連をあらためて示した。暴力的ポルノに接した青年期男性は、交際相手に性暴力を働く可能性が3倍以上にもなることがわかった。[*12]

膨大な量のポルノがあふれ、アクセス制限が困難であるため、子どもたちと率直に話しあい、不健全で非現実的な性体験を描いたものが多いことを指摘することが、かつてなく重要だ。

ほとんどの親や学校は、子どもたちに礼儀の基本を教える責任を負っていると認識している。ものの言い方や、健全な友情の育み方といったものだ。しかし私たちは、多くの場合は性的なことを過度に控えようとする考えや恥ずかしさから、セックスについて話すことを忘れたり、怠ったりしている。その役割を、危険を承知でポルノ制作者に任せているのだ。

積極的なロールモデル、つまり、トキシック・マスキュリニティ（有害な男性性）に遭遇したときにそれを非難できる男性が不可欠だ。まずは父親が、息子とプライベートな会話を持つことが必要だが、もっと多くの著名人が、有意義な方法でこの闘いに参加する必要がある。彼らが模範を示してリードするべきだ。

悲しいことに、映画、音楽、ビデオゲーム業界が若者に浴びせ続けている男性像は、筋骨たくましく、攻撃的で、剛健で、そして多くの場合、女性蔑視的だ。こうした産業から利益を得ている人間たちや、何百万ものフォロワーを持つスターたちは、自身の責任を認識しなければならない。運動団体や活動家にできることは、性的攻撃を常態化、あるいは助長するような行為の最悪の事例を批判し、やり方を改めるよう圧力をかけ続けることだけだ。

ニューヨークでVと初めて会ってから2年後の2008年、彼女はV-Dayの創立10周年を祝うイベントをニューオリンズで開催し、私を招待してくれた。いつものように、何か大胆なことをしたいと考えたVは、スタジアムの「スーパードーム」を借り切った。ハリケーン・カトリーナの後、無秩序でむさ苦しい救援センターとなり、多くの性的暴行が起こった場所だ。

彼女はその場所を「スーパーラブ」と改名した。週末のイベントに参加した3万人は、講演を聞き、ヒーリングセンターや医療センターで助言を受け、ジェーン・フォンダやケリー・ワシントンが演じる『ヴァギナ・モノローグ』の上演を楽しんだ。みな、暗闇で光る折り紙風に形作られた女性の外性器を通って、スタジアムに入っていった。

Vに勧められ、私は市内を行進する数百人の女性の先頭を歩いた。行進の終点となった「コンゴ広場」は、かつて「Place des Negres」(黒人の広場)と呼ばれ、18世紀から19世紀のあいだ、日曜日に黒人奴隷が集まることができる市内で唯一の場所だった。しかし、私が呼ばれた最大の理由は、女性の権利を求めて活動する男性を結集するための、Vが設立した新たな組織「V-Men」による第1回目の賞を授与されるためだった。

*12 Rostad, Whitney L., Daniel Gittins-Stone, Charlie Huntington, Christie J. Rizzo, Deborah Pearlman, and Lindsay Orchowski. "The Association Between Exposure to Violent Pornography and Teen Dating Violence in Grade 10 High School Students." *Archives of Sexual Behavior* 48, no.7 (July 2019): 2137-47. https://www.ncbi.nlm.nih.gov/pmc/articles/PMC6751001/

新組織の構想は、「女性の問題」を胸を張って推進する男性のネットワークをつくることだ。私は、陰唇の形をした2つの赤い切り抜きの真ん中にぶら下がった、ピンク色の長い糸でできたカーテンを通って、舞台に上がらなければならなかった。

当然ながら、スーパーラブを訪れた人のほとんどは女性で、その多くは、ハリケーン・カトリーナの被害とそれに続く性暴力に人口比以上に過度に苦しんだ有色人種の女性だった。アメリカのフットボール・リーグのボルチモア・レイブンズでラインバッカーを務めるバート・スコットも参加したV-Menのパネル討論では、もっと多くの男性の参加を促すにはどうすればよいのかをみなで考えた。

これが、#MeTooに続くべき次の段階の活動だ。女性の権利という大義は、女性だけのものではない。男性の参加も必要だ。会議やヒーリングセンターに行かなくてもよいし、まして巨大なピンク色のヴァギナのなかを通ってステージに上がれなくても問題ない。

男性に求められるのは、性暴力について声を上げることだ。新たな男性像を受け入れ、行動で示すことだ。強くて繊細、勇敢で思いやりがあり、打たれ強いが情にもろい、その他あらゆるものでいてよいのだと自らの態度で示すことだ。10代の息子に、女性の権利について正直かつオープンに、もっと長い時間をかけて話すことだ。

今ほど多くの男性が、女性の権利を求める運動や性暴力をなくすための運動について知り、広く共感を示している時代はない。彼らは次の段階へと進み、私たちが必要とする社会変革実現のため、受け身の支援者から、積極的な参加者となる必要がある。法律を変え、正義を要求し、虐待者を糾弾し、地域社会で活動し、子どもたちに別の教育を与える責任を、女性だけに負わせてはならない。

女性が活動のリーダーであり、推進者であり続けることは当然だ。私が他者の代弁者であることも変わらない。しかし、女性の権利は普遍的権利だ。性暴力に関する請願、デモ、ソーシャルメディア上のキャンペーンがあれば、あるいは家庭でジェンダー、セックス、不平等について話す機会があれば、そこに男性も参加しなければならない。人類の半数だけではなく、全体にかかわる問題なのだ。

10 リーダーシップ

私はこれまでのキャリアで、政治家、宗教者、事業経営者、コミュニティや草の根の組織者など、あらゆる種類のリーダーに会ってきた。個人的野心や誤った信念のせいで、性暴力の問題を理解しようとせず、あえてその存在を無視したり否定したりする人々もいた。思いやりや優しさといった価値観を行動の中心にすえて、サバイバーや女性全般が少しでも良い人生を送れるよう活動する善良な人々も多くいた。その両端のあいだに、深入りしない人、煮え切らない人、うわべだけの人、いいかげんな人など、さまざまな人々がいた。

社会のあらゆる側面のリーダーたちが同じ方向に向かって努力しなければ、この世界を女性にとってより安全で、より公平で、より充実した場所に変えるために必要な制度的・文化的変化を生み出すことは非常に難しい。性暴力を終わらせることは、あらゆるレベルの徹底した努力によってのみ達成できる。自分の影響力を大胆に発揮できるリーダーがもっと必要だ。

2018年、私はイラクを訪れ、私にとってのコンゴ東部と同じく、性暴力によって破壊されたコミュニティの指導者と会った。彼もまた、女性の身体に対する戦争の被害に対処しなければならなかった。自身と自分の信奉者にとっての非常な苦難のなか、彼は勇気をふるい起こして伝統に挑戦し、重大な社会変革を促した。

私のイラク訪問は、2014年からヤジディ教徒のコミュニティ、特に卑劣で残忍なISIS（イスラム国）の支配のもとで苦しめられてきた女性たちとともに活動してきた、ヤズダという慈善団体が企画したものだ。この過激派組織による3年間におよぶイラク北西部の支配は、修復に数十年はかかるだろう物理的破壊の跡を残した。

私はイラク北部のアルビルに飛んだ。ナディア・ムラドとは、当時すでに知り合っていた。ナディアはそれまでの3年間、ISISがヤジディの女性を標的にし大量レイプしていることを世界に知らせるために活動していた。私のイラク訪問は、私たちふたりがノーベル平和賞を受賞する前のことだった。国連で、メディアのインタビューで、そして著書『The Last Girl』（2017年、同書名邦訳2018年）で、自身の体験を共有したナディアの勇気によって、この忌まわしい出来事が後世に伝えられることとなった。

ISISは、アメリカが2002年に開始したイラク占領で米軍と戦ったアルカイダなど、過激派組織の残党から結成された。2014年初頭、ISISはイラク北西部でイラク軍を制圧して、徐々に勢力を拡大し、イラク第二の都市モスルや、ヤジディ教徒の歴史的中心地であるシンジャルの周辺など、国土のおよそ3分の1を支配するようになった。

ヤジディは、独特な民族・宗教集団で、その起源は12世紀までさかのぼる。あるイスラム教神秘主義者が、イラク北部の山岳地帯の低木帯にある村ラリシュで説教を始め、それから何世紀ものあいだ、彼の信奉者たちがイスラム教から改宗していった。古代の地域信仰と融合し、キリスト教やユダヤ教の影響を受けるその教えは、独自の経典、暦、儀式を持つ宗教として成立した。

中東や世界の大部分を今も苦しめている宗教的支配をめぐる争いに、ヤジディ教徒は800年以上ものあいだ巻き込まれ、少数派として餌食にされ迫害されてきた。相次ぐ弾圧により、信者は世界中に分散した。

現在、約50万人いるヤジディ教徒がコミュニティとして存続できたのは、信者同士の強い絆、信心深さ、そして、人を寄せつけない故郷の地形のおかげだ。標高1600メートルほどのシンジャル山脈は、何世紀ものあいだ、迫害が起こるたびに隠れ家を提供してきた。

ISISもまた、ヤジディ教徒の一掃を狙い標的にしたのだが、21世紀の攻撃は、迫害されてきたヤジディの祖先が想像すらしなかった現代的なプロパガンダ技術を伴っていた。あらゆる大量虐殺のイデオロギー信奉者の例にもれず、ISIS指導者はその教えのなかでヤジディ教徒を非人間化し、オンラインのメッセージやビデオで彼らを悪魔崇拝者や背教者とののしった。

ISISが開始した大量絶滅作戦は、ナディアの家族を巻き込んだ。2014年8月の明け方、ナディアの村コチョは、邪悪な黒旗を掲げる武装勢力に制圧された。1週間自宅で縮こまっていた村人たちは全員、地元の学校に呼び出された。男性は、貴重品をすべて没収された後、女性や子どもたちから引き離され、溝の前に並べられ、冷酷に銃殺された。銃声が止むと、狂乱状態で泣き叫ぶ女性や子どもたちはトラックの荷台に乗せられ、ISISの支配する都市モスルに運ばれた。

未婚で当時21歳だったナディアは、サビヤ（奴隷妻）に選ばれ、夜、バスで市場まで連れて行かれた。「ISISのもとでの時間はすべて、苦痛に苛まれながら死んでいく日々だった」。彼女は体験をこうつづっている。体を触られ虐待を受けた、市場へと向かうバスの時間は、「死が始まった瞬間」となった。

市場（実際は略奪した家屋の広い部屋）には、冷酷で野蛮な髭面の男たちが、銃を持ち、札束を握りしめてやってきた。その多くは少女たちが処女かどうかを知りたがった。ナディアや親族は悲鳴を上げ、体を玉のように丸め、触れようと伸ばしてくる荒れた硬い手を払いのけようとした。推定6400人のヤジディの女性がこうして売買され、ぞっとするような捕虜生活を強いられることとなった。*1

ナディアはISISの判事に売られた。判事はナディアの宗教を侮辱することにサディスティックな喜びを感じ、イスラム教への改宗を強要し――彼女はそのふりをした――、何度も彼女をレイプした。たとえ逃げてもコミュニティから拒絶されるので、人生は終わりだと、ナディアを愚弄した。逃げようとして捕まったナディアを、罰として護衛にレイプさせた。

その後ナディアは何度か売られた。捕らえた者の誰ひとりとして、健康状態が悪化する彼女にいっさいの同情を示さなかった。3か月後、鍵のかかっていないドアから逃げ出したナディアは、イスラム教スンニ派の勇気ある家族のもとに身を寄せることができた。

その2年半後に私がイラクを訪れたとき、ISISはイラクと隣国シリアの領土の多くを失っていた。イラク軍、ヤジディ教徒やクルド人など現地民兵の努力と、アメリカとその同盟国が提供す

*1 この数字は、2018年、イラク北部のクルド系地方政府の宗教省から示されたもの。約半数は脱出または救出されたことが判明しているが、残りの人たちの行方はわかっていない。

る欧米の戦力によるものだった。しかし、戦闘が引き起こした人道危機に対処するための努力は、始まったばかりだった。

最初の訪問地は、アルビルから車で2時間半のドホークにある難民キャンプで、ＩＳＩＳの支配を免れたクルド系地方政府が管理する地域にあった。数キロごとに検問所で停車し、武装したクルド人警備員に書類やビザを提示した。

ドホークでは、何十万人もの避難民が収容されており、その絶望的状況は悲しいことに私もよく知るものだった。戦闘によって、ヤジディ教徒の約85％が避難を余儀なくされた。丘に点在するキャンプは、コンゴのキャンプより雨が少なく乾燥していたが、にわか造りの建物や大惨事の痕跡は、世界各地で見られるものと同じだった。

避難民のほとんどは、コンゴの難民キャンプにあるようなテントではなく、プレハブ住宅に住んでいた。国連や援助団体が寄贈したソーラーパネルや貯水槽が印象的だった。それ以外はすべてよく知っている風景だった。食料と水の確保に追われる日々、着古した服の子どもたち、彼らを見守る親の死んだような目、といったものだ。

そこにはナディアのような、残虐行為とレイプの被害者が数千人いた。専門家によるケアや支援をほとんど、あるいはまったく受けていない女性たちだった。数人の医師が最善を尽くして対処していた。イラクを訪問してコンゴでの経験を伝えるよう私に依頼した慈善団体ヤズダは、医療だけでなく、心理、法律、社会経済的支援を提供する私たちの手法を学びたいと望んでいた。私はここ数年、私たちの専門知識を国際的に共有することに力を入れている。

ヤズダは、大きな建物のひとつを会場にして、私との面談を申し出たサバイバー約50人とのミーティングを設定してくれた。パニック障害、不眠症、ヒステリックな号泣などに苦しむ難民キャンプの女性を助けようと日々努力していることを、事前にヤズダから聞いていた。多くの女性が家族から拒絶されていた。レイプ犯との子どもを産んだ女性もいた。自殺未遂も起きていた。

文化、言語、宗教にかかわらず、紛争地でも平時でも、女性は同じ性暴力の被害に同じように苦しめられていることを、各地を訪れて学ぶほど、気づかされる。

グループミーティングでは、専門家による心理的援助と治療のニーズの大きさが明らかになった。女性たちが負ったトラウマは、まだ生々しく深刻だった。ＩＳＩＳ戦闘員によって家族と引き離され、移送され、売られ、レイプされ、虐待されたことを、数人の女性が語り始めた。

ＩＳＩＳからの解放後、女性たちは新たな問題に遭遇した。破壊された自宅には戻ることができず、コミュニティからは汚名を着せられたと感じた。ヤジディの伝統では、レイプは姦通と変わらないとされ、被害者にとって恥ずべきことだった。公衆の面前での鞭打ちや、親族に殺されることすらあった。

ナディアは、最初に買われた男に、レイプされイスラム教に改宗した女性の人生は終わりだと告げられた。「家に戻れたところで、父親か叔父に殺されるのだ」。男は冷笑したという。ようやく帰郷の途についたときに感じた不安や恐怖を、ナディアは率直に語っている。

女性たちが私に向かって体験を打ち明けるなか、その言葉が、部屋にいた他の人々に影響をおよぼしていることがはっきりわかった。これはパンジでの最初のグループセラピーセッションでもよく見られる。未治療の抑圧されたトラウマの記憶を持つ女性は、つらい体験が鮮明にフラッシュバックすることがある。レイプに関する公開討論などで「トリガー警告（性的虐待についての言及があると警告すること）」が一般的になっているのは、そのためだ。

4人の女性が、ほぼ同時に気を失った。私は彼女らを介抱し、意識が戻ると、回復のため静かな部屋に移動させた。後で彼女たちを診察できる心理士はいないかと主催者に聞いたが、いないとの返事だった。

このことは、紛争時や紛争後の緊急人道支援を改善するため、いかに多くの仕事が必要かを私に実感させた。必然的に、食料、シェルター、基本的医療の緊急提供が優先される。性暴力の目に見えない傷は、その存在がわかっていても、治療されないことがあまりに多い。

次に訪れたのはラリシュという町で、この章の冒頭で紹介した指導者に会うことが目的だった。ババ・シェイクという名の、ヤジディ教徒の精神的指導者であり、長い白髭を生やした80歳を超える虚弱な男性だった。[*2] 宗教的首都ラリシュで、溝彫のある円錐形の寺院や天然の泉に囲まれて暮らしていた。

訪問者はみな、村に入る前に靴を脱がなければならない。生い茂る桑の木から明るい日差しがかすかに漏れるなか、滑らかな石畳の上を素足で歩くのは不思議な感覚だった。

私はババ・シェイクに会うのを心待ちにしていた。2014年末、ISISがヤジディの村を略奪するなか、彼は何世紀も続いてきた宗教的伝統を刷新する決心をしたのだ。コミュニティの伝統主義者の動揺を招くリスクを顧みず、慈悲は神学的教義に勝ると判断してのことだった。

ＩＳＩＳの奴隷市場を体験した複数の女性から話を聞いた彼は、被害者を受け入れ、いかなる不利益も負わせてはならないとする布告を、コミュニティの長老たちに出した。さらに勇敢なことに、レイプによって生まれた赤ん坊はヤジディ教徒として扱われるべきであると宣言した。

これは、ヤジディの教義と相反するものだった。ヤジディは閉鎖的な宗教だ。改宗者を受け入れず、宗教外の者と結婚したものは縁を切られる。イスラム教徒と関係を持ったことを理由に、女性が親族に殺された例もある。

ババ・シェイクの布告後、ＩＳＩＳ戦闘員にレイプされたヤジディの女性たちは、ラリシュを巡礼し、ヤジディの子どもたちが洗礼を受ける洞窟の聖水で、再び祝福を受けた。再生の象徴として白い頭巾が与えられた。孤立感や羞恥心の克服を促す受容の印だと感じた多くの女性が、何度も足を運んだ。

白衣をまとい、足を組んで座るババ・シェイクに対面した私は、左手のひらで右の前腕に触れながら、腰をかがめて握手した。コンゴの文化で敬意を表す姿勢だ。私はイラクに訪問した理由を説明し、迎え入れてくれたことに感謝した。女性が汚名を克服するのを助けた彼の決断と勇気に敬服していると伝えた。

決断は過激なものではなく、宗教が状況に応じて進化しているだけだと語る彼は、謙虚で控えめだった。女性たちを拒絶することは、コミュニティの破壊が目的のＩＳＩＳの利益にかなうだけだとも説明した。

＊2　ババ・シェイクは本名をクルト・ハッジ・イスマイルといい、2020年10月に87歳で亡くなった。彼の尊称は後継者に引き継がれた。

この決定は賢明で、人道的で、進歩的なものだ。すべての宗教指導者は、キリスト教信者、イスラム教信者、ユダヤ教信者、その他あらゆる宗教信仰者の生活を形成する習慣や信念の守護者であり、女性がより受け入れられ歓迎される社会をつくるための能力を備えており、またその責任も負っていると私は信じている。変化をもたらす精神的、道徳的な力を持つ人々だ。

下部にいる人々を活気づけ、影響をおよぼすためには、変化は上部からもたらされなければならない。これまでくり返し述べてきたように、性暴力は、男性の命が女性の命よりも優れていると考えるジェンダーの階層構造の結果だ。男性の優位性と、女性の従順性を強要する宗教の役割を、私たちは知っておかなければならない。

これはクリスチャンとして、また牧師の息子としての私の考えだ。私は父の管轄地域にあるブカヴの小さな教会の牧師でもある。私のまわりには、神が慈悲深いのなら、なぜコンゴで20年以上も続く虐殺を傍観していられるのかと、信仰心を失った人もいる。私自身は、信仰なしではこれまでやってこられなかっただろうと確信している。

私は毎日を、自分が最も大事だと考える価値を念頭に置いて祈ることから始める。愛、思いやり、神やすべての人々に対する謙虚さ、誠実さ、結束といったものだ。安全を確保できるときには教会に行く。聖書は最も大切な旅の同行者だ。

私と神との関係は、きわめて個人的なものだ。実際、私は自分自身を信者であると考えているが、必ずしも宗教者であるとは考えていない。宗教はイデオロギー的な構築物であり、過去の重要人物による創世文書の解釈である。その解釈は人の手によるもので、彼らは通常、権力の座を利用して自らの特権を強化してきた。

私たちは、これらの解釈を、ラリシュの寺院、嘆きの壁、メッカ、あるいは大聖堂や教会を造る石のように堅く敷きつめられた、固定的で不変の法として受け入れるかどうかを決めることができる。あるいは、有名な宗教建築物がときに建て替えられ、修繕され、拡張され、天候に左右され、時間の経過とともに人間の手によって変化してきたように、教義も進化しなければならないと考えることもできる。

教会での説教で、私はいつも、神と出会う最良の場所は、自分自身の内面、つまり内なる思考と良心であると強調してきた。この私的な聖域の外にあるものはすべて、欠点と悪徳を抱えた人間の仕業だ。私にとっての神は、すべての始まりと終わりにあり、自然の完全性、音楽や芸術といった説明しにくいものを言葉で表し、互いを愛し慈しむよう促す普遍的な力だ。

人間は利己的にも害悪にもなれることを目の当たりにしてきた私だが、それでも人間は本質的に、ほんのわずかな例外を除き、神に似せて創造された高潔な存在であると信じている。幼い子どもたちの無邪気さ、遊び心、純粋さを観察してみればわかることだ。彼らの善良さ、聖《きよ》らかさこそ、社会、規則や慣例によって、そして率直に言って、ときに有害な宗教的慣習によって変容する前の、真の人間性だ。自分の内側でのみ、神との対話を通じて、本来の自分について熟考し、それとのつながりを新たにすることができる。

キリスト教の聖書には、女性は男性よりも劣った存在として生まれたとか、服従するべきだという決定的証拠はない。アダムが創造された後、人間はひとりで生きるべきではないため、イヴが創造された。動物は人間とは同等ではないという考えのもと、ふたりはチームとして創造された。

女性を責任ある地位に就かせないなどの、排他的・差別的行為の理由も見当たらない。パウロ書簡――とりわけ「コリントの信徒への手紙1」にある「女性は教会で沈黙を守るべき」という一節――は、女性による教会での権力行使の禁止を正当化するために利用されてきたものとして有名だ。初代教会に、パウロの同僚である女性の指導者が複数いたことを考えれば、この一説が文脈を無視して解釈されてきたことは、ほぼまちがいない。

過去1世紀にわたって世界中の女性の役割が見直され、女性の自主性と権力が増してきたが、宗教指導者は、こうした現在進行中の社会の変化に抵抗するのではなく、奨励しようとしなければならない、と私は固く信じている。歴史には、宗教が時代にどう適応してきたかを示す事例が数えきれないほどある。

フェミニズムと信仰は、両立可能な概念だ。寺院、教会、モスクの守護者は脅威を感じるべきではない。だからこそ、ババ・シェイクの決定は、私の心を揺さぶった。彼には、変革の必要性を認識する明晰な思考と勇気があった。

悲しいことに、2019年、ヤジディの最高評議会の強硬派が、ヤジディ教徒をレイプして生まれた子どもを受け入れないと明言する新たな声明を発表し、サバイバーたちは、コミュニティと子どもとのあいだで不可能な選択を迫られた。この布告は、規則を施行する役割を担っている地域の長老たちに伝えられ、何百人もの女性の生活を複雑なものにしている。

伝統的なリーダーシップの形態は、選挙で選ばれることもあるが、長老の男性で構成される集合体である場合が多く、世界の広大な地域での行動規範に巨大な影響力を持っている。彼らは、宗教指導者の例に倣《なら》うことが多い。特に、個人主義の強い先進国よりも、集団として組織化されている国で、態度や行動に影響を与えるこうしたリーダーの役割を軽視しないことが重要だ。

途上国において、海外援助組織が長年にわたって犯してきた大きな失敗のひとつは、非常に保守的である場合が多い、こうした社会の根幹にかかわる階層を軽視したり、意図的に回避しようとすることだ。例えば、避妊にとりくむ支援団体や活動家が、避妊具の使用に関する社会的偏見や、女性は夫や地域社会の同意なく選択できないことを考慮せずに、避妊のメリットを直接女性に教えようとするのを、私は目撃してきた。

女性器切除の撲滅にとりくむグループは、長年、法改正や情報共有に力を注いできた。この慣習に関連する深刻な健康リスクと法的保護についての知識を深めれば、撲滅が実現できると思い込んでいるからだ。私がかつて仕事をしていた西アフリカのギニアでは、法律が禁じているにもかかわらず、大多数の女性が切除を受け続けている。

地域社会の指導者——通常は精神的・社会的な仲裁役である長老——が反対を表明しない限り、社会階層の最下部にいる女性に、自分で決定する能力はほとんどない。実際、女性の多くは積極的に切除を支持している。成人の儀式として、あるいは家族の女性同士の絆を深める慣習として考えているのだ。

児童婚から一夫多妻制に至るまで、ほぼすべての女性福祉問題にとりくむ際に、この問題は共通している。

女性の権利に関する地域レベルの変化は、緩やかで敬意のこもった励ましによって達成できることを、私は、南キヴのワレガ族とおこなった「ポジティブ・マスキュリニティ」促進活動で学んだ。既存の権力構造に対抗するのではなく、それを通じて活動することで達成できるものを、この活動は示した。

ワレガのコミュニティでのより平等な家事分担の奨励を目的とした、最初のトレーニング・プログラムやセミナーに続き、私は2017年に、ワレガの長老たちの招待で、地域を訪問した。この招待は、私たちが数年かけて築いてきた関係への、彼らの認識と感謝の表れだった。訪問の目的は、ワレガのために他にできることを話しあい、現地の変化を視察することだった。

私は、ワレガのコミュニティと祖先の精神世界とをつなぐ役割を担っている部族長に迎えられた。司法制度が機能していないなか、彼らには、ルールを決め、争いごとを裁き、助言を与える役割も期待されている。

私はまず教会で話をし、私たちが資金提供した学校を訪問した。村を歩いているとき、長老のひとりが、海外からの援助活動家とのあいだで起きた厄介な問題を私に打ち明けた。

数年前からこの地域は、欧米の人道支援団体から資金と援助を受け、その団体が派遣したスタッフが部族とともに暮らし活動していた。そのうちのひとりのドイツ人が、ここ数か月間、女性の尊厳を守るための厳格な規則を破ったのだと、長老は説明した。

その青年は、女性の水浴び場に指定されている川のそばの茂みで、地元の女性を撮影しているところを目撃された。女性のプライバシーを守るため、男性の立ち入りは固く禁じられている場所だった。青年がのぞき見のスリルを求めていたのか、現地の生活の〝エキゾチックな〟画像を撮影して、故郷の家族や友人に見せようとしていたのかは不明だ。

このスキャンダルを聞いた長老たちは、会議を招集した。コミュニティがどう対応するべきか、ドイツ人青年を罰するべきか、彼らは決断を求められた。

長老らは、青年を村から追放し、戻ることを禁じるとの決定を下した。青年は雇用主によって急いで連れ出された。

私の訪問の最後にみなで集まりを持った際に、コミュニティの女性をどう保護するかについての議論を始める手段として、私はこの話を持ち出した。私たちは、性暴力にとりくむ地元の団体が使っている部屋に、ひしめきあっていた。部族長たちは妻を伴い、木のベンチに肩が触れあうほどつめて座っていた。

私はまず、女性を守ることはワレガの誇りであるという、その場にいる誰もが心から信じていることから、話を切り出した。ドイツ人を罰するという決断は、女性を害から守る責任を彼らが重く受け止めていることの表れだ。私は、母親の役割を祝福するワレガの伝統にも触れた。

これが、インド農村部のヒンドゥー教カーストのパンチャーヤット、アフガニスタンやパキスタンのパシュトゥーン族のジルガ、アフリカの部族集会、中東のイスラム聖職者など、多くの地域社会の指導者たちの、女性の守護者としての自覚なのだ。彼らを無知な女性蔑視者として扱えば、変化をもたらしうる共同や議論の余地が閉ざされてしまう。

私は長老たちに、説明してほしいことがあると伝えた。部族の祖先への侮辱とされる罪である

「ムゾンボ」を、ドイツ人が犯したことは理解した。彼は、地元の女性の裸を見るという罪を犯し、制裁を受けたのだ。ではなぜ、女性に断りなく触れたり挿入した男性には、同じ罰が与えられないのだろうか。

男性が女性や少女をレイプしたと訴えられた事件の解決のため、長老たちがたびたび招集されていることを、私は知っていた。被害者が未婚の処女だった場合、長老たちは加害者に、持参金を加害者自身が出して被害者と結婚するという解決策を提示することが多い。それによって、被害者の家族と――そしておそらく被害者自身の――「名誉」が守られ、問題解決となる。

こうした、いわゆる示談はめずらしくない。父親が娘の所有権をレイプ犯に譲渡するのだから、要するに少女は売買されるのだ。

これは逆の効果を地域の若い男性にもたらす。結婚したい相手にプロポーズを断られると、レイプという手段に訴えるのだ。女性の「名誉」の保護が急がれるあまり、ロマンスや魅力では果たせなかったことを力ずくで達成し、面子を保てる機会が与えられると知っているからだ。これはアフリカをはじめ世界の多くの地域で、性暴力の強力な動機となっている。

レイプされた女性が既婚者の場合、加害者は夫への支払いを命じられ、金銭、あるいはヤギやにわとりなどの家畜を渡して解決するという事例も聞いたことがある。

「男性に妻以外の女性の裸を見ることを禁じる規則がありますね」。私は言った。「他の女性をレイプしたり虐待した人は、見ただけの人よりも厳しく罰せられるべきではないでしょうか？」私は長老たちに尋ねた。「みなさんはドイツ人男性を追放し、制裁を加えましたが、レイプもムゾンボと同じように扱うべきではないですか？」

女性に対する暴力は重く受け止めており、問題だと考えていると、何人かの長老が説明した。持参金を出させることや「示談」は、加害者を抑止するためのものだと考えているようだった。

「しかしみなさんは、少女を罰しています。犯罪の被害者なのに、加害者との結婚を強要しているのです。被害者の苦痛は倍増します」。私は主張した。「レイプはムゾンボであると宣言することで、初めて抑止力になります。追放されるとわかれば、誰も許可なく女性に触れることはないでしょう」

少女の処女喪失と名誉の問題を挙げて、異議を唱える人もいた。加害者と結婚しなければ、別の夫を見つけるのは非常に難しいと言う。真実であり、もっともな懸念だ。

それでも私は、長老たちがリーダーシップを発揮できるのだと主張した。「レイプを非難することで、その辱めを被害者から加害者に移すことができます。困難に直面するべきは女性ではなく、加害者です」。私は言った。「そしてより厳しい罰則があれば、犯罪を未然に防ぐことができます。このような運命から他の人を救えるのです」

もし私が、そこに飛行機で飛んでくるなり、長老たちに向かって彼らの習慣について説教を始めていたら、失敗していたはずだ。私は彼らが誠実に行動していることを知っていた。私たちはすでに信頼関係を築いていたため、長老たちは私を、都会から来た大学出の、自分たちを見下す医師などとは見ていなかった。お互いに十分な共感を持ち、交流の場をつくることができたのだ。

すし詰め状態のその部屋で、女性や性暴力についての議論は行ったり来たりをくり返しながらも、前進していると感じられた。自分たちの解釈に率直な疑問を投げかけ、のぞき見と性的暴行をあのように異なる方法で処罰することの矛盾に気がつく人も現れた。最後には全員が、レイプもムゾンボであると宣言する必要性を認識した。

私たちが帰った後、長老たちは再び集まり、数十の村に住む数十万人の住民を対象とした、地域全域への布告を発することを決めた。レイプは排除処分となる犯罪とされた。「示談」のとり交わしも以後はしないこととした。

イラクのババ・シェイクのように、ワレガの長老たちは、これまでの世代から受け継いできた伝統に疑問を持つ必要性を見抜いた。対話と進歩的考え方によって何が達成できるのかを、身をもって示したのだ。自分たちの思い込みに疑問を持ち、過去の誤りを正す覚悟があった。私の国は、そして世界全体は、ワレガの長老たちのような指導者をもっと必要としている。

コンゴ東部の僻地への訪問から遠く離れた対極で、私はこの15年間、世界の指導者や国際機関の代表とも交流してきた。性暴力を注目と行動に値する問題として認識するうえで、共同の前進がつくり出されてきたことを目撃してきた。

最初の訪問から2年後の2008年、私は再びニューヨークを訪れた。紛争下でのレイプの使用に関する画期的な決議を、国連安全保障理事会が審議している最中のことだった。私は、理事会を構成する常任理事国の5か国（アメリカ、中国、ロシア、イギリス、フランス）とその他10か国の外交官への説明を依頼された。

「なぜ安保理でレイプを問題にとり上げるのですか？」ロシア大使が、議論の最中に異議を唱えた。平和維持と紛争防止という安保理の使命との関連が理解できなかったのだ。このような抵抗に遭わなくなったのは、喜ばしいことだ。今やレイプは、あらゆる戦争で起こる被害であり、戦術として意図的に利用されることも多いと認識されている。

当初ロシアが懐疑的な態度を示したにもかかわらず、2008年に全会一致で採択された国連安保理決議1820は、コンゴなどでの性犯罪の加害者に対するより断固とした行動への希望を抱かせるものとなった。7章で紹介した、ルワンダと旧ユーゴスラビアの国際刑事裁判所が確立した判例を承認し、レイプが戦争の武器として使用され、戦争犯罪、人道に対する犯罪、ジェノサイド行為となりうることを認めたのだ。加害者の捜査と起訴を国家に義務づけ、国際平和ミッションにより多くの女性を派遣することを求めた。

多くの国連決議に見られる問題は、善意の言葉が行動につながらないことだ。数か月間におよぶ激しい外交交渉が決議1820の成立をもたらしたが、その結果として紛争地域の性暴力が減少したという証拠はない。コンゴ、スーダン、ミャンマー、シリアでレイプを犯している国軍や民兵は、依然として免責を享受している。

1年後に国連安保理は、もうひとつ重要なフォローアップ決議1888を採択した。この決議は「紛争下の性的暴力に関する事務総長特別代表事務所」の創設を決めたもので、問題への注目を高める歓迎すべき進展となった。

その後の10年間、国連安保理は、女性と安全保障に関する決議(合計7件)を着実に採択してきた。紛争時の性暴力に関する監視・報告メカニズムを確立した決議1960、説明責任の必要性をあらためて強調した決議2106などだ。

こうした努力は認識を広めるうえできわめて重要だが、ロシアと中国は、国連における女性と安全保障という議題の拡大に依然として懐疑的だ。一方、この進歩の原動力となってきた西側諸国は、トランプ政権の行動によってかつてない圧力を受けることとなった。

2019年、ドイツ政府が紛争地でのレイプに関する新たな決議案2467を提案した際、トランプ政権は、レイプ被害者が性と生殖に関する健康についてのサービスを利用する重要性についての言及が決議案にあれば、中絶へのアクセスを意味するため、拒否権を行使すると脅した。HIVチェックなどの医療サービスや、サバイバーが希望した場合の緊急避妊へのアクセスの重要性を盛り込んだ過去の決議を後退させようとするこの動きは、何事も当然だと考えてはいけないという注意喚起となった。過去10年間で築き上げてきたものが、失われるかのように思われた。

最終的には、妥協案として、性と生殖に関する健康についてのサービスや、紛争におけるゲイ、レズビアン、トランスジェンダーの人々の脆弱性についての言及が削除され、骨抜きの決議となった。私はこの決議が、性的暴行の被害者をケアするためのサバイバー中心のアプローチの重要性に初めて言及し、レイプによって生まれた子どもを支援する必要性も認めたことに満足を得た。アメリカは賛成票を投じた。中国とロシアは棄権した。

2020年、ロシアは再び、それまでの合意の一部を弱める決議を提案し、過去20年の成果を後退させようとした。中国の支持を得た本決議は、幸いにも、他の加盟国によってあっさり不採択にされた。

性暴力と闘う国家主導のとりくみもある。アメリカのバラク・オバマ前大統領、デイビッド・キャメロン首相下のイギリス政府、カナダのジャスティン・トルドー首相、最近ではフランスのエマニュエル・マクロン大統領も貢献している。スウェーデンは２０１４年、男性のステファン・ロベーン首相のもと、権利（rights）、代表（representation）、資源（resources）の３つのRに基づく「フェミニスト」外交を追求する世界初の国となった。

２０１４年、イギリス政府は、史上初の「紛争下の性暴力の撲滅をめざすグローバル・サミット」を開催した。当時のイギリスのウィリアム・ヘイグ外務大臣と、俳優で活動家のアンジェリーナ・ジョリーが主催し、政策立案者、サバイバー、市民団体、専門家が一堂に会した。私も参加したが、コンゴ政府から３人が参加していたことは、心強い兆候だった。

ヘイグとジョリーは、会議に先立ってコンゴを訪問し、２０１３年後半に政府軍による愚かな暴力の現場となったミノバ村を訪れた。ルワンダ政府の支援を受けるM23反政府勢力との戦闘に敗れた彼らは、２日間にわたり酔っぱらってレイプと略奪をくり返した。ある兵士は、女性を10人ずつレイプしようと同僚25人と言いあっていたことを、のちにジャーナリストに語っている。*3

サミットが抱える問題も、国連決議と同じだ。一時的に注目を集めることはできても、その志を貫き通せないことが多い。キャメロン首相と会談した際、彼は、５２０万ポンド（約７００万ドル）を投じたサミット後に、イギリス政府はいかにしてとりくみを継続していけばよいのかと、疑問を呈していた。

*3 Jones, Pete. "Congo: We Did Whatever We Wanted, Says Soldier Who Raped 53 Women." *Guardian*, April 11, 2013.

このサミットが実質的結論に欠けていると感じつつ、私は帰路についた。性暴力の加害者を保護したり、訴追を怠ったりする政府に対する制裁の必要性など、私が演説で強調しようとした問題については、ほとんど進展がなかった。私は、国連決議に実効性を持たせる必要を訴えた。報いを受けることがない限り、指導者は無視を続けるだろう。

政府の援助監視機関が、本会議についてきわめて批判的な独立報告書を２０２０年に発表した。会議は「その目標を十分に達成できておらず、サバイバーを失望させる危険がある」と述べ、ヘイグ外相辞任後の政治的リーダーシップの欠如や、会議開催後の６年間で関連資金が大幅に削減されたことを強調している。[*4]

女性の権利の議題を国際的に推進するリーダーシップは重要で不可欠なものだが、国連決議を実行に移すか、国際刑事裁判所を拡大し権限を与えない限り、変化の余地は限られている。超国家的な法的メカニズムは依然として脆弱だ。差別的法律を変え、加害者を訴追するため警察や司法に投資し、演説や個人的事例を通じて真の社会変革を促進する能力を持つのは、国の指導者だけだ。

政府の対応力を高めるためには、より多くの女性が権力の座につく必要がある。女性が大統領や首相になることを歴史的に阻んできたガラスの天井を打ち破ることができる、もっと多くの女性指導者が求められている。

世界の裕福な国が集まったフランスでのG７会議に参加して衝撃を受けたのは、首脳の集合写真撮影の際、ドイツのアンゲラ・メルケル首相しか女性がいなかったことだ。15年間の任期のあいだ、欧州連合28か国の会合やG20サミットなどの席で、メルケルは唯一の女性であることが多かった。

権力という鍵を与えられると、女性はより公平で安全な世界をつくるために必要な変化を起こす傾向が男性よりも強い。場所さえ与えられれば機会を生かして、母親の権利、より平等な年金制度、教育、男性と異なる女性のニーズを考慮するより寛容な職場など、女性にとって重要な問題に優先的にとりくむ。こうした変化は女性のみならず、子どもや夫、男性にも役立つものだ。

私は、女性は自分のために成功を求めないことを、自分の経験上、常々感じている。その成功を惜しまずに夫や子どもたち、コミュニティと分かちあうのだ。そのため女性は、意思決定の際に、個人よりも集団を考慮しようとする。男性は、個人的な富、成功、野心といった自分自身の関心事に動かされる傾向がある。

女性は、男性に欠けているスキルを提供することも多い。新型コロナウイルス危機への対応で、当初、国民から最も高い評価を得た国の多くで、指導者が女性だったことは特筆するべきだ。ドイツ、ニュージーランド、デンマーク、ノルウェーなどだ。

この証拠のみに基づいて、ジェンダーが政府の対応を決定する重要な要素だと考えるのは、あまりに単純だろう。男性管理職よりチームワークや共感力に優れていることが多い女性管理職の従来の強みが、この危機管理に生かされたとつい考えたくなる。逆に、専門家のアドバイスを聞き入れず、自らの知識の限界を認めなかったマッチョなポピュリストの強者は、最悪の結果を招いた。いずれにせよ、コロナ危機は、「女性は男性に勝るとも劣らない有能な政治指導者になれるし、権力

＊4　Review by the Independent Commission for Aid Impact, published January 2020.
https://icai.independent.gov.uk/psvi/

を任せられる」という、悲しいことに21世紀になっても異論が上がる議論での重要な勝利となった。

国連女性機関の最新の統計は、世界レベルで政治的リーダーシップがいかに不平等なままであるかを示している。最新のデータによると、調査対象となった193か国のうち、女性の国家元首や政府首脳はおよそ20人しかいない。[*5] OECDによる2019年の調査では、主要な民主主義国36か国のうち、政府のジェンダーパリテを達成しているのは、カナダ、フランス、スウェーデン、スロベニアの4か国だけだった。36か国の平均では、閣僚は男性3人に対し女性1人だった。[*6]

世界経済フォーラムが発表する「グローバル・ジェンダー・ギャップ・レポート」は、経済的機会、教育、健康、政治といった4項目で、153か国の男女格差を測定している。世界的に最も大きな差がみられるのは、政治的エンパワーメントだ。

2020年のレポートによれば、世界の国会議員3万5127人のうち、女性が占める割合はわずか25％だった。過去12か月で改善がみられたと指摘するが、このレベルで進歩が持続したとしても、政治におけるジェンダーギャップを解消するには94・5年かかるとされる。

政治に女性が参加すればするほど、歴史的なジェンダー不均衡の解消が進む。女性が他の女性たちに後に続く道を開けば開くほど、政治を安全で敬意を重んじる場所にすることができる。なぜなら国会でも地方議会でも、いまだに排外主義や性的虐待が蔓延しているからだ。

2016年に列国議会同盟がおこなった、女性議員に対するセクハラや暴力に関する初の国際調査によると、調査対象となった女性議員の82％がなんらかの心理的暴力を、20％がセクシャルハラスメントを経験している。2018年にヨーロッパの国会議員を対象におこなわれた追跡調査は、欧州連合でも同じ水準の虐待を確認し、さらに、調査を受けた女性議会スタッフの40％が職場でセクシャルハラスメントを受けていたことを明らかにした。

マッチョな組織文化だけでなく、男性からソーシャルメディア上で受ける女性蔑視的な嫌がらせへの対応が困難なために、女性が政治的野心を断念するという、比較的新しい傾向も憂慮すべき問題だ。人種的マイノリティの女性は特に支援を必要としている。

ビジネス界の上層部も、国会と同じように不均衡だ。OECDは、大手上場企業の取締役に占める女性の数の統計をまとめているが、それによると、世界の主要民主主義国の36か国で、女性の取締役は平均で4人に1人しかいない。女性管理職の割合は、およそ3人に1人とわずかに高い。

女性役員の割合は、非常に低い水準から過去15年間で急増したが、法的圧力によってそれを実現した国もある。ノルウェーは世界で初めて、公営・国有企業の取締役に女性を少なくとも40％指名することを義務づけた。その後、フランス、イタリア、スペイン、カリフォルニア州もクォータ制

*5 "Women in Politics: 2020." UN Women and Inter-Parliamentary Union, January 2020. https://www.unwomen.org/sites/default/files/Headquarters/Attachments/Sections/Library/Publications/2020/Women-in-politics-map-2020-en.pdf https://www.unwomen.org/en/digital-library/publications/2020/03/women-in-politics-map-2020

*6 Organisation for Economic Co-operation and Development. *SIGI 2019 Global Report: Transforming Challenges into Opportunities*. Social Institutions and Gender Index. Paris: OECD Publishing, 2019. https://www.oecd-ilibrary.org/development/sigi-2019-global-report_bc56d212-en

を義務づけている。「30％クラブ」という主要投資家によるとりくみは、女性役員比率の向上を推進している。

多くの研究が、多様なジェンダーから成る取締役会の利点を強調している。女性は男性CEOの過信をチェックし、買収による過払いを阻止したり、[*7] コーポレートガバナンスや戦略的意思決定に関する議論の質を改善する、[*8] といったものだ。

女性の昇進は、ほとんどの組織に見られる歴史的な男性的規範をとり壊すのに役立っている。個人的な経験から言えることだが、男性は女性がまわりにいると、態度をわきまえる傾向がある。傲慢になったり、けんか腰になったり、威張ったりする性質を抑えるようになる。

2018年にコンサルティング会社「マッキンゼー・アンド・カンパニー」がおこなった、12か国の1000社を分析した大規模な調査「Delivering Through Diversity」（ダイバーシティによる実現）は、指導的地位の女性の比率が高く、さまざまな人種・文化で構成された企業は、より高い収益性と長期的な価値を株主にもたらすと結論づけている。

女性の関与が決定的なもうひとつの分野は、戦争で荒廃した国に住む私にとって重要な意味を持つ。和平プロセスにおいて、女性の参加はいまだに著しく比率が低いが、銃声が永遠に止む可能性に積極的影響を与えることがわかっている。

アメリカのシンクタンクである外交問題評議会の調査によると、1992年から2019年までにおこなわれた和平交渉において、女性は交渉者の13％、仲介者の6％、和平協定締結者の6％しかいなかった。[*9]

２０１５年におこなわれた別の調査は、女性が和平プロセスに参加すると、そこで締結される合意は少なくとも15年間は継続する可能性が35％高くなることを明らかにした。[*10] 女性の和平交渉担当者は、性的虐待の認定や補償など、女性にかかわる条項を盛り込む可能性が高いこともわかっている。[*11]

その一例が、２０１６年に、これまでで最もジェンダーに配慮した和平合意のひとつを締結したコロンビアだ。フアン・マヌエル・サントス大統領によって、ＦＡＲＣ反政府勢力との交渉プロセスに、女性の市民団体や女性の代表が最初から加えられた。女性たちの尽力で、被害者への補償制度、性犯罪は恩赦の対象にしないという約束、戦争犯罪を裁く特別法廷の裁判官は男女同数にする

*7 Chen, Jie, Woon Sau Leung, Wei Song, and Marc Goergen. "When Women Are on Boards, Male CEOs Are Less Overconfident." *Harvard Business Review*, September 12, 2019.
https://hbr.org/2019/09/research-when-women-are-on-boards-male-ceos-are-less-overconfident

*8 Gul, Ferdinand, Bin Srinidhi, and Anthony Ng. "Does Board Gender Diversity Improve the Informativeness of Stock Prices?" *Journal of Accounting and Economics* 51, no.3 (April 2011): 314-38.
https://www.sciencedirect.com/science/article/abs/pii/S0165410111000176?via%3Dihub

*9 Bigio, Jamille, Rachel Vogelstein, Alexandra Bro, and Anne Connell. "Women's Participation in Peace Processes." New York: Council on Foreign Relations, n.d.
https://www.cfr.org/womens-participation-in-peace-processes/

*10 O'Reilly, Marie, Andrea Ó Súilleabháin, and Thania Paffenholz "Reimagining Peacemaking: Women' s Roles in Peace Processes." New York: International Peace Institute, June 2015.
https://www.ipinst.org/wp-content/uploads/2015/06/IPI-E-pub-Reimagining-Peacemaking.pdf

*11 True, Jacqui, and Yolanda Riveros-Morales. "Towards Inclusive Peace: Analysing Gender-Sensitive Peace Agreements 2000-2016." International Political Science Review 40, no.1 (2019): 23-40.
https://journals.sagepub.com/doi/pdf/10.1177/0192512118808608

誓約などが盛り込まれた。

また、パンジ病院の〝ホリスティック〟アプローチをモデルにした、医療、心理、社会経済的支援をサバイバーに提供するセンターの設立を推進し、50年続いた紛争によって性的暴行を受けた1万5000人を超える女性たちへの公的認知も勝ちとっている。

首都ボゴタの新しいアートインスタレーション「フラグメントス」は、和平合意の一環として反政府勢力が放棄した37トンのライフル銃を使ってつくられた床で知られる。アーティストのドリス・サルセドは、武器を融かした後、金属を槌で叩いてタイルにする作業をレイプ被害者に担ってもらった。その効果は驚くべきものだ。サルセドが意図した通り、破壊された兵器の上を歩くことは、非常に力づけられる体験だということを、私自身も実感した。また、槌で叩く制作過程はカタルシスとなり、女性たちは自分のトラウマを叩き壊していると感じることができたのだ。

和平プロセスに女性を参加させるというコロンビアの創造性、思慮深さ、献身に私は敬意を抱く。コンゴでも、そうした賢明な考えを当てにできればよいのだが。本章の締めくくりに、私が自国政府とのあいだで直面した困難について、もう少し話したい。

私が受けたむき出しの脅迫については、すでに述べた。ここでは、カビラ大統領が一度だけパンジ病院を訪問したときのことを話そう。この20年間、コンゴの女性の被害を認め、ケアし、保護する努力がなぜほとんどおこなわれてこなかったのか、理解する助けになるだろう。

カビラがやってきたのは、就任から9年目の2010年のことだった。彼の訪問は、傷を負った女性や少女が絶え間なく来院することに憤慨してのものではなく、ブカヴから約72キロ南のサンゲ村で発生したガソリンタンカー車の事故がきっかけだった。タンカーは横転し、漏出した燃料をペットボトルに集めようと人々が殺到した。爆発し、269人が死亡、200人以上が負傷した。複雑な症状や重度の火傷を負った人の多くが、パンジ病院に搬送された。

カビラは、この日を国民的な追悼の日とする、と発表した。彼のスタッフから、大統領が地域を訪問し、何人かの生存者に会う予定だとの連絡が来た。待ち望んでいた大統領の訪問がやっと実現すると、私は病院スタッフに伝えた。

カビラを乗せた黒光りの4WDが、駐車場に停車した。背後に立つ病院スタッフと一緒に、私は出迎えようと待っていた。車のドアが開けられ、彼が降りてきた。私たちは握手した。

「ようこそ、閣下、お越しいただきありがとうございます」。私は言った。彼の顔に感情の兆しを探したが、無言で目の前の光景を見渡すその表情には厳しさしか感じられなかった。

「ありがとう。私の訪問の理由はわかっているだろうね」。病院のほうに移動しながら、彼は言った。

「もちろんです、閣下」

「ではなぜ、私はここに来たのだ？」校長が生徒に語りかけるかのように、彼は続けた。

「火傷の被害者に会いに来られたのでしょう。うちのスタッフは懸命に治療に当たっています」。

私は言った。

「その通りだ。君の女性たちに会いに来たのではない」

君の女性たち。私は冷静さを保とうと、懸命に意識を集中した。彼の無神経な言葉、病院のサバイバーを見下す態度、私に対する恩着せがましさからは、軽蔑が感じられた。そのときサバイバーセンターでは、多くの女性が待っているのを私は知っていた。紛争が自分自身やコミュニティにもたらした犠牲について知ってほしいと、大統領と話す機会を求めていたのだ。

包帯を厚く巻きベッドに横たわる火傷被害者たちのいる病棟に、大統領を案内した。彼は何人かに挨拶し、見舞いの言葉を伝えた。シャッターの音が鳴った。報道カメラマンたちが、同情するようにベッドに身を寄せる大統領の姿を撮影していた。

「キンシャサから送るよう命じておいた負傷者への物資は届いているか?」彼は部屋の真ん中で立ちどまり、私に注意を戻しながら尋ねた。さらにシャッター音が鳴った。火傷用の包帯や治療薬を詰めた箱を、負傷者を治療しているすべての病院に送ったのだ、と彼は言った。

「箱は届きました」。私は答えた。「ただ、残念ながら、役には立ちませんでした」

「なぜだ?」彼は鋭く切り返した。

私は一瞬ためらった。その答えは、彼にとって恥ずべきものだったからだ。「解熱鎮痛薬、コンドーム、虫下しが入っていました」。私は言った。

「なぜそんなことが?」怒って言い返した彼は、ふり返って側近をにらみつけたが、彼らも理解できないといった深刻な表情だった。うちひとりがメモをとった。

説明の必要はなかった。何が起きたのか、みなわかっていた。これが現代のコンゴに蔓延する腐敗だ。わが国の軍隊や警察が、車両も制服も武器の弾薬も持たないのはそのためだ。道路や公共施設が途中までしか建設されず、教師が無給なのも、そのためだ。航空会社がひどい安全記録を持ち、銀行が倒産し、その過程で人々の貯蓄を食いつぶすのも、そのためだ。

大統領はおそらく、薬の購入のため資金を拠出し、病院へ送るよう命じたのだろう。しかし、その注文を受けた最初の人間が、資金の一部を引き抜き、2番目、3番目、おそらく最後に箱詰めをした人に至るまですべての人が、同じことをやった。どこかの時点で、実際に購入した少量の医薬品は盗まれ、闇市で売られた。しかし、何かは送られなければならず、体裁は保たれなければならない。そこで、コンドームと解熱鎮痛薬が代わりに梱包されたというわけだ。

火傷被害者のいる棟の訪問を終えると、私は先のやりとりを無視して、性暴力病棟を訪問してはどうかと提案した。彼はさらに気分を害したようで、今日は火傷被害者の見舞いに来たのだ、とぶっきらぼうにくり返した。

車に向かって歩きながら、私は苛立ちを募らせた。車に乗り込もうとする彼に、私は最後にもう一度訴えた。

「閣下、はるばる来られたのに、あれほど苦しむ女性たちを見舞われないのは大変残念です」。彼と目を合わせながら、私は言った。「手短な挨拶だけでも結構です。時間をとっていただけませんか」

彼は目を細め、顔をこわばらせた。「私には関心のないことだ。その問題は半年以内に片付き、この病院もなくなるだろう」。私たちの後ろの建物に向かって頭を少しふりながら、そう言い返した。

この悪意ある言葉を、どう受け止めればよいのだろう。彼はさっさと車に乗り込みドアを閉めるだろうと思われた。私はまたもや言葉を失った。しかし意外なことに、彼は動きを止め、私たちの背後にあるものを見た。

「あれはなんだ?」栄養失調の子どもたちをケアする棟に目をやりながら、彼は尋ねた。「あそこを見てみよう」彼は言った。

私は手短に案内することにした。病院を開業してまもなく設置したその施設には、子どもたちのベッドが並び、その脇には不安そうな母親が座っていた。アフリカでも有数の肥沃な大地のあるコンゴで、常に満員の状態だ。

最後に、深く落胆させられ動揺させられたこの訪問の総仕上げとして、大統領はこの子どもたちへの資金援助を約束した。翌日、州知事が記者やカメラマンを引き連れてやってきて、茶色の紙袋に包まれた現金5万ドルを私に手渡した。私にサインも求めず、資金の使途についての指示もなかった。

カビラはメディアで好意的にとり上げられた。彼の病院訪問は、地元や全国メディアで報道され、病室での写真も掲載された。病院への現金の寄付も正式に発表された。

しかしなぜ、大統領は女性に会うことを拒否したのか。自己防衛のためだろうか。国家の責任に加え、性犯罪は国際法で戦争犯罪として起訴される可能性から、コンゴでの女性の大量レイプを認めれば個人的な危険が伴うと考えたのだろうか。

そうかもしれない。しかしそれよりも、大統領はただ単に、恥ずべきと思うものを隠そうとする本能的欲求に訴えたのではないか。かかわらないことを選んだのだ。地域で唯一の性暴力専門の医療センターである病院を閉鎖してでも、女性が、そして私が黙っていることを望んだのだ。リーダーシップの完全な放棄ではないか。

彼の訪問から年月が経つにつれ、私は発言を控えるどころか、ますます積極的に発言するようになった。病院は閉鎖されなかった。その後の6か月間、閉鎖しようとする動きはただの一度もなかった。

カビラの失政を目にするたび、私はなぜ国際社会がカビラにもっと圧力をかけ、コンゴの治安部隊の改革、汚職の撲滅、国家サービスの改善に必要な仕事をさせ、不安定な状況の終結に道を開かないのか、理解に苦しんだ。

戦闘を支える鉱物の密輸は続いており、コンゴの政治家とその取り巻きは、海外のダミー会社やヨーロッパの都市で取得した不動産を通じてマネーロンダリングをおこなっている。コンゴ国内の民兵への外国からの干渉や資金提供は依然として問題となっている。

十分な政治的意思さえあれば達成しうるものを、私は2012年に目の当たりにした。コンゴ東部で大量レイプ、処刑、子ども兵の徴募、数十万もの人々の避難を引き起こしたツチ系反政府組織M23を支援していたことで、ルワンダは初めて深刻な国際的圧力に直面した。

ルワンダ政府がその反政府組織を支配していると国連が報告書で結論づけると、オバマ大統領はカガメ大統領に、後方・政治的支援を断つよう求めた。アメリカ、イギリス、ドイツ、オランダ、スウェーデン、欧州連合が、ルワンダへの軍事・予算援助を凍結し、または打ち切ると警告した。その効果は即座に現れ、M23は解体された。トップのボスコ・ンタガンダは最終的に国際刑事裁判所に送られ、現在は服役中だ。

カビラについては、任期終了間際になって初めて、欧州連合とアメリカが、彼の周辺の人物に資産凍結と渡航禁止を課した。２０１６年以降も政権にしがみつこうとして、憲法を蹂躙《じゅうりん》したためだ。もっと早くから大胆で積極的なアプローチがとられていれば、結果が得られていただろう。

過去の誤りを取り消すことはできないが、修復することはできる。

２０１８年、実施が遅れ、不正にまみれた選挙で、コンゴは新たな大統領を選んだ。ベテランの民主化活動家エティエンヌ・チセケディの息子で、野党候補のフェリックス・チセケディが、新たな指導者となった。しかし、同時におこなわれた議会選挙では、不正行為が広く指摘されるなか、カビラの政党がかろうじて過半数を取得し、権力を維持した。そのため、不安定な権力共有体制ができあがった。

海外の指導者は、コンゴにおける正義と説明責任を求める努力を支援しなければならない。この無政府状態、５００万人以上の死者・行方不明者は、現代において最も見すごされ、過小評価され、無視されている紛争のひとつだ。暴力と経済的略奪の多くはすでに実証されている。

コンゴ東部での暴力がまた1年長引くたび、村が略奪されるたび、無残に破壊された身体が病院に収容されるたび、私の国の悲劇は増大する。これは病気であり、治癒を必要としている。私のような医師は、あまりに長いあいだ、破片を拾い集め、骨を修復し、血まみれの傷口を縫ってきた。

そして、コンゴに当てはまることは、女性の権利という大義にも当てはまる。もし読者であるあなたが権力や影響力を持つ立場にあるなら、助けとなることができる。そして、もし解決のために行動していないなら、あなたも問題の一部なのだ。

おわりに

誰にでも自分を疑ったり、自分の選択に疑問を抱いたり、諦めたくなる瞬間がある。代償が大きすぎて、努力が報われないと思うことがある。私も長年、幾度となくそういう経験をしてきた。つらい仕事の後や、眠れない夜が続いたときは特にそうだ。2012年、私は岐路に立たされた。

10月の涼しい夕方、日の暮れかけた6時ごろ、ふたりの女性が私の家をノックしたことが始まりだった。当時、私たちはキヴ湖からさほど遠くないバンガローに住んでおり、外の埃っぽい未舗装の道路とは、有刺鉄線が張られた高いコンクリートの壁で隔てられていた。そこに越したのは、ブカヴで最も安全な地域だったからだ。国連平和維持軍の本部はすぐ近くだった。

自宅でも患者を受け入れることが、私の習慣になっていた。多くの患者は私の家の場所を知っており、8キロ離れた病院まで行けないときは、自宅の門まで私を訪ねてきた。私が在宅のときは、門番が患者をなかに入れた。

母と娘のふたり連れだった。母親の足が腫れ、化膿していた。診察を終えると母親に、タクシーを拾える市内の場所まで送ってくれないかと頼まれた。タクシーとは、ぎしぎしと走る錆びたおんぼろのトヨタのバンのことで、公共交通機関として機能している。

私はヨーロッパから帰国したばかりで、疲れ果てていた。イライラしていたし、不眠症も再発していた。紛争への関心を高めようと海外へ行くたびに届く、脅迫めいた電話やメッセージがまたもや届いていた。

しかし、女性の化膿した足は、見るからに歩きづらそうだった。私はふたりを送っていくことにし、車道から車を戻した。家には、当時15歳と17歳だった末娘ふたりと、そのいとこが残った。20、30分ほどで往復し、私は自宅に戻ってきた。門前でクラクションを2回鳴らした。帰ってきたことを知らせるいつもの合図だ。すると、妙なことが起きた。

見たことのない青年がドアを開け、頭を突き出して私の車を見た。めずらしいことだが、必ずしも警戒する必要はない。門番がときおり友人を呼び、小屋でおしゃべりやトランプをして時間をつぶすことがある。私かどうかを確認するよう頼まれた、門番の友人かもしれない。

金属製の門が、車輪がこすれて揺れながらスライドして開き、その背後に誰もいない中庭が現れた。すでに日は暮れていた。ヘッドライトの光が、目の前の自宅の壁を照らした。すると突然、何かが動いた。

5人の男のシルエットが、長い影とともに私に向かって突進してくるのが見えた。反応する間もなく、男たちは車をとり囲んだ。勢いよくドアを開け、前席に1人、後席に4人が飛び込んだ。私の隣の男が、機関銃の先端を私の腹部に押し当てた。後ろの1人が——顔を見ることはできなかった——私のこめかみに拳銃を突きつけた。

アドレナリンがわき上がるのと同時に頭をよぎったのは、その数か月前、ブカヴの大学教授が自宅に押し入った男たちに殺されたことだった。ほとんどの殺人事件と同様、未解決の犯罪だ。

私も彼のように死ぬのか？　そうかもしれない。カージャックや強盗の類なら、生き残れるだろうか？　それとも、私への殺害予告を実行しようとしているのか？　ある考えが別の考えと衝突し、新たな疑問がわき上がってくる。逃げ切れるだろうか？　おそらく無理だ。逃げられずに殺されるなら、撃たれる前に何人かを殺せないだろうか。

家のコンクリートの壁まで、車から9メートルほどだった。私は瞬時に判断した。シートベルトなしで、猛スピードで壁に突っ込めば、男たちはフロントガラスに向かって激しく投げ飛ばされ、重傷を負うだろう。

私はアクセルを踏んだ。しかし車が前に傾いたとき、相反する衝動に襲われた。数週間前にキヴ湖の対岸のゴマで拉致された友人の牧師はどうなった？　彼は両手を後ろで縛られ3時間も車に揺られた後、墓地に放り出された。トラウマを抱えたが、無傷だった。命を狙ったものではなく、警告だったのだ。

私はブレーキを踏んだ。車は大きく揺れ、その勢いで全員が前に飛び出した。急停車した地点は、家の壁まで90センチもなかった。「俺たちを殺すつもりか！」機関銃の男がスワヒリ語で言った。男が話すのを聞いたのはそのときだけだった。

男は手を伸ばしてイグニッションキーをひったくった。後席の拳銃を持った男が、車を降りるよう私に命じた。家の玄関はすぐそこだ。車を降りて駆け込めば、助かるかもしれない。安全に手が届きそうだった。

私はドアを開け、足を外に出して、駆け出そうとした。しかし、前席のカラシニコフ銃を持った男が、車のまわりを歩き私の前に来て、道をふさいだ。引き金に指をかけていた。目的は車ではない。私は悟った。これは暗殺だ。男が武器を構えた。

男の氷のような目は何かを物語っていた。男たちは、窃盗団というにはあまりに統制がとれ、組織立っていた。なすすべもなく立ち尽くした私は、友人の結婚式のため夕方出かけていったマドレーヌを思い浮かべた。家のなかにいる娘たちを想像し、吐き気がするほどのパニックに襲われた。

それまで、間一髪で逃げ切ったり、危害がおよぶ前に呼び出されるなど、何度も死を免れてきたことを思い浮かべた。私の運はここで尽きた。危険を察知する直感力は、私を見捨てた。銃を構えた残酷な若者の無関心な視線にさらされながら、コンゴでどれだけの人がこうして死んでいったのだろう。

銃弾に身構えたその瞬間、叫び声が聞こえた。

建物の脇から、腕をふりまわし叫びながら男が飛び出してきた。わが家の使用人のひとり、ジョゼフだった。彼は武装集団に縛られていたが、なんとかすり抜け、物陰から事態をうかがっていたのだ。私を守ろうと必死の覚悟で飛び出した彼は、死は免れないことをわかっていたにちがいない。

「パパ！　殺される！」ジョゼフの叫び声と、私に向かってくる彼を至近距離で襲った銃弾の音が、今も耳に残っている。その後のことは覚えていない。私は気を失った。ジョゼフは車と玄関口のあいだにどさりと倒れ込んだ。私たちの体はほぼ同時に倒れたはずだ。ジョゼフの血は車道にたまり、私の服にしみ込んだ。

発砲後、犯人たちは私の車で逃走した。銃声で近隣の警察や国連軍に気づかれたと考えたのだろう。その心配はいらなかった。どちらも翌日まで現れなかったからだ。

次に覚えているのは、呆然としながら、ふらふらと家に入っていったことだ。なかでは娘たちが銃を突きつけられていた。男のひとりに「死にたくなければ黙っていろ」とだけ言われ、監視されていた。娘たちは金と宝石を渡して立ち去るよう求めたが、男は首をふり拒否した。

娘たちは無言のまま、車道に面した壁を背にして、私の身に何が起きるのかと怯えながら、私の帰りを待っていた。もし最初に考えた通り、車を家にぶつけていたら、娘たちも道連れにしていただろう。

「パパ、伏せて！」ショックで震え、よろめきつつ家に入ってくる私に、娘たちが叫んだ。

その夜の出来事を、私は何度も頭のなかでくり返したが、どうやって生き延びたのか今もはっきりしない。犯人たちは、ジョゼフの隣に倒れた私も撃たれたと思ったのだろうか。彼の血を私のものだと勘違いしたのだろうか。知るすべはない。

犯人たちが誰に送り込まれたのかも謎だ。隣国ルワンダの人物か？　コンゴ東部の軍閥か？　軍隊の上層部か、あるいは政府の人間か？　国連で発言したことと関係があるのだろうか？

その前年、ニューヨークのウォルドーフ・アストリアで、私は当時の保健大臣から、国連で予定通り演説をおこなえば危険な目に遭うとの脅迫を受けた。6章で述べた通り、身を引き演説を中止した私は、多くの性暴力被害者と同じように沈黙を強いられたと感じた。

2012年、自宅で襲撃されるわずか1か月前、私はリスクを承知で賭けに出た。国連総会の開催中に性暴力に関する会議で演説するよう、再び招待を受けた。今回は引き受け、発言した。

犯人を捜し出そうとする真剣なとりくみはなかった。事件後、数人の警察官が現場にやってきた。

やる気なさげに周囲を見まわし、写真を数枚撮ったが、誰からも目撃証言をとらず、顔を隠さなかった男たちの特徴すら聞かなかった。検察官は現れなかった。ジョゼフの遺体は検視もされず埋葬された。私の車は数日後に放置されているのが発見された。

ブカヴの警察本部で、「ムクウェゲ医師の事件」とピンクのペンで走り書きされた厚紙のファイルを捜査員が持っているのを、数か月後の報道で目にした。警察幹部がそれをジャーナリストに披露していた。なかに「仮説」の詳細を記した手書きのメモもあった。これまでに逮捕された者はいない。

襲撃から2日後、私はマドレーヌや娘たちと、無言のまま車で空港に向かった。再びブカヴを脱出し、未知の海外生活に出発しようとしていたのだ。もう我慢も限界だった。このままでは重大な危険にさらされるとの確信があった。丸裸にされた気分だった。

現地の国連軍が空港まで護衛してくれた。装甲車が前に1台、後ろに3台並び、まさに避難するかのようだった。これで終わりだ、私は思った。1999年から13年間、コンゴ東部のレイプ危機にとりくんできた私は、病院を維持し、日々仕事を続け、声を上げる決意をけっして失うことはなかった。

武装集団が私の計算を狂わせた。親として、夫としての責任が重くのしかかり、地域社会や患者に対する使命感に影を落とした。そして、銃弾を浴びて墓に眠る人に、私がなんの役に立つだろう。長年の大切な友人、ジョゼフのように。

私たちはブリュッセル、スウェーデンへと飛び、友人や仲間と再会した。私たちの生活は一体どうなるのかと、私は終始考えていた。リモートで仕事をし、活動を続けることができるのだろうか。

ヨーロッパに到着して1週目、以前一緒に仕事をしていた「人権のための医師団」という団体が、援助を申し出てくれた。私とマドレーヌ、末娘のドゥニーズとリナをボストンに送り、住まいを提供してくれるというのだ。彼らの支援に、今も心から感謝している。

アメリカの滞在場所は、これまでにない快適さを提供してくれた。キッチンは大きくてモダンだった。木製の美しい階段でリビングから2階の廊下に上がり、ドアを開けると専用バスルームつきのベッドルームが5つあった。警備員も有刺鉄線も必要なかった。

私たちが到着したのは、雪が積もる厳しい冬の真っただ中だった。私は頭のなかで、半年間の大まかな計画を描いた。アメリカでの生活を成功させるには、まずは英語を習得する必要があった。子どもたちを学校に入学させ、私とマドレーヌは朝から夕方近くまで集中的な語学クラスを受け始めた。

3週間ほど経って、空き部屋が役立つ機会があった。ブカヴの牧師で、長年ずっと支え励ましてくれた親しい友人のジャン・ルベルが訪ねてきたのだ。友人の姿を見て、私たちが置いてきたものがすぐに思い出された。ジャンの優しい顔は懐かしく、温かかった。そして彼の届けてくれた知らせは、私を誇りと喜びでいっぱいにした。

ブカヴから船で数時間の場所にある、キヴ湖に浮かぶイジュウィ島の女性たちが、カビラ大統領宛に手紙を書いたという。私を帰国させ、仕事を続けられるよう安全を提供することを、政府に要求する手紙だった。ジャンは手紙のコピーと、数百の署名が書かれた紙を、鞄に入れて持って来てくれた。

イジュウィ島の多くの女性を治療したことはあるが、島のことはほとんど知らなかった。私は笑みを浮かべ、それから爆笑した。カビラ大統領が、コンゴの女性にかかわる私の活動になんの関心も持っていないことは、彼が病院で私に言った通りだ。この手紙で何かが変わるはずはなかった。

しかし、その2週間後、ジャンが帰国した後で、ブカヴの病院から電話がかかってきた。女性たちは、今度は国連事務総長宛に手紙を書いたという。さらにその数週間後、今度は病院にやって来た。

「今日、彼女たちが来て、先生は絶対に戻ってこなければならないと言われたよ」。同僚のマガンボが電話で言った。

「それは驚きだ。しかし本気なのだろうか？」私は尋ねた。

「帰ってきてくれるなら、先生と家族の航空券代を支払うと言うんだ。病院の警備まで約束したよ。25人が常に外に立って、誰も先生に近づかせないと言っていた」

「そんな……馬鹿げてる」。私は言った。「まさか信じていないだろう？」

女性たちのほとんどは1日1ドル以下で生活しており、アメリカ北東海岸から中央アフリカまでの航空券4枚はおろか、自分たちの家族を養うのもやっとだった。

「先生が戻ってくるまで、毎週金曜日ここに来ると言っていたよ」。マガンボは続けた。「病院の前で食べ物を売って資金を集めるそうだ」

次の金曜日、女性たちはその約束を守った。果物や野菜の入った籠を持ってフェリーに乗り、病院の外にやってきて、道路沿いに屋台を出し、パイナップルやパッションフルーツ、卵、トウモロコシ、キャッサバなどを売った。

なぜイジュウィの女性たちだったのか、とよく疑問に思う。私たちがサービスを提供する他のコミュニティより強いつながりがあったわけではなく、特に理由はなかった。しかし、どの社会運動もどこかで始まらなければならない。自ら解決しようと行動に出たのが、イジュウィの女性たちだったのだ。

私はどうすべきかわからなくなった。数週間後には、南キヴの各地から女性たちが集まるようになった。マイマイの戦闘員がいまだに村を襲っているブニヤキリから、カウジ・ビエガ国立公園やカヴムから、反政府勢力の領土を通ってやってくる女性たちもいた。

バランスが傾き始めた。私は、故郷の何千人もの女性たちとそこでの自分の仕事と、家族に対して感じている保護の義務とを対比させるようになった。庭に雪が降り積もる、クリスマスから数日後のある晩、私は食卓で、考えていたことを切り出した。

「私はコンゴに戻ろうと思う。でもみんなはボストンに残ってほしい」。私は言った。みな、黙って食事から顔を上げた。「あそこは君たちにとって安全ではないからだ。でも、休暇にはここに戻ってこれるし、長く滞在もできる。どうにかなるよ」。私はつけ加えた。

その提案は娘たちに、不安と、私を守ろうという思いを抱かせた。15歳だった一番年下のドゥニーズが、最も頑《かたく》なだった。

「奴らが家に来たとき、探していたのは私たちじゃない。パパだよ」。ドゥニーズが言った。「ここに残るべき人がいるとしたら、それはパパだ。ひとりだけで帰るなんてありえない。パパが行くなら、私たちも行く」

彼女の非常に明確で断固とした態度は、反論の余地を与えなかった。私は地域の女性たちの強さに敬服して生きてきた。今や、自分の娘が目の前で、同じ決意を持って成長しているのだ。

私たちはもう少し話をした。私はひとりで戻ることを訴え続けたが、無駄だった。それ以来、全員での帰国は避けがたいものになった。

世界の危険な地域で生活し活動する活動家はみな、どこかで一度はこうした瞬間に直面する。大義のために死ぬ覚悟があるかどうかを自らに問わなければならない瞬間だ。10月に自宅で襲撃を受けてから、私は恐怖に支配され、そんな考えが持てなかった。しかし、イジュウィの女性たちが自発的につくった路上市場のことを考えるうちに、彼女たちのためにすべてを投げ出せる覚悟が自分にあることに、私は気づいた。死は無意味なものだろう。しかし、ボストンでの快適な生活もまた無意味なのだ。

1月の半ば、家を出てから3か月後に、私たちはコンゴに戻った。

帰路の最後に、ブルンジのブジュンブラからの帰国便に乗った。プロペラが1つのセスナ機が、ルジジ川に沿って北上しブカヴへ向かった。私の席は窓際だった。マドレーヌが隣に、娘たちは後ろに座っていた。

私たちの人生は、アフリカのこの地域で、眼下に広がる苦悩に満ちた土地のさまざまな場所で展開してきた。私はブジュンブラで医学の勉強を開始した。マドレーヌとの新婚生活をそこで始め、家族を築いた。

私たちは、レメラ病院周辺の丘陵の上を飛んだ。医療を受けられない母親たちの苦しみを初めて知った場所だ。ハイキングに出かけた森や、第一次コンゴ戦争が勃発するわずか数日前、私の命を救ったあの恐ろしい旅で通った道路の上も飛んだ。レメラ病院と殺害された患者の集団墓地は、フライトの半ばに差しかかったあたりで下に見えた。

1996年のレメラ病院の襲撃以降に起きた紛争の犠牲が、地面にはっきりと現れていた。川の東側にはブルンジとルワンダがある。それぞれの土地で農作業をする人々が見えた。西岸のコンゴには、かつて果樹園、綿花畑、稲田があったが、今では放置されている。

そんなコンゴが失ったものとその可能性について憂鬱な思いに耽っていると、ブカヴが眼下に迫ってきた。離陸したときから機内は緊張感に包まれていた。みな、それぞれ覚悟を決めているようだった。マドレーヌの緊張も伝わってきた。私たちは、アメリカでの自由な生活と引き換えに、これまで以上に不確かで気づまりになるだろうコンゴでの生活を選んだのだ。

私とマドレーヌは手をつないだ。40年以上にわたる結婚生活のあらゆる場面でそうだったように、私は妻を必要としていた。私たちは、互いの枝が絡みあい、寄り添って支えあう2本の木のようなものだ。

「大丈夫だよ」。私は言った。安心させようとして出た、確信のない言葉だった。何が待ち受けているのか、ふたりともわかっていた。私が唯一頼りにできるものは、妻の愛とサポートだった。これまでも、最も困難な時期を乗り越えるにはそれで十分だった。

飛行機が降下した。滑走路に降りたとき、待ち構えているものがちらりと見えた。飛行機から降りると、国連平和維持軍の列が、出迎えに集まった数百人を押しとどめていた。母と数人の家族に挨拶する間もわずか、大勢の人々が押し寄せてきた。

数か月前、逆方向に向かったときには荒れ果てて見えた空港からの道は、手をふって私たちの帰りを祝う人々でにぎわっていた。病院に戻ると人でいっぱいだった。スタッフが歓迎セレモニーを企画したのだ。中庭のひとつに設置された舞台まで、私たちは人をかき分けて進んだ。

舞台は青と白の布で飾られ、椅子が整然と3列に並べられていた。正面のマイクの後ろには、私の席と、幼なじみのマルセリン・シシャンボ州知事の席があった。席に座り、病院スタッフ、患者、男性、女性、子どもたちなど、目の前の人々を眺めた。10月の襲撃の後、求めていたのに現れなかった、忘れもしないその人物も目に入った。

私の右側、舞台上の2列目の端に、汚れのない濃紺の制服に身を包み、顎を固く引き締めた地方警察署長がいた。彼の歓迎を受けたところで、心強くなどなかった。誰が私の死を望んだのかがわからない限り、安心できるわけがない。

セレモニーは堅苦しく、偽善的に感じられた。すると、イジュウィの母親や祖母たちが押しかけてきたのだ。

金切り声やうなり声を上げながら女性たちが入ってきた。みながふり向き、掲げられたプラカードやバナーが動き、群衆の一部が移動し、分かれた。子どもを背負った女性など数十人の集団が、椅子を押しのけて舞台に上がってきた。女性たちはマイクを求め、手渡された。

そのなかの誰も、私は見覚えがなかった。女性たちはひとりずつ発言した。ひとり、またひとりと、犯罪を防止できず、州内のコミュニティを餌食にするギャングや民兵を止められない政府や警察を非難した。

「あなた方が先生を守らないなら、私たちが守ります！」車椅子に乗って壇上に上げられた女性が、知事や警察署長を指さして言った。「今夜は25人で病院を守ります。先生を殺したければ、その前に25人の丸腰の母親を殺しなさい！」

スピーチの合間に、女性たちは歌い、手を叩いた。「ムクウェゲ先生、立ち上がって！　ムクウェゲ先生、立ち上がって姿を見せて！」と歌った。「彼に手を出すな！　殴り倒すぞ！」

そのあいだずっと、女性たちが籠や鍋を持って舞台の前にやってきては、玉ねぎ、パイナップル、カボチャなどを手渡してくれた。七面鳥を持ってきた女性もいた。私への歓迎のプレゼントだった。

喉が締めつけられ、こみ上げてきて、言葉にならなかった。目に涙があふれた。自分の居場所である、女性たちのもとに帰ってきたのだ。私の全身全霊がそう言っていた。

私は心を落ち着かせ、セレモニーの最後に立ち上がってスピーチをした。誰かが私の白衣を持って来てくれたので、スーツからそれに着替えた。話し終えたちょうどそのとき、天気が崩れ、大粒の雨が病院の屋根を叩き始め、周囲の木の葉に降り注いだ。みな、避難した。

イジュウィの女性たちとのあの出来事が、私の人生の転機となった。それは患者たちと深く心を通わせた瞬間だった。私は自分の職業人生をコンゴ東部の女性たちに捧げてきたが、私がどん底にあり、最も無防備に感じていたまさにそのとき、彼女たちが私のそばに飛んできてくれた。

私は、女性たちが耐え忍んできたことのほんの一部しか味わってはいなかったが、彼女たちの経験をこれまで以上に理解できたように感じた。私は、誰かに圧倒される無力感や恐怖を感じていた。自由を奪われ、服従を強いられ、屈辱を受けた。誰も捜査や解決に関心を示さない凶悪犯罪を経験し、不正義の痛みを知った。

これが、性暴力に苦しむすべての女性に待ち受けているものだ。異なるのは、私の身体は無傷のまま逃げられたことだ。恐ろしい体験はほんの数分だった。虐待も受けず、挿入もされなかった。自宅でのひどい夜を思い起こすような身体的傷跡もない。

イジュウィの女性たちが直感的に私に示してくれた態度は、私たちがすべての犯罪被害者、特に性暴力の被害者に示すべき態度だ。女性たちが手紙という形で私に届けてくれたのは、私はひとりではなく、支えとなる人がおり、私の痛みを理解しているという励ましのメッセージだった。それは、肩を抱いてもらったような安心感をもたらしてくれた。

個人として、社会として、私たちはこうした思いやりや優しさをすべてのサバイバーに示す必要がある。悲しいことに、私たちのやっているのはその逆だ。女性たちに疑いの眼差しを向け、もっと悪いことに、社会ののけ者として扱い、痛みを増大させている。暴行による恥辱や代償は、加害者ではなく女性に負わされることがあまりにも多い。彼女たちは同情と、支援と、保護を受けて然るべきだ。

本書を読んでいるあなたも、家族、あるいはプライベートや仕事上のつながりで、誰かに肩を抱いてほしいと願ったことのある人を知っているはずだ。あるいは、心に響く体験を読んだり聞いたりしたことがあるかもしれない。常に手を差し伸べてほしい。あなたのわずかな時間が、大きな変化を生み出すかもしれない。共感は、私たちの世界を変える力を秘めているのだ。

イジュウィの女性たちは、集団の力も実証した。私はひとりで怯えていたが、彼女たちは互いから力を引き出した。腕を組んだからこそ、気持ちを奮い立たせることができた。

団結してこそ私たちは、性暴力のタブーを打ち破り、それを汚い秘密のように隠蔽せず、オープンに議論し対処することができる。だからこそ、スラットウォーク、#BringBackOurGirls、#MeTooなどの近年のキャンペーンは称賛され、奨励されなければならない。

とはいえ、啓蒙活動は、それだけでは十分ではない。宣伝効果としては優れており、ある問題や人物にスポットライトを当てることができる。しかし、警察に被害届を出すための支援が必要な女性を助けることはできない。無関心で無神経な捜査官を訴えることはできない。パートナーや家族から虐待を受けた被害者に、カウンセリングや安全な場所を提供することもできない。

そうした仕事を担っている草の根の女性組織は、支援を必要としている。イジュウィの女性たちは、手紙を書くだけにとどまらない集団をつくり上げた。人々を動員した。感情を行動の原動力にした。DVや性暴力の被害者を支援する地域の団体をサポートしたり時間を提供することで、あなたもまた役割を担うことができる。

最後に、世界中で真の変化を起こすためには、病院のセレモニーの壇上で、私の隣に座っていた警察署長や知事のような、責任と権力を持つ人々が、自分たちに発せられたメッセージに耳を傾け、理解することが必要だ。もっと多くの女性の警察署長や知事も必要だ。

イジュウィの女性たちがマイクを要求したように、世界中でますます多くの女性たちが、尊敬と安全を求めて声を上げている。考え方が変わらなければならない。性暴力は公共政策の優先事項となるべきだ。刑事司法制度を改善し、レイプを書類上だけではなく、実際の犯罪としなければならない。

女性にとってより安全な世界を実現するために、あなたもまた、さまざまな形で役割を果たすことができる。他者をサポートし、声を上げ、団体に参加し支援してほしい。選挙で選ばれた議員や警察に圧力をかけてほしい。自分の知識を生かして教育を提供してほしい。

私たちはみな、子どもや友人、家族、同僚やチームのメンバーなど、まわりの人々にとっての教育者だ。性差別を訴える。利己的な行為を非難し、報告する。被害者非難に抵抗する。恥辱やトラウマの影響を説明する。家庭や職場での機会が、男性と女性、女児と男児に均等に配分されるよう促す。

娘を守らなくても済むように、まわりの少年たちに尊敬の念を教えることも忘れてはならない。もしあなたがジャーナリスト、歴史家、教師、教授など、コミュニティにおける教育者なら、前向きな変化をもたらす力として、他の人々より大きな可能性を持っている。あなたが政治家や、信仰や地域社会の指導者なら、自分の言葉や行動、あるいは沈黙や怠慢が、危害にもなれば癒しにもなることを忘れないでほしい。

2013年に帰ってきたことを後悔したことは、一度もない。私は、自分が最も役に立ち、やりがいを感じられる場所で働き続けようと決心した。自分以外に目を向け、恵まれない人、抑圧された人、無視された人のために何ができるかを考えるときに、人は最も有益で充実していると感じることができる。

女性、特に性暴力の被害者は、人類の歴史の大半において抑圧され、無視されてきた。男性への復讐心ではなく、すべての人へのエンパワーメントと安全という願いを原動力に、私たち一人ひとりがこの不正義を正すために力を発揮できるのだ。

病院でのセレモニーの後、私たちは新たな家に住むことになった。マドレーヌと私にとって、襲撃を受けたブカヴの中心にあるバンガローに戻ることは安全とは思えなかった。代わりに、パンジ病院の敷地内にある建物のひとつに引っ越した。15年前に手術室に改装した、植民地時代の古いコテージだ。そこを再び改装し自宅にした。

私は今そこで、常に武装警備されて暮らしている。国連平和維持軍の兵士十数名が、外を24時間体制で警備している。病院を出るときはいつも武装した兵士が護衛してくれるが、私はめったに外出しない。毎朝、玄関から病院までの180メートルほどを移動する際、彼らの警備に感謝を表明する。

警備がなければ、命がなかったことはまちがいない。自宅で囚われの身であるという感覚が和らぐのは、海外訪問のときだけだ。2018年のノーベル平和賞受賞で事態が好転したと思われるかもしれないが、そんなことはない。世間の注目度は上がったが、コンゴ東部の無法状態、広範囲にわたるさまざまな脅威、最近の政治的変化のせいで、無防備な感覚を常に抱えている。

それでも、世界中の女性の声を広く届けるという私の活動は、けっして衰えることはない。私の目の前で将官をひざまずかせた少女のような率直さと影響力を持とうと、常に心がけている。2度も襲われHIVに感染したワジムラや、娘も孫娘もレイプによって生まれた女性のことを思い出すと、悲痛な気持ちに襲われる。ベルナデット、ジャンヌ、アルフォンシーン、タティアナ、その他多くの元患者たちの回復力にいつも励まされ、力を得ている。

ブカヴで培ってきた、紛争地でのレイプ被害者の治療に関する技術と知識を広める活動も、引き続きおこなっていく。数年前、イラク北部のヤジディ教徒の難民キャンプを訪れて実感したように、世界の多くの地域でサバイバーが見捨てられた状態にある。私たちは専門的な医療、心理的支援、社会的・経済的支援の提供を援助することができる。

コンゴのパンジ病院とパンジ財団は、スタッフの努力と寛大な寄付者による支援のおかげで、サバイバー支援の拡大を続け、その新たな方法を模索している。マイクロファイナンスのとりくみは成長している。首都キンシャサに新たな診療所とシェルターも設立した。さらにブカヴでは、新鮮なジュースの販売事業が始まった。サバイバーが運営し、農場で育てたパッションフルーツ、パイナップル、オレンジなどを加工している。

私の最大の願いは、いつの日か、レイプされた女性のための病棟やシェルターが空になり、カウンセリングサービスや法律事務所も必要とされなくなることだ。1980年代に研修医だった私が驚愕し感銘を受けた、出産と妊産婦医療という仕事に、私やスタッフがもっと力を注げるようになることを願っている。

私にとって最も幸せな瞬間は今も、助産院で、疲れ果てながらも笑顔の母親たちに会い、乳児のか弱い泣き声を聞くことだ。生まれたばかりの子どもを前にすると、その瞬間すべてが止まり、この子にどんな世界で育ってほしいか、考えさせられる。

私は毎日、平和で豊かな未来を、自分の国と地域のために祈る。ここは、信じがたいほど豊かな自然と資源があるにもかかわらず、強欲と搾取によって地球上で最も貧しい場所のひとつとなっている。今もなお、毎週のように村が焼き払われ、虐殺が起こっているのに、コンゴ内外で憤りの波紋はほとんど広がらない。私たちは正義と責任を求めている。

私は、母親がヒロインと認められ、産婦人科病棟で生まれた女児が男児と同じように祝福され、女性が暴力を恐れず成長できる社会を夢見ている。

私が望んでいるのは、女性が男性と同じように仕事上の昇進、私的な喜びや充実が得られる機会を持ち、政治権力が平等に共有される世界だ。企業や公共機関が、社会の多様性を反映するようになる日が待ち遠しい。性暴力が、すぎ去った残酷な時代へ逆戻りするものだと見なされる未来も想像している。

すべて望ましく、実現可能であると信じている。これらの実現のため、私たちの誰もが個人として、集団として貢献できると信じている。私は、女性の力を信じている。

謝辞

本書の出版にあたっての感謝を誰に伝えようかと考えて、すぐに浮かんだのは、これまで紹介してきた患者や類まれな女性たちだと言っても、驚く人はいないだろう。彼女たちに最高の賞賛と心からの感謝を送りたい。

　とはいえ、誰をとり上げ、誰の体験を伝えるかを決める作業は、簡単ではなかった。私が紹介できたのは、病院の診察室や病棟で私に影響を残していった何百人ものサバイバーたちのほんの一部だ。その一人ひとりが寄せてくれた信頼に感謝したい。

　パンジ病院とパンジ財団のスタッフによる途方もない努力にも感謝を表明しなければならない。地域へのスタッフの献身は、毎日命を救い、傷を癒し、人々を立ち直らせている。ブカヴでの日々の生活の苦難に直面しながらそれをおこなっているのだ。財団を率いるクリスティーン・アミシと、シティ・オブ・ジョイのクリスティーン・シューレ・デシュライバーのたゆまぬエネルギーは特に称賛に値する。

　ティネケ・シーレンは、私が本書の構想を最初に相談した女性だ。性暴力被害者のための彼女の揺るぎない献身に、感謝は尽きない。

　出版を支えてくれた、作家エージェントのスザンナ・リーにも謝意を表したい。初めて会ったときから実現を信じ、あらゆる場面で精力的に支えてくれた。

オプラ・ウィンフリー、ボブ・ミラー、フラティロン・ブックスの編集者ブライン・クラークによる、アメリカの読者に本書を届けるための熱意と協力にも礼を言いたい。

アダム・プロウライトにも感謝している。彼の理解、忍耐、技術がなければ、本書の執筆は不可能だった。

最後に、私の人生の光である妻マドレーヌと子どもたちへ、感謝を送る。

デニ・ムクウェゲ

訳者あとがき

長い長い本書を読み終えて、読者のみなさんは今どんな思いを抱いているだろうか。ひと言では言い尽くせないさまざまな感情が、心に渦巻いていることだろう。

非常に多岐にわたる内容が詰まった本書だが、全編をつらぬくキーワードのひとつに、原書名(『The Power of Women: A Doctor's Journey of Hope and Healing』)にも使われている言葉「journey」があると思う。

「journey」とは比較的長い旅を意味する言葉だが、ある場所から別の場所へと移動する文字通りの「旅」という意味の他にも、何かをめざしたり成し遂げようとして進んでいく、そのプロセスを指して使われることも多い。その場合は「過程」「道のり」や「進展」などと訳せるだろう。さらにその行為そのものを示す場合は、「探求」「追求」などとも言い換えることができる。

本書でつづられているjourneyは、デニ・ムクウェゲ医師が、そのキャリアを通じてコンゴ国内の各地や世界のさまざまな場所を訪問する、物理的な旅だけではない。

多くの女性、性暴力サバイバーと出会うなかで、医師として、活動家として、自分の立場を絶えず問い直しながら、一つひとつ経験を積み重ね、活躍の場を広げていく、その進展もjourneyだ。

同時に、その道程で幾度となく困難にぶつかり、驚き、悩み、葛藤しながらも、女性たちに触発され力を得て、視野を広げ、認識を深めていく、そうした探求もまたjourneyと言える。

研修医として働き始めたレメラ病院で、出産を控えた女性が被る被害の深刻さと、彼女たちが発揮する力を目の当たりにしたムクウェゲ医師が、その状況をなんとかできないかと苦悩し、自らの進むべき道を見出していく。「生涯にわたって続く、学びと理解の旅が始まったのだ」という、足を踏み出した当時の自分をふり返る言葉（2章）は、とても印象深い。彼は今もこの旅を続け、そしてもちろんこれからも続けていくだろう。

本書はまた、コンゴの女性を標的にした性暴力とも密接にかかわる、世界中でいまだ根深い2つの不正義の構造についても詳細に告発する。2世紀ものあいだ形を変えて続く、コンゴの資源を搾取する植民地支配、そして、女性を物のように扱うこともいとわない家父長制だ。

この不正義の構造については、日本もまた例外ではない。本書は、国際社会や各国政府、司法制度がなすべきことから、私たち一人ひとりが集団として、または個人として身のまわりで実践できる、その具体的な方法も提起している。

性暴力をはじめとする、ジェンダーにかかわるさまざまな問題について、自分自身を、そして自分の生きている社会を顧みること。疑問や体験をまわりの人々と共有し、会話を始めること。タブーを打ち破り声を上げ、行動へとつなげていくこと。

本書をきっかけにひとりでも多くの読者が、変化の担い手となる「journey」へと足を踏み出すことが、著者の何よりの願いだろう。

中村みずき

2023年6月

【著者略歴】

デニ・ムクウェゲ（Dr. Denis Mukwege）

1955年、ベルギー領コンゴで生まれる。幼少期から青年期にかけて、人種的偏見や、独裁政権下のコンゴ民主共和国の経済的腐敗や道義的退廃を目の当たりにする。現在は著名な婦人科外科医であり、レイプ被害治療の第一人者として知られ、治癒へのホリスティックなアプローチは世界中のとりくみに影響を与えている。2014年、バラク・オバマ米大統領からホワイトハウスに招待され、ヨーロッパでは権威あるサハロフ賞を受賞し、初めて社会的に大きな評価を得る。2018年、ヤジディ教徒の人権活動家であり性暴力サバイバーのナディア・ムラド氏とともにノーベル平和賞を受賞。

著書に『すべては救済のために——デニ・ムクウェゲ自伝』（あすなろ書房、2019年）。

訳者　中村みずき（なかむら・みずき）
脱軍事化、脱植民地化、それらをめざす人々とコミュニティ、国際連帯などをテーマに翻訳・通訳、執筆をおこなう。共著に *Peace Action: Struggles for a Decolonised and Demilitarised Oceania and East Asia.* Edited by Valerie Morse. Wellington, NZ: Left of the Equator Press, 2022.

監修　米川正子（よねかわ・まさこ）
神戸女学院大学卒業、南アフリカ・ケープタウン大学大学院で修士号取得（国際関係）。国連難民高等弁務官事務所（UNHCR）職員としてルワンダ、ケニア、ジュネーブなどで勤務。コンゴ民主共和国ゴマUNHCR元所長。宇都宮大学や立教大学などで特任准教授を経て、現在、明治学院大学国際平和研究所研究員、NPO法人RITA-Congo共同代表。主著に『世界最悪の紛争「コンゴ」～平和以外に何でもある国』（創成社、2010年）。ムクウェゲ医師のドキュメンタリー映画『女を修理する男』(ベルギー、2015年）の日本語字幕の監修と上映、およびムクウェゲ医師来日の企画と実現にかかわる。

装幀　宮川和夫
DTP　編集工房一生社

勇気ある女性たち——性暴力サバイバーの回復する力

2023年7月22日　第1刷発行

定価はカバーに
表示してあります

著　者　デニ・ムクウェゲ
訳　者　中村みずき
監　修　米川正子
発行者　中川　進

〒113-0033　東京都文京区本郷2-27-16
発行所　株式会社　大月書店

印刷　三晃印刷
製本　中永製本

電話（代表）03-3813-4651　FAX 03-3813-4656　振替00130-7-16387
http://www.otsukishoten.co.jp/

ISBN978-4-272-35059-9　C0036　Printed in Japan